国家社科基金
GUOJIA SHEKE JIJIN HOUQI ZIZHU XIANGMU
后期资助项目

农村中小金融机构
创新与双重绩效研究

Research on Innovation and Dual Performance of
Rural Small and Medium-sized Financial Institutions

傅昌銮 著

中国社会科学出版社

图书在版编目(CIP)数据

农村中小金融机构创新与双重绩效研究 / 傅昌銮著. —北京：中国社会
科学出版社，2019.7

ISBN 978-7-5203-4828-7

Ⅰ.①农… Ⅱ.①傅… Ⅲ.①农村金融改革-研究-中国 Ⅳ.①F832.35

中国版本图书馆 CIP 数据核字(2019)第 161732 号

出 版 人	赵剑英
责任编辑	宫京蕾
责任校对	秦 婵
责任印制	王 超

出 版	中国社会科学出版社
社 址	北京鼓楼西大街甲 158 号
邮 编	100720
网 址	http://www.csspw.cn
发 行 部	010-84083685
门 市 部	010-84029450
经 销	新华书店及其他书店

印 刷	北京君升印刷有限公司
装 订	廊坊市广阳区广增装订厂
版 次	2019 年 7 月第 1 版
印 次	2019 年 7 月第 1 次印刷

开 本	710×1000 1/16
印 张	16
插 页	2
字 数	283 千字
定 价	78.00 元

国家社科基金后期资助项目

出 版 说 明

后期资助项目是国家社科基金设立的一类重要项目，旨在鼓励广大社科研究者潜心治学，支持基础研究多出优秀成果。它是经过严格评审，从接近完成的科研成果中遴选立项的。为扩大后期资助项目的影响，更好地推动学术发展，促进成果转化，全国哲学社会科学规划办公室按照"统一设计、统一标识、统一版式、形成系列"的总体要求，组织出版国家社科基金后期资助项目成果。

全国哲学社会科学规划办公室

前　言

我国的"三农"问题，即农业、农村和农民问题，是影响我国经济发展、社会稳定以及现代化进程的关键问题。习近平总书记在党的十九大报告中指出实施"乡村振兴战略"，这是决胜全面建成小康社会、全面建设社会主义现代化国家的重大历史任务，是新时代做好"三农"工作的总抓手。①金融服务乡村振兴，既是金融服务实体经济的重要体现，也是深化农村金融改革的关键环节，更是中国特色社会主义新时代赋予金融系统的责任和使命。我国的农业产业化、农村城镇化、县域工业化进程的加快以及农民收入的提高和农村经济的发展都离不开农村金融的支持。农村金融制度作为农村经济发展中最为重要的资本要素配置制度，既是农村经济改革的焦点，也是整个金融制度改革的重点。普惠金融重点在农村，农村金融改革的目标是构建竞争性、多元化的农村金融市场体系。我国县域农村中小金融机构主要指农信社、农村银行（农村合作银行与农村商业银行）、村镇银行、小额贷款公司等金融机构，他们是农村金融体系的重要组成部分。这些农村中小金融机构的运行及相关改革到现在已经有多年，那么，其经营绩效与社会绩效到底如何？是否提高了小微企业的信贷可得性以及涉农贷款比例？能否有效解决农村金融的需求？能否促进农村经济的发展？不同类型以及不同区域的农村中小金融机构的差异究竟如何？各地农村中小金融机构的组织、产品、服务、模式、制度等创新与效果到底如何？

针对上述的一系列问题，尽管目前已有一些研究，但是尚存在一些不足。第一，在农村金融市场的分析上，现有研究并没有结合市场集中度与市场竞争度以综合分析农村信贷市场的竞争情况；第二，没有将村镇银行或小额贷款公司等新型农村中小金融机构纳入分析框架进行整体研究；第三，现有研究一般注重农村金融的宏观层面，忽略了县域之间农村金融市

---

① 中共中央、国务院关于实施乡村振兴战略的意见（2018年中央一号文件）。

场的差异性和区域性特征；第四，有关农村金融机构绩效研究，大都是经营绩效方面的，较少涉及社会绩效的探讨。第五，国内外有关农村中小金融机构创新的案例与经验没有系统性总结。这些研究的不足对构建多元化、竞争性的农村金融体系相关政策的制定会产生偏差。

与已有研究不同，本书首先对农村金融市场以及农村中小金融机构的创新背景、制度以及创新历程进行了系统梳理；其次以农村金融产业组织理论的 SCP 研究范式为基础，以浙江为例着重分析各类农村中小金融机构的市场结构与其经营绩效和社会绩效的关系，揭示各类农村中小金融机构的绩效差异以及区域差异；再次对国内外特别是浙江不同类型农村中小金融机构的创新案例与经验进行了系统总结；最后在研究结论的基础上提出了农村中小金融机构创新的方向及可持续发展方面的相关建议。本书选择以浙江为例进行实证与案例研究的原因是浙江农村经济发展和农村中小金融机构发展的速度较快，而且国务院把金融综合改革试验区选在浙江温州，小微企业金融服务改革创新试验区选在浙江台州，农村金融改革试点选在浙江丽水，因此，以浙江为例进行研究具有代表性与借鉴意义。

本书在理论分析、实证分析以及案例分析等相结合的基础上，同时结合调查分析法、比较分析法与案例分析法等方法对浙江农村中小金融机构的市场结构与绩效及风险管理等进行了研究，对不同类型浙江农村中小金融机构的相关创新进行了系统总结。本书的研究对农村中小金融机构的可持续发展与农村金融体系的完善具有一定的指导意义。除了第一章绪论部分外，本书其他部分的具体内容与相关结论如下。

第二章，农村金融创新：现实背景与制度内涵。农村金融创新是今后农村金融体系改革的主旋律，根本目标是逐步形成农业产业、区域经济、金融业协同发展的新格局，为破解"三农"问题提供产业支撑和资金援助。农村金融创新核心要求是培育农村金融市场的竞争性。在科学界定市场容量的基础上，适当放宽准入条件，通过监管激励逐步引导多种金融机构提供满足新型农业经营主体的多样性金融服务，形成适度竞争、兼顾公平的农村金融市场。

第三章，中国农村金融创新历程：金融市场与农村中小金融机构。整体上看，我国农村金融市场创新发展取得了巨大的成就，基本形成了竞争有序的农村金融体系。主要成绩可以总结为：第一，金融机构多元化，并且不同主体之间的分工相对独立。政策性、商业性以及合作性的各类金融机构并存发展。第二，金融机构提供的金融产品更加符合农民、农村小微企业的需求。农村中小金融机构在落实国家支农惠农政策、保持农村经济生活稳定等方面发挥了重要作用，通过开展产品创新，农村中小金融机构推出了符合农民需要的小额信用贷款和联保贷款等产品，很好地满足了农民的信贷需求。

第四章，农村金融绩效：文献综述与理论分析。本部分提出了一个有关农村中小金融机构绩效的分析框架，其中特别考虑到了影响金融机构效率的因素。在该分析框架下，本书从市场结构的测度、金融机构效率的衡量以及市场结构–绩效关系的实证三个方面阐释了所需的方法与相关模型，这为农村中小金融机构经营绩效与社会绩效的研究提供了基本的研究范式。

第五章，农村金融的市场结构分析。本部分采用了两种思路来分析浙江省农村中小金融贷款的市场结构。第一种是采用结构法，它从市场集中度指标 HHI 指数与 CR4 指数度量了浙江省农村中小金融贷款市场的集中度；第二种是利用非结构法，测度了衡量市场竞争度的 H 统计量。HHI 指数和 CR4 指数表明浙江大部分地区的农村中小金融市场属于适度竞争型市场，并且市场的竞争程度正逐渐增强，反映了浙江农村中小金融行业朝着一个越来越开放，竞争越来越激烈的方向发展。市场竞争度 H 值则显示出浙江省农村中小金融市场呈现适度竞争性，H 值的增大趋势也反映了其竞争程度的加剧。但分区域的 H 值表明农村中小金融市场存在较明显的区域差异性。

第六章，农村金融市场发展与小微企业的信贷可获得性。通过研究发现，小微企业信贷可获得性受农村金融市场结构、中小金融机构的类型以及区域发展的程度等因素的综合影响。具体而言，农村金融市场的竞争程度越高，小微企业越容易获得金融机构的贷款；新型农村金融机构的发展不仅促进了农村信贷市场的竞争，促进小微企业信贷可获得性的提高，其自身相对于传统农村金融机构也更愿意为小微企业提供贷款；而经济欠发达地区由于金融发展落后，不利于小微企业获得贷款。上述研究结论为农村金融组织的创新方向提供了经验证据，也为农村中小金融机构的发展提供了一定的政策参考。因为竞争性的农村金融市场有利于农村小微企业从金融机构获得贷款，所以，需要进一步降低农村金融市场的准入门槛，引导更多的资本进入农村信贷市场，提升农村信贷市场的竞争程度，以增加信贷的供给，扶持小微企业以及"三农"的发展。

第七章，农村中小金融机构经营绩效分析。本部分首先利用自由分布法（DFA）对浙江省四类农村中小金融机构（农村银行、农信社、村镇银行以及小额贷款公司）的 X–效率进行了测度。测度结果表明：在这四类金融机构中，小额贷款公司的平均 X-效率最高，其次是农村银行和村镇银行，农信社的平均效率最低。而对浙东北与浙西南分区域的比较考察则表明：效率因子的分布基本上满足经济较发达地区的金融机构的效率比较高的估计。一方面，从整体上看，浙东北的平均效率高于浙西南地区。另一方面，浙东北地区的农村中小金融机构发展较平稳，经营效率波动水平小于浙西南地区。另外，对浙江省农村中小金融机构经营绩效决定的实证分析结果表明，不同类型、不同区域的农村中小金融机构的经营绩效存在着显著的差异性。

第八章，农村中小金融机构社会绩效分析。本章从经济增长以及涉农信贷两个方面进一步探讨了农村中小金融机构的社会绩效。实证分析结果表明：对于县域农村经济，农村中小金融机构在所有金融机构贷款市场中所占份额的上升，将会促进县域经济的增长；利用小额贷款公司数据的实证结果表明：随着农村信贷市场竞争程度的加剧，将促使小额贷款公司涉农贷款的增加、涉农贷款的可获得性上升。

第九章，国内外农村金融创新实践。农村金融创新不但是增加农村信贷资金有效投放的内在要求，也是合理配置城乡金融供给，构建科学完善农村金融体系的必然选择。我国农村市场的广阔性及发展的不均衡性决定了农村金融需求的多层次性，政策性、商业性、合作性及新型金融机构在农村信贷的供给方面各有专长，可以在不同层次、不同方面满足农村金融的信贷需求。农村金融创新的基本思路也是根据不同地区经济条件和产业特色，发展不同的创新模式。可喜的是，在不断的创新实践中，地方政府、金融机构、农业企业、互联网公司等通力协作，发展出了各具特色的农村金融创新模式，涉及抵押、担保、风险控制以及贷款产品等方方面面，将我国农村金融发展实践推向了一个新的高度。

第十章，浙江农村金融创新与实践。浙江近些年的农村金融改革取得了可喜的成就，农村金融普惠力度不断深入，农村金融改革的实践与经验受到了越来越广泛的关注。本章对浙江农村金融创新模式与经验以及不同区域与不同类型农村中小金融机构的创新实践案例进行了系统总结。

第十一章，农村中小金融机构金融创新的方向与相关政策建议。2018年是实施乡村振兴战略的开局之年，农村金融创新有效服务于乡村振兴是农村金融工作的首要目标。本章论述了乡村振兴背景下农村金融创新的主要方向，并提出了农村中小金融机构可持续发展的相关建议。

本书是在本人博士论文基础上进行后续大量理论研究与实证研究后完成的。首先，感谢我的博士导师卫龙宝教授对书稿选题、框架及写作等给予的悉心指导与帮助。卫老师一丝不苟的工作态度、积极乐观的生活态度、为人谦和的处事态度都是我学习的榜样，他给了我学习、生活与工作上极大的鼓励与支持。其次，我要感谢钱文荣教授、郭红东教授、阮建青教授、刘西川副教授等老师对本书稿提出的指导意见。再次，我要感谢浙江大学朱西湖博士、陈立辉博士，浙江兴合集团姚曙光，中国建设银行浙江省分行陈旭炜博士等在书稿的数据与资料收集方面给予的帮助与支持。感谢浙江省金融办、浙江省农信社、中国人民银行浙江省各相关支行以及浙江社科规划办等部门对本书稿的数据与资料收集、案例调研以及书稿完成等提供的帮助与支持。

另外，我还要感谢国家社科规划办对本书稿的资助，感谢各位评审专家对本书稿撰写所提出的宝贵修改意见，感谢中国社会科学出版社宫京蕾等编辑给予本书出版所付出的辛勤劳动与帮助。

最后，我要感谢我的家人给予我研究工作最大的支持。愿你们永远幸福安康！

傅昌銮

浙江外国语学院

2019 年 3 月

目　　录

第一篇　基本理论：农村金融创新、金融市场、金融机构与绩效

第二篇　实证分析：市场结构、信贷可得性与机构绩效

第一章　绪论

第一节　研究背景与意义

我国的"三农"问题，即农业、农村和农民问题，是影响我国经济发展、社会稳定以及现代化进程的关键问题。中共中央在 1982 年至 1986 年连续五年发布以农业、农村和农民为主题的中央一号文件，对农村改革和农业发展作出具体部署。2004 年至 2018 年又连续十五年发布以"三农"（农业、农村、农民）为主题的中央一号文件，这强调了"三农"问题在中国社会主义现代化时期"重中之重"的地位。习近平总书记在党的十九大报告中指出实施"乡村振兴战略"，这是决胜全面建成小康社会、全面建设社会主义现代化国家的重大历史任务，是新时代做好"三农"工作的总抓手。[①] 2018 年中央一号文件对实施乡村振兴战略的重点任务、保障措施等做出了全面部署。

"乡村振兴战略"一方面强调必须进一步推进农业供给侧结构性改革，从市场化、效率及质量视角来考虑和解决中国农业现代化发展问题；另一方面，其明确提出了小农户和现代农业发展有机衔接的新思想（刘西川，2018）。金融服务乡村振兴，既是金融服务实体经济的重要体现，也是深化农村金融改革的关键环节，更是中国特色社会主义新时代赋予金融系统的责任和使命。我国的农业产业化、农村城镇化、县域工业化进程的加快以及农民收入的提高和农村经济的发展都离不开农村金融的支持。这一切都对农村金融创新提出了更高的要求，需要农村金融市场扩大规模、提高运行效率。然而，从总体上讲，我国农村金融供给与"三农"发展对金融服务的需求尚有较大的差距。近年来，我国农村金融虽然已有

---

① 中共中央、国务院关于实施乡村振兴战略的意见。

很大改善，但依然是我国金融体系中的薄弱环节，农村地区金融服务供给依然不足。因此，作为农村经济发展中最重要资本要素配置的农村金融制度，是目前我国农村经济改革以及整个金融制度改革的重点。农村金融机构应以中央政策导向为指引，主动把握战略机遇，瞄准现代化农业经营主体融资需求特征，积极开展金融产品、技术和模式的创新与实践。

农村金融创新一直以来都是我国农村金融政策的基本取向。目前，我国农村金融改革的目标依然是"构建竞争性的、多层次和多元化的农村金融市场体系"。一直以来，农村信用合作社是我国农村地区提供金融服务的主力军，除此之外，中国农业银行、中国农业发展银行、中国邮政储蓄银行等金融机构也在农村地区提供了多种金融服务，但这远远不能满足农村地区的金融需求。为解决农村金融供给不足以及农户和农村小企业贷款难等问题，2004—2018 年，中央政府连续出台的 15 个"一号文件"都涉及农村金融，强调了农村金融问题的重要性。2006 年 12 月，银监会发布了《中国银行监督管理委员会关于调整放宽农村地区银行业金融机构准入政策更好支持社会主义新农村建设的若干意见》，旨在积极支持和引导境内外银行资本、产业资本和民间资本到农村地区投资、收购、新设主要为当地农户以及小微企业提供金融服务的村镇银行以及农村资金互助社等新型金融机构①。2008 年 5 月，银监会与央行发布了《中国银行监督管理委员会 中国人民银行关于小额贷款公司试点的指导意见》，引导资金流向农村和欠发达地区，改善农村地区金融服务以及促进农业、农民和农村经济的发展②。这些都有利于我国多元化农村金融体系的形成。2017 年中央一号文件关于农村金融的主题是"加快农村金融创新"，由于涉及诸多改革内容，因此是"改革与创新"并举的指导思想。2018 年一号文件（《中共中央 国务院关于实施乡村振兴战略的意见》）提出普惠金融重点要放在乡村，推动农村信用社省联社改革，保持农村信用社县域法人地位和数量总体稳定，完善村镇银行准入条件，地方法人金融机构要服务好乡村振兴。目前，我国县域农村中小金融机构体系主要由农村商业银行、农村合作银行、农村信用社、村镇银行、小额贷款公司等金融机构构成。

农村中小金融机构在我国的农村金融体系中占据了重要的地位，根据

---

① 《中国银行业监督管理委员会关于调整放宽农村地区银行业金融机构准入政策更好支持社会主义新农村建设的若干意见》，2006 年 12 月 20 日。

② 《中国银行业监督管理委员会 中国人民银行关于小额贷款公司试点的指导意见》，2008 年 5 月 4 日。

中国银监会的统计数据，其总资产负债规模占全国银行业总资产负债的11%；农村中小金融机构是农户和小微企业金融服务的主要提供者，在偏远农村地区，往往是唯一的金融服务提供者，替代性差①。而新型农村中小金融机构的出现增加了农村金融供给，同时也提高了农村金融市场的竞争程度和运行效率。农村中小金融机构已经发展成为我国县域机构网点分布最广、涉农信贷投放最多、农村普惠制金融服务和均等化建设贡献度最大的一类机构群体，成为了联系广大农民群众的金融纽带。这些农村中小金融机构从服务对象来讲，主要是以支持"三农"、弱势群体及小微企业等客户为主；这些金融机构的形成有利于加强各农村金融机构之间的竞争以及有利于完善农村金融市场结构。农村中小金融机构为了能够更好地服务"三农"及小微企业等弱势群体，则需要提高其运行效率以及绩效。这是从微观层面谋求农村金融创新的根本要求。

本书旨在农村金融创新背景下，从微观层面系统考察农村金融市场结构以及中小金融机构绩效，特别是对农信社与新型农村中小金融机构进行不同类型与不同区域之间比较研究。在实证研究方面，与以往研究不同，本书以农村金融产业组织理论的 SCP 研究范式为理论基础，以浙江为例，主要研究各类农村中小金融机构的市场结构与其经营绩效以及社会绩效的关系，并对影响绩效的其他相关因素也进行了分析研究。另外，还对不同类型以及不同区域农村中小金融机构的绩效进行了比较研究。②

本书的实证研究主要是以浙江省农村中小金融机构的数据、案例为基础展开实证研究的。这是因为浙江省农村中小金融机构发展较快，创新程度较高，从事这方面的研究无疑具有一定的政策前瞻性。而且，在市场竞争程度较为激烈的情况下，浙江农村中小金融机构提高绩效与竞争力的一些具体举措对我国其他省份的农村金融机构的发展具有借鉴意义。另外，本研究对现代农村金融发展理论与农村金融产业组织理论也是一个有效补充。在实践上，有利于提高农村中小金融机构的经营绩效，以促进农村中小金融机构健康发展，提高农村中小金融机构在农村金融市场上的竞争性，有利于提升农村金融市场，完善农村金融体系，从而有助于实现农村金融发展的长远目标。

---

① 姜丽明：《落实党的十七届五中全会精神以监管引领农村中小金融机构转变发展方式》，《金融时报》2011 年 6 月 3 日。

② 本书是在笔者博士学位论文基础上进行后期修改补充而成。

第二节　研究目标与研究内容

一　研究目标

本书首先从理论上讨论了农村金融创新的背景和制度内涵，并梳理了我国农村金融市场和中小金融机构创新历程；其次，以农村金融产业组织理论的 SCP 研究范式为基础，以浙江为例，揭示农信社、农村银行（包括农村合作银行与农村商业银行）、村镇银行和小额贷款公司四类农村中小金融机构的绩效差异以及区域差异，并着重分析各类农村中小金融机构的市场结构与其经营绩效与社会绩效的关系；最后，通过案例分析的形式，考察了国内外农村金融实践中取得的经验，尤其是重点总结了浙江省农村金融创新与实践案例。具体研究目标主要包括三个方面。

（1）理论研究方面，通过文献和理论梳理，对农村金融创新的背景和内涵进行界定，并从农村金融市场和农村中小金融机构两个层面简要归纳我国农村金融创新的历史进程。

（2）实证研究方面，从产业结构组织理论的视角分析了农村金融市场的发展对小微企业信贷可获得性的影响；通过结构分析法与非结构分析法对农村金融的市场集中度与市场竞争度进行分析，判断浙江省总体农村金融市场的均衡程度，同时检验不同区域市场的均衡与竞争程度；利用自由分布法（DFA）对浙江省农村中小金融机构（包括农村银行、农信社、村镇银行和小额贷款公司）的 X-效率进行测度，通过对农村中小金融机构经营效率的决定来比较不同类型、不同区域的农村中小金融机构的经营绩效与市场结构之间的关系；从经济增长以及涉农信贷两个方面探讨农村中小金融机构的社会绩效。

（3）案例研究方面，分别介绍了发达国家和发展中国家农村金融创新的可取经验，以及我国不同地区农村金融创新的经典案例；重点总结与分析了浙江省农村金融创新模式与经验以及不同类型农村中小金融机构的创新实践案例。

二　研究内容

基于上述研究目标和思路，本书由以下四个部分构成。

第一篇，基本理论，包括第 2—4 章。首先，基于已有研究探讨农村金融创新的基本理论问题；其次，总结我国农村金融创新的历史进程；再次，构建了一个包含测度方法与实证模型在内的理论分析框架；最后，从金融机构效率、市场结构与绩效的关系以及农村金融市场结构、机构效率、社会绩效等方面梳理已有文献，并对已有研究的不足进行了总结与评述，为后续的研究奠定研究基础。

第二篇，实证分析，包括第5—8章。首先，利用浙江省的数据，从产业结构组织理论的视角分析了农村金融市场的发展对小微企业信贷可获得性的影响；其次，对浙江农村中小金融机构的总体情况与市场份额进行分析，测量了浙江省农村中小金融贷款市场的集中度，通过研究得出浙江农村金融市场的竞争程度；再次，从营利性角度分析和评价浙江省农村中小金融机构的经营绩效，利用自由分布法（DFA）对浙江省农村中小金融机构的X-效率进行了测度，分不同类型、不同地区对农村中小金融机构的经营绩效进行比较研究；最后，用各县域的真实人均GDP增长率来表示经济的增长，用农村中小金融机构涉农贷款在其总贷款余额中所占的比重作为测度其支持"三农"、扶持小微企业等社会目标的程度，从经济增长以及涉农信贷两个方面探讨农村中小金融机构的社会绩效。

第三篇，案例分析，包括第9—10章。首先，介绍了有代表性的国内外农村金融创新实践，并选取了一些经典案例进行分析；其次，从总体层面介绍了浙江省农村金融市场发展情况，对农村中小金融机构体系展开了详细分析，并选取了一批具有浙江特色的农村金融创新案例进行分析。

第四篇，政策建议，即第11章。本章首先论述了乡村振兴背景下农村金融创新的主要方向；其次，提出促进农村中小金融机构创新与可持续发展的政策建议。

第三节　研究方法和数据来源

一　研究方法

本书主要采用理论与实证分析相结合、定量与定性分析相结合的研究方法。具体研究方法如下。

（1）调查分析法。选择具有代表性的浙江省县域样本进行农村金融市场的实地调查。走访农信社、农村银行（农村合作银行与农村商业银行）、村镇银行以及小额贷款公司等农村中小金融机构，获取大量第一手资料和相关数据，这为农村金融市场结构与绩效的研究提供了可靠的经验依据。

（2）比较分析法。主要在以下几方面进行了比较研究：第一，对不同类型农村中小金融机构的绩效进行了比较；第二，基于农村经济区域差异的视角，对不同区域农村中小金融机构的绩效差异进行了研究。

（3）理论分析法。本书实证研究部分的理论基础是农村金融产业组织理论的 SCP 研究范式，主要从市场集中度与竞争度两个指标对市场结构进行测度，同时对金融机构的效率进行测度，然后确定了理论分析框架。

（4）实证分析法。主要是测度方法与计量方法。通过农村金融产业组织理论的 SCP 分析范式，首先采用结构法与非结构法，对农村金融的市场竞争程度进行测度，其次利用自由分布法（DFA）对各类农村中小金融机构（包括农村银行、农信社、村镇银行和小额贷款公司）的 X-效率进行测度，然后建立农村金融市场结构与绩效的计量模型，分别对各类农村中小金融机构进行了经营绩效与社会绩效的研究，并进行了不同区域的比较。

（5）案例分析法。对国内外农村金融的不同创新模式进行了梳理，特别是对浙江省不同区域与不同类型的农村中小金融机构的产品、模式、管理等方面的创新进行了系统案例分析。

二　数据来源

本书主要使用了宏观与微观两个层面的数据，由于金融机构数据的可获得性以及数据调研相对困难等原因，主要采用 2009—2012 年的相关数据。

（1）宏观层面。主要来自中国银监会网站、中国人民银行网站以及农村金融相关网站的统计数据；另外还有 2009—2012 年度的《浙江统计年鉴》数据。

（2）微观层面。浙江省县域各农村中小金融机构的数据（包括农村银行、农信社、村镇银行与小额贷款公司）来源于浙江省银监局、浙江省金融办、浙江省农信联社的相关调研数据以及对浙江各地人民银行中心支行、金融办的相关调研数据；还有对各类农村中小金融机构的实地调研数据以及对相关金融机构负责人的访谈。

根据调研数据整理，截至 2012 年底的本书的研究样本中有农村银行（包括农村商业银行和农村合作银行）41 家，农信社 31 家，村镇银行 39

家，小额贷款公司210家。需要说明的是，本书对各类农村中小金融机构的样本都剔除了浙江省宁波市的数据，因为宁波属于计划单列市，与其他样本数据相比具有特殊性。

第四节　研究范围与相关概念的界定

一　研究范围

1. 农村金融市场的界定

我国农村金融市场的范围可以按照组织体系与市场功能类型进行划分。按照前者划分，农村金融市场包含农村正规金融与非正规金融两部分；按照后者划分，农村金融市场包含资本市场、信贷市场和保险市场等不同功能部分，而其中的资本市场与保险市场在我国农村金融市场中起步相对较晚。本研究的农村金融市场结构仅指农村正规金融的范畴，针对的是农村信贷市场，而且本书所研究的农村金融市场主要是农村中小金融市场，即对农村银行（农村合作银行与农村商业银行）、农信社、村镇银行、小额贷款公司四类县域农村中小金融机构所构成的农村金融市场体系进行研究。

2. 县域农村中小金融机构研究范围

本书所指的县域农村中小金融机构主要是指由银监会批准成立的各银行类金融机构和各类新型农村金融机构，即农村信用社、农村银行（农村合作银行与农村商业银行）、村镇银行等机构；另外，还包括非银行类金融机构，主要是指小额贷款公司。本书对农村资金互助社没有纳入浙江农村中小金融机构体系作实证研究，是因为其数量很少，不成规模，而且数据较难获得。

本书把农信社、农村银行、村镇银行及小额贷款公司这四类农村中小金融机构作为一个体系来进行研究，主要是因为它们的宗旨都是服务于"三农"，服务于小微企业，又都是县域一级的规模较小的中小金融机构。本书的研究范围是针对浙江省各县域的农村中小金融机构，但不包括浙江省宁波地区，其原因是浙江宁波市为计划单列市，其政策具有特殊性。

二　相关概念的界定

1. 农村银行

本书所称的农村银行是按照浙江银监局的提法，指的是农信社经过改

制后所构成的农村合作银行和农村商业银行。其中，农村合作银行是
"由辖内农民、农村工商户、企业法人和其他经济组织入股，在合作制的
基础上，吸收股份制运作机制组成的股份合作制的社区性地方金融机
构"①。而农村商业银行是"由辖内农民、农村工商户、企业法人和其他
经济组织共同入股组成的股份制的地方性金融机构"②。

2. 农信社

农信社即农村信用合作社或农村信用社，是指经中国人民银行批准设
立、由社员入股组成、实行民主管理、主要为社员提供金融服务的农村合
作金融机构。农村信用社是独立的企业法人，以其全部资产对农村信用社
债务承担责任，依法享有民事权利。

3. 村镇银行

村镇银行是指"经中国银行业监督管理委员会依据有关法律、法规
批准，由境内外金融机构、境内非金融机构企业法人、境内自然人出资，
在农村地区设立的主要为当地农民、农业和农村经济发展提供金融服务的
银行业金融机构"③。

4. 小额贷款公司

小额贷款公司是"由自然人、企业法人与其社会组织投资设立，不
吸收公众存款，经营小额贷款业务的有限责任公司或股份有限公司"④。
小额贷款公司与其他金融机构相比而言，具有更方便灵活的特点，适合小
微企业和农户；同时，又比民间借贷更规范。

5. 县域农村中小金融机构经营绩效

绩效是对企业实现盈利等预先目标的能力的度量，绩效好坏直接影响
到企业的生存。衡量企业绩效的指标分为业务绩效指标、经营绩效指标、
组织效能指标三类。本书所指的县域农村中小金融机构经营绩效主要指微
观层面的营利性绩效指标。

6. 县域农村中小金融机构社会绩效

社会绩效是指基于利益相关者理论所认为的金融机构的社会责任以及
对经济影响的宏观层面绩效。本书主要从经济增长以及涉农信贷两个方面

---

① 《农村合作银行管理暂行规定》中国银行业监督管理委员会，2003 年 9 月 12 日。
② 同上。
③ 《村镇银行管理暂行规定》中国银行业监督管理委员会，2007 年 1 月 22 日。
④ 《中国银行业监督管理委员会　中国人民银行关于小额贷款公司试点的指导意见》，
2008 年 5 月 4 日。

探讨县域农村中小金融机构的社会绩效。

第五节　可能的创新与不足

一　可能的创新

本书创新之处主要体现在研究视角和实证研究思路两个方面。

第一，在研究视角上，本书以农村金融创新为切入点，先从理论上界定农村金融创新的制度内涵，再从农村中小金融机构角度考察金融创新的绩效。另外，本书还总结了国内外尤其是浙江省农村金融在产品创新、服务创新、模式创新、机构创新及制度创新等方面的经典案例，案例总体比较全面，具有借鉴意义。

第二，在实证研究思路上，首先，在数据构成与样本选取上具有先进性。本书的研究以浙江为例，对浙江农村金融市场结构与绩效进行了研究。以农村银行（农村合作银行与农村商业银行）、农信社、村镇银行、小额贷款公司四类农村中小金融机构的数据作为研究样本，具有数据构成上的先进性。浙江的农村金融发展与改革走在全国前列（包括温州金改、台州小微企业金融服务改革创新试验区、丽水农村金融改革、衢州与湖州绿色金融改革等），因此，以浙江为例进行研究具有代表性与借鉴意义。其次，本书将在研究内容与研究视角上有所创新。主要从农村金融市场结构这个影响因素来对县域农村中小金融机构的经营绩效进行研究，但是也对风险管理水平等影响绩效的因素进行了分析。本书特别对村镇银行、小额贷款公司等新型金融机构的经营绩效进行了研究，而且作了不同类型与不同区域的绩效比较，这在研究内容与研究视角上都是一个创新。最后，本书将在研究范围与研究层面上有所创新。以往的研究中，对农村金融机构绩效的分析以经营绩效为主，而较少涉及其社会绩效。本书在研究县域农村中小金融机构的绩效时，将其社会绩效也同时纳入了分析框架，这比以往研究绩效的范围更广，层次也更深。

二　研究的不足

第一，本书实证研究所采用的数据全部来自浙江，如果能够在全国范围内对东、中、西部分别进行取样，将使得本研究更具有代表性。由于金融机构数据可得性等原因，不能获得最新的实证研究数据。另外，农村信用社、村镇银行等贷款利率的数据不能有效获得，所以只利用小额贷款公司的数据进行农村中小金融机构对涉农贷款的社会绩效分析；另外，对不同类型农村中小金融机构的社会绩效也没有进行有效比较。

第二，因为金融机构绩效的影响因素有外部因素与内部因素，外部因素主要是市场结构，以及政府管制与政策、财政补贴和税收优惠等，内部因素主要是金融机构内部产权结构、公司治理、风险管理等，尽管在研究中也引入了一些控制变量，但是由于研究数据可得性等的限制，本书没有对内部因素与外部因素如何共同影响农村中小金融机构绩效进行综合研究，这有待在今后的研究中进一步完善。

第一篇

基本理论：农村金融创新、
金融市场、金融机构与绩效

第二章　农村金融创新：现实背景与制度内涵

第一节　引言

农村金融的主要功能是为农业提供融资服务，而服务的对象在很长时间内以单一农户为主，即单个农户是农村金融供给的主要对象。究其原因，则是由家庭联产承包责任制造就的小规模家庭经营为主的我国小农经济模式决定的。在我国大部分农村地区，农户小额贷款是单一农户的主要融资模式，其最重要的目的是解决小农户贷款难问题，农户小额贷款曾经是我国农业融资模式的主要表现形式（刘西川、程恩江，2013）。随着农业产业化进程的推进，农村金融需求主体发生变化，单个农户不再是农业信贷的主要需求者，专业大户、农民专业合作社与农业龙头企业成为新的农村金融需求主体。另外，随着互联网技术的应用和普及，互联网金融也在农业领域开辟市场，改变着农村金融生态。在此背景下，农村金融供给机制亟须创新。

理论上讲，戴维斯（Davies，1987）、诺斯（North，2009）等提出金融创新是在一系列经济制度互相影响下，金融体系本身发生的制度变革，而希克斯（Hicks，1994）认为制度创新的根本推动因素是降低交易成本。对于中国农村金融体系而言，农村金融创新是在当前农业经营主体不断分化、融资需求逐渐多样化的背景下，农村金融机构为了满足不同经营主体融资需求、降低交易成本而进行的组织、模式以及产品方面的创新。

第二节 农村金融创新的现实背景

一 供给不足：农村金融去农业化情况严重

"提升金融服务的覆盖率、可得性、满足度，满足人民群众日益增长的金融需求"是《推进普惠金融发展规划（2016—2020）》中着重强调的目标之一。然而，事实却是令人担忧的，由于各种各样的原因，我国农村地区的金融发展尤其是金融供给仍然滞后。能够从正规金融渠道获得贷款的农户仅有27%，非正规渠道依然是农户融资的首选，如向亲友借款（占76%）（阙方平，2015）。可见，我国农村金融供给不足形势依然严峻。

究其原因，农村金融供给不足的根源在于农村金融机构信贷资金逐渐向城市和非农产业转移。第一，农村储蓄资金流失严重。在我国目前的农村金融市场中，农村居民存放在银行中的储蓄成为金融资源的主要供给来源，并且通过银行等金融中介为经济的发展提供信贷资金支持。调动储蓄进行资金配置是金融机构的一项重要职能，但改革开放以来我国农村地区存贷比的变化情况表明了农村储蓄投资转化率低下，农村金融流失加剧。这是因为在我国城乡二元经济结构的背景下，相当大的一部分农村储蓄资金并未有效变成农村贷款并投入到农村生产建设中去（贺琨，2015）。第二，金融机构有意撤离农村市场。随着市场经济改革和银行业金融机构商业化改革的持续深入，一些农村金融机构逐渐远离了农村金融市场，尤其是商业性金融机构撤离了农村地区。从而使农村地区金融机构网点大规模减少，覆盖程度随之降低，农村信用社和邮政储蓄机构网点成为大部分农村地区仅存的正规金融机构，不少偏远地区则出现金融服务空白。不难发现，这种农村金融服务供给的现实与我国大力开展的新农村建设要求存在极大的反差，除农信社和邮政储蓄银行之外，其他金融机构在农村地区的信贷投入和其他金融服务过少。从根源上讲，出于商业利益的考虑使得这些金融机构投放到农村地区信贷资金在很长一段时间内基本维持原有的存量，与此同时，大量的新投放资金则涌入更具商业价值的城市地区，或者向非农产业倾斜，至于农业信贷的社会责任则被抛诸脑后（任常青，2012）。

二　需求增长：农村金融需求主体呈多样化发展态势

纯农户曾经是农村的主要农户类型，也是农村金融的需求主体，但随着农户从以农业为主业向兼业型过渡，以及合作社、龙头企业等的出现，农业经营主体构成有了新的格局。近年来，农民市场化趋势越发明显，各类农民合作（中介）组织突破社区界限，在更大范围内从事农产品生产或营销，形成了众多由专业农户组成的农民合作组织，这为农业集约化和规模化发展提供了可能。从整体趋势来看，中国纯农户在不断减少，兼业农户大量增加，专业合作社与种养大户正在兴起；同时，得益于农业产业化的发展，大量的农业龙头企业不断涌现，涵盖初级农产品的生产、运输、加工、销售等各个环节，成为推进农业现代化发展的重要力量。

新型经营主体的出现是农户分化的结果，是农业产业化发展的必然趋势，同时也反向促进产业化的进一步发展。新型经营主体促进了农民组织化程度的提高，越来越多的农户成为合作社、专业大户、农业龙头企业的成员或者产业链上的合作伙伴，其获取信息能力、市场谈判能力、科学决策能力以及生产经营能力都有了长足的进步。新型农业经营主体将成为我国商品农产品生产、销售、加工等环节的主力军，也是推动农业现代化的主体。新型农业主体的涌现给农村金融市场带来了发展的机遇，在提升农村信贷市场有效供给、降低机构运行成本、创新农村金融产品等方面带来巨大的帮助（蔡熙华，2014）。

新型农业经营主体的金融需求结构不同于传统农户，具体而言，其对农村金融的新需求主要有，首先，以往针对小农经济的农村金融供给模式亟须改变。农业集约化、设施化、产业化水平不断提高，技术密集型生产装备大量应用，使得农业资金需求量不断增加，农业对信贷支持的依赖性大增。其次，农村金融需要延伸到农业产业链更深层次，资金需求期限多样化。随着农户向产业链分工的细化，农村二、三产业的蓬勃发展，使得农村金融需求边界突破了传统的农业生产贷款，向农村经济各领域、各用途的信贷需求延伸。不管是专业大户、农民专业合作社还是龙头企业等不同的新型农业经营主体都具有一定的规模，资金不再限于简单扩大再生产，而是分布在生产的各个环节，由于不同环节所需时间具有差异性，因此导致新型农业经营主体对资金的需求期限也具有多样性（夏雪，2015）。最后，农村金融承贷主体多样化，也要求不同的金融机构瞄准目标客户。农业经营主体和组织形式的变化使得承贷主体更加多元化，传统小农户与种养大户、农民专业合作社、农业企业等新型经营主体并存，各类金融机构需要开发出不同的服务于各类经营主体的金融产品。

不同学者关于新型经营主体的分类有所差异，我们采用黄祖辉、俞宁（2010）的分类方式，将新型农业经营主体分为农业专业大户、农民专业合作社和农业企业三类。根据这一分类，农业融资需求的新变化主要体现在以下几个方面。第一，专业大户信贷需求资金规模大，主要用于发展生产、扩大规模，基本不用于消费，还款能力比较强。第二，农民专业合作社信贷需求与其服务功能密切相关，整体资金需求较大，主要用于购买生产资料、购买技术和加工服务、购销农产品。从未来发展趋势来看，作为连接农业生产和大市场的重要载体，合作社自身的资金需求也会越来越大。第三，龙头企业信贷需求集中了种养大户和农民专业合作社的特点，既有企业设施建设的资金需求，也有购销农产品、技术服务等方面的资金需求，而且，其资金需求量更大。

但现实情况则是，传统农户小额贷款和联保贷款难以满足新型经营主体的信贷需求。根据中国人民银行于1999年颁布的《农村信用社农户小额信用贷款管理暂行办法》，农户小额信用贷款被定义为"信用社以农户的信誉为保证，在核定的额度和期限内发放的小额信用贷款"。不难从理论逻辑上发现，小额贷款更加倚重相对丰富的农村社会资本，而不是将相对匮乏的有效抵押作为信用贷款的基础。农村社会中以"信誉"为基础建立起来的信用联系在农户小额信用贷款运行中发挥了重要的作用（何广文、李莉莉，2005）。中国人民银行于2000年颁布的《农村信用合作社农户联保贷款管理指导意见》指出，农户联保贷款是指"农村信用社服务区内居民组成联保小组，贷款人对联保小组成员发放的，并由联保小组成员相互承担连带保证责任的贷款"（龚祎昕、郑雅静，2018）。农户联保贷款实行个人申请、多户联保，周转使用、责任连带、分期还款的管理办法。联保小组通常由较为熟悉的农户自愿组成，在小组内可进行有效担保、监督和制约，在某种程度上起到了防范信贷风险的作用（赵岩青、何广文，2007）。

从实践来看，农户小额信用贷款和联保贷款确实缓解了小农户缺乏抵押担保问题，提高了他们的信贷可得性。但这两种信贷模式在制度设计上显然缺乏对农业生产经营主体自身特征、农产品生产周期以及农产品市场波动情况的综合考量，并未真正触及与农业融资相关的交易成本和风险问题（刘西川、程恩江，2013）。首先，缺乏有效防范农业经营风险特别是系统性风险的控制机制。比如，自然风险就是农业融资环节一个不容忽视的因素。刘峰、许永辉、何田（2006）对农户不还贷款原因的调查印证了上述论断，他们发现，农户不还贷款的首要原因是自然灾害。其次，贷款期限与贷款额度不适应农作物生长周期，也未考虑特定地区的经济发展水平。最后，运营成本高。杨家才（2003）利用湖北省随州市府河镇农信社 2002 年的数据测算了小额农贷的成本，发现小额农贷单位成本比企业贷款高 0.72 个百分点。可见，传统的农户小额信用贷款和联保贷款两种模式未能随着农业现代化发展形势自动调整以适应中国农业融资需求的新变化。不容否认的是，随着我国农业产业化、专业化、规模化的不断发展，迫切需要农业金融机构提供大额度、低成本并能够有效管理农业风险的新型农业融资模式（刘西川、程恩江，2013），以应对金融服务逐利性与农业高风险、低收益的矛盾，适应农业产业化经营对农村金融供给机制的要求。

三　技术创新："互联网+"推动金融服务新业态

随着互联网应用的普及，以及互联网技术的发展，互联网金融迎来了爆发。大数据、云计算、物联网、移动互联网等新技术实现了对信息的有效整合，改变了传统金融服务模式在时间、空间和成本上的约束，有利于金融模式的创新、金融市场的完善和优化，以及推动金融结构性改革（迟福林，2015），同时也将推动农村金融的结构性改革。这首先得益于农村互联网普及率上升，以及农村经济的互联网化。可以预见到，在不远的将来，农村互联网金融必将发生翻天覆地的变化。第一，大数据的应用使互联网金融与农村非标准化金融需求有效衔接，能够为众多农户提供增信服务，从根本上改变农村市场主体由于授信不足而产生的贷款难问题。第二，农村互联网金融推广成本相对较低。我国智能手机用户数以亿计，手机的使用在农村也较为普遍，金融基础设施覆盖同样规模的农村人群，对互联网金融在农村的推广应用创造了便利的条件（迟福林，2015）。

"互联网+"作为一种发展模式和实践手段的创新，对农村金融创新发展的影响是极为深远的。它不但为农村金融提供了崭新的思路与供给模式，也将从技术创新上为农村金融带来革命性的推进与变革，成为丰富农村金融业态、激发农村金融活力、提升农村金融效率，乃至推动农村金融体系创新发展的新的力量。"互联网+金融"是对我国正规农村金融体系的一种有益补充，是形成多层次、广覆盖、差异化的农村金融体系的重要方面（阙方平，2015）。总的来说，"互联网+"对农村金融创新的推动作用主要体现在两个方面。第一，实现低成本地改变金融服务覆盖范围。集高效率、低成本与便捷性等优势于一身的"互联网+金融"同时还具有对大数据的整合、分析及运用能力，能够实现农村普惠金融低风险、低成本、高收益的目标，对传统金融无法覆盖的地区和市场提供便捷的金融服务。第二，从根本上改变农村金融发展理念和机制。"互联网+金融"凭借其技术上的先进性，对农村金融传统的发展理念、发展模式及发展机制进行了颠覆。首先，创新农村金融发展理念。"互联网+金融"彰显"平等、公开、共享、安全"的金融观，以此为基础，于潜移默化之中对农民的消费观、价值观产生积极的影响，从思想观念上推动现代金融文明在农村的传播和普及；其次，改变农村金融约束条件。由于大数据、云计算及物联网等最新技术的应用可以有效降低信息整合成本，以及能提升信息交换效率，彻底改变了以往农村金融运作方式，从而打破了传统金融模式一直存在的诸多时空与成本等方面的约束，并且能够在实现普惠性的同时兼顾商业目标，使传统约束条件不再成为制约农村金融有效供给的障碍。最后，推进农村信息资源化和要素化转变。"互联网+金融"以信息的低成本获取和应用为基础，生产、交易等情况都将成为互联网上有据可查的信息资源，这为小微企业和农户提供了全新的增信方式，也促进了农村信息的资源化和要素化应用（阙方平，2015）。

第三节 农村金融创新的制度内涵

《关于全面推进农村金融产品和服务方式创新的指导意见》[①]，指出："加快推进农村金融产品和服务方式创新，是全面改进和提升农村金融服务、加强信贷结构调整的重要抓手，是新形势下缓解农村和农民贷款难、促进城乡公共金融服务均等化和支持社会主义新农村建设的有效手段。"显而易见，农村金融创新具有改善农业融资现状，进而促进新农村建设的重大意义。《意见》着重强调了"产品和服务方式创新"，也说明了农村金融创新的方向，即根据农业融资需求的新变化，创新金融产品和服务，开发出更加适合农业经营主体需要的融资模式。

农村金融产品和服务创新的内涵可以分为三个层次：第一，组织创新，即丰富农村金融供给组织方式，实现农村金融机构的多样化，促进农村金融市场的有序竞争；第二，产品创新，即灵活运用多种抵押担保方

---

① 2008年10月，中国人民银行、银监会联合出台了《关于加快推进农村金融产品和服务方式创新的意见》。

式，开发出与融资需求主体产权结构相契合的金融产品和服务方式，满足不同主体的金融服务需求；第三，模式创新，即从农业产业的层面设计产品，将金融服务延伸到产业链条上各个节点，同时实现金融风险可控。

一 农村金融组织创新

农村金融组织创新的核心是培育和发展各种新型信贷机构，形成竞争性的多层次农村金融市场。一方面，鼓励国有大型金融机构开展农村金融业务，强调普惠性而非商业性目标，积极参与农村金融市场竞争，将更多的信贷资金投放到农村地区和农业相关产业。比如，农村信用社这样的银行类金融机构通过改制，形成新的农业金融供给主体。另一方面，引导商业银行和社会资金培育和建立非银行类金融机构，如村镇银行、小额贷款公司和农村资金互助社等新型农村金融机构，创新和丰富农村金融市场主体，形成农村金融市场有效竞争格局，同时最大限度地发挥商业银行优势，对众多新型金融组织提供资金融通、技术指导、业务监督等服务。

农村金融组织创新需要服务方式创新的配合。农村金融机构在组织创新的同时，要以金融服务方式多样化、多元化为目标，不断改进和完善金融服务流程与贷款营销模式，尤其在贷款流程上，要以标准化和规范化为目标，探索尝试农户贷款流程再造，寻求提高审批效率和控制信贷风险的有效途径。

二 农村金融模式创新

农村金融模式创新是组织创新和产品创新在实践层面的集中体现，其本质就是金融机构借助新的抵押担保工具和风险管控手段，在产业层面把开发出来的金融产品投放到金融市场的具体做法，有较强的地域特色。农村金融模式创新一般以某一地域某一产业为基础，结合地方资源优势，在政府部门的推动下，形成涵盖农户、合作社、农业企业、金融机构、担保机构等农业多种主体的融资方式。

农业产业链融资是农村金融模式创新的一个具体形式，农业产业链融资的思路来自供应链融资。供应链融资最初形成于贸易融资，是指建立于供应链上若干企业之间长期贸易合作关系之上的，以商业信誉为基础的，一般由商业银行或物流公司主导的一种新的融资模式（陈晓红、陈建中，2008）。将这一思路应用于农业领域便是农业产业链融资的雏形。在这一背景下，主导供应链融资的商业银行更加注重农业企业的真实贸易背景以及农业供应链条上核心企业的实力和信用水平；而企业的规模、财务指标、可抵押物的价值和担保方式不再那么强调（刘圻、应畅、王春芳，2011）。核心企业的良好信誉使得合同农户从正式机构申请贷款更加容易；企业提供的技术指导保证了合同农户的生产效益，销售合同保障了农产品的销售，从而增加了农民的收入，也提高了农民的还贷能力（朱娟、胡定寰，2007）。正是农业企业基于真实交易过程中对风险的有效管理，创造了农业产业链融资的实施条件。下面就以五里明镇①产业链融资为例来介绍模式创新的主要特点。

龙江银行依托五里明镇建立的农业产业链，开发出了"公司+合作社+农户+银行+信托+政府+科技"的农业供应链金融服务模式，这种模式被称为"五里明模式"，其运行过程如图 2.1 所示。主要特点有，第

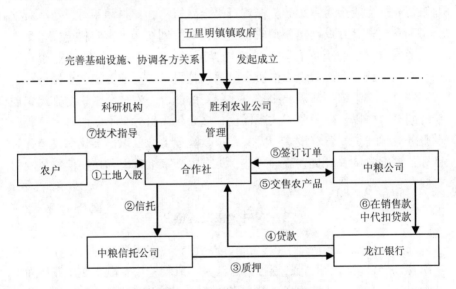

图 2.1 "五里明模式"示意图

一，地方特色产业是创新农村金融模式的有效载体。五里明镇是玉米主产区，玉米种植是当地的优势产业，有较高的收益性。以此为基础，才能够促成合作社土地经营权等信托化，并质押给金融机构作为合作社的贷款偿还担保。第二，核心企业是连接金融机构、合作社、农户的核心环节，产品创新也围绕核心企业进行设计。农业产业链内部融资模式主要是通过订单和合同建立起来的，农户可通过与农业企业签订订单和合同，来获取所

---

① 参见刘西川、程恩江《中国农业产业链融资模式：典型案例与理论含义》，《财贸经济》2013 年第 8 期。

需的现金贷款或者农产品销售的预付款，从而解决农户资金短缺的问题（陈红玲，2016）。第三，地方政府的推动和协调作用不容忽视。镇政府推动成立胜利农业公司，以此来加强农民合作社建设、促进土地流转，为金融创新创造了条件；同时，胜利农业公司也是镇政府发挥协调和监管作用的纽带。

三　农村金融产品创新

农村金融产品创新主要有抵押形式、担保机制、风险机制、信用增级、支付结算五个类型（吴盛光，2010）。抵押形式创新是指在不改变所有性质、不改变用途和不损害农民承包权益的前提下，将土地承包权、宅基地使用权、集体林权等作为贷款抵押物开展的产品创新，全面推进多种形式抵押贷款业务，同时探索多种贷款偿还方式。担保机制创新是指将农户、合作社、企业、金融机构等连接在一起的订单农业贷款创新，利用产业链上真实交易合约对借贷双方的监督担保作用。风险机制创新是指切实加强银行机构信贷业务和保险公司保险业务在农业领域的合作，完善农村金融服务体系，构建"信贷+保险"贷款模式（康永健，2010）。信用增级创新是指开发更加有效的联保方式提升信贷主体的信用等级。支付结算创新是指在授信、贷款使用等环节惠农卡、贷记卡、一卡通等的应用。总之，农村金融产品和服务的创新，其内涵是通过建立联合信用、金融支持订单农业发展、扩大抵押质押物品范围、保险与信贷相结合、开拓代收代付等中间业务等金融服务方式缓解贷款难问题（耶南，2013）。

第四节　农村金融创新的原则

农村金融创新要求正确认识农业现代化发展趋势，从根本上改善和优化农村金融发展环境，建立协同、配套、高效的农村金融服务体系，促成金融机构之间、金融政策与产业政策之间、金融机构与政府之间以及金融生态之间的合作互动，最终形成兼顾市场竞争和社会公平、产权独立和政府监管、产品创新和信用增级的农村金融市场体系。农村金融创新要坚持以下原则。

第一，兼顾农村金融的合理竞争与公平的原则。若要做到农村金融良好的金融秩序与农村金融服务属性相协调，首要的是各类型农村金融组织之间形成良性竞争，不但要秉持公开公平公正的原则，还要保证一定的效率。要实现这一原则，首先，农村金融组织需要通过创新产品、升级服务来提升核心竞争力。一方面要谋求金融产品和金融工具多样化发展，引导金融机构合理竞争；另一方面要在降低融资成本的同时加快社会资本的积累，并提高金融资源的利用效率。其次，金融监管部门需要切实履行金融监管职责，制定符合农村金融服务特点的规律法规和行业准则，在制度上推动农村金融的繁荣与稳定（祝宏伟，2012）。

第二，兼顾农村金融的有序监管和产权独立原则。产权的清晰界定和有效保护是农村金融体系改革顺利进行的关键。为了形成有效竞争的农村金融市场，需要政府主导构建一个有效保护农村金融机构多种产权形式的法律制度，同时适当放松对银行业的控制，并积极推动发展金融市场中的各中介机构，那么这样一种有效率的农村金融制度和合约安排就会通过不同产权形式的金融机构之间的竞争而自发地生长起来（苏玉环，2009）。与此同时，政府部门也要完善诸如税收、存款准备金等方面的相关政策、法律以及规章制度。为彰显产权独立性，政府不应该过多地干涉农村金融组织的内部经营管理，而应把注意力放在对农村金融组织贷款的支持上（祝宏伟，2012）。

第三，兼顾创新金融产品与构建社会信用体系并举的原则。金融产品的创新研发不是孤立的创新行为，而是建立在坚实的社会信用基础和有效的信用保障体系基础上的。如果社会整体信用环境存在问题，而且信用资源缺乏，债权也不能被妥善保护，则将导致金融资产大量流失，那么金融产品的创新更是无从谈起（娄永跃，2009）。所以，从本质上看，金融产品的创新是信用的创造或信用替代产品的创新。因此，要营造良好法治环境，加快社会信用体系建设，大力培植诚实守信的微观信用主体。建立健全守信奖励和失信惩罚机制，从根本上改善农村社会整体信用环境。

第五节 本章小结

农村金融创新是今后农村金融体系改革的主旋律，根本目标是逐步形成农业产业、区域经济、金融业协同发展的新格局，为破解"三农"问题提供产业支撑和资金援助。农村金融创新核心要求是培育农村金融市场的竞争性。在科学界定市场容量的基础上，适当放宽农村金融市场准入条件，通过法律监管和奖惩激励，引导多种金融机构参与农村金融市场竞争，为新型农业经营主体提供多样性金融服务，形成适度竞争、兼顾公平的农村金融市场（周才勇，2013）。主要工作有三个方面：一是继续深化农村信用社股份制改革，改制成更加有竞争力的农村商业银行；二是继续发挥农业银行在农村金融体系中的骨干和支柱作用，创造条件使之回归"三农"；三是在有效监管的条件下加快发展符合农村经济社会环境和农业经营主体需求的金融机构，尤其是村镇银行、小额贷款公司等新型农村金融机构。农村金融创新在市场主体多样化的同时，也要破解农民贷款抵押担保难题。主要工作有三个方面：一是创新农民拥有的不动产抵押方式，探索完善农村住房、宅基地、土地承包经营权、林权、水域滩涂使用权等抵押贷款的实施办法；二是利用产业链上各经营主体之间发生的真实交易关系，探索完善农业订单、存单、保险单、仓单、应收账款、特许经营权、商标权等质押贷款体制机制；三是积极扶持涉农担保机构发展，重点依托各类农村专业合作经济组织发展农业担保机构和担保业务，为农户和农村小微企业提供贷款担保（周才勇，2013）。

在农村金融创新背景下，下一章将概括我国农村金融市场和农村中小金融机构发展情况，从宏观的市场维度和微观的机构维度分别介绍我国近年来农村金融创新取得的成果。金融市场创新的宗旨是建立有序竞争的金融生态，为金融机构更好地服务"三农"创造条件；中小金融机构创新的宗旨是培育和完善不同的市场供给主体，从根本上改变农村金融供需矛盾。

第三章 中国农村金融创新历程：金融市场与农村中小金融机构

第一节 引言

作为市场经济体制改革的重要组成部分，我国农村金融体制也发生了重大的变革，发展目标逐渐清晰，支农惠农功能得到强化。我国农村金融体制改革开始于 20 世纪 70 年代末，经过 40 多年的不断探索创新，逐步形成以正规金融为主、非正规金融为辅的农村金融组织多样化格局。改革之前，我国农村金融市场中唯一的正规金融机构是被称为农村金融"主力军"的农村信用合作社，后来经过几轮调整与改革，商业金融、合作金融和政策金融三类金融机构并存的金融服务体系才得以形成，并在相当长的时间内共同构成我国农村金融市场的基本形态。随着改革不断走向深入，农村金融机构市场准入条件放宽，使得村镇银行、小额贷款公司、农村资金互助社等新型金融机构大量涌现，极大丰富了农村金融市场构成，并表现出良好的发展态势；这使整个农村金融市场的竞争性也逐步增强，也意味着我国农村金融正式步入多元化创新发展阶段。就改革成效而言，通过产品、服务和技术创新，农村新型金融机构改善了农村地区金融市场环境，大幅度提高了农村金融市场的竞争程度和运行效率，并且由于运行成本较低，农村新型金融机构能够向偏远地区尤其是金融空白地区提供金融服务，对提升我国农村金融服务整体水平发挥了积极作用。

截至 2016 年，全国农村中小金融机构资产总额为 29.9 万亿元，负债总额为 27.7 万亿元，均占银行业的 13.5%。全年实现净利润 2449 亿元，同比增长 4.2%。资产利润率为 0.9%，资本利润率为 12%，总体保持较好水平。2016 年新组建农商行 256 家，截至 2016 年年底，总数达到 1222 家，资产负债占比双双突破 70%。2016 年新组建村镇银行 142 家，截至

2016 年年底，总数达到 1519 家，中西部地区占比 64.5%，县市覆盖率达到 67.4%。2016 年新增营业网点 999 个、便民服务点 1.9 万个，承担了 87%的基础金融服务"村村通"任务。涉农贷款余额 8.7 万亿元，小微企业贷款余额 7.3 万亿元，分别实现了总量持续增长和"三个不低于"目标。①

当前，我国农村新经济的特征主要表现在农业规模化、产业化以及现代化。农村新型金融机构结合农业农村的特点对市场和客户细分，对信贷产品、服务方式、决策机制以及激励机制进行创新，逐步形成了合理有效的治理结构，提高了机构运行效率，这样就会形成一个农村新金融与农村新经济共生共荣的局面，推动中国农村经济的发展。本章以下内容主要是对农村金融市场创新以及农村中小金融机构的发展历程进行系统梳理，以期勾勒出我国农村金融创新发展的全貌。

第二节 农村金融市场发展衍化

在新中国成立之初进行的工业化战略时期，大量资金通过农村信用合作社向城市转移，当时农信社是我国农村金融市场的主体（周脉伏，2006），并且这一主体地位保持了 20 余年，农村金融发展在这段时间之内由于政治原因停滞不前。一直到改革开放，农村金融体制由于配合经济体制改革的需要也迎来了一系列变迁和革命，农村金融市场体系也几经变更，朝着市场化方向发展至今，基本上形成了今天这种以中小金融机构为主的农村金融市场格局。从衍化阶段来分，我国农村金融市场先后经历了恢复重构、调整改革、创新发展三个阶段。

一 恢复重构阶段（1979—1995）

改革开放以后，随着农村经济的发展，农村市场规模逐渐增大，农村内部融资需求日益强烈，恢复适应于发展需要的农村金融体系的呼吁日益增强。1979 年 2 月，国务院发布了《关于恢复农业银行的通知》，规定"中国农业银行作为国务院的一个直属机构，由中国人民银行代管。主要任务是，统一管理支农资金，集中办理农村信贷，领导农村信用合作社，发展农村金融事业"。恢复后的农业银行以"提高经济效益，活跃农村经

---

① 资料来源：银监会与中国人民银行公布的 2016 年相关数据。

济"为指导方针，大力支持农村经济的发展。农村信用合作社作为农业银行的"基层机构"，并没有太多自主权，失去了独立的发展空间。

1984 年之后，随着个体经济和乡镇企业的迅速发展，农村经济商品化程度大幅提高，对信贷需求也随之大量增加。为此，增加农村金融市场供给主体势在必行。在 1985 年中国人民银行出台的鼓励国有专业银行之间竞争的政策措施的指引下，中国工商银行、中国银行、中国建设银行正式进驻农村金融市场，为兴起的乡镇企业提供金融服务。国有专业银行的县域分支机构的增加促进了农村金融市场竞争程度的提升。为了适应农村经济发展的需要，促进商品生产的发展，1984 年国务院批转了《中国农业银行关于改革信用社管理体制的报告》，决定对农村信用合作社管理体制进行"三性"① 改革。"独立经营、独立核算、自负盈亏"的经营模式使得农村信用合作社的自主权有所扩大，"三性"改革也推动了农村信用合作社的发展。截至 1995 年底，农村信用合作社各项存款余额达 7173 亿元，其中储蓄存款 6196 亿元，占农村储蓄的60% 以上；各项贷款 5178 亿元，占整个农业生产贷款的 60% 以上，农户贷款的 80% 以上，乡镇企业贷款的 70% 以上（成思危，2006）。随着金融体制改革的深入，农业银行逐步往商业化方向改革。同时，为了"建立政策性金融与商业性金融分离，以国有商业银行为主体、多种金融机构并存的金融组织体系"，1993 年 12 月，国务院发布了《关于金融体制改革的决定》，组建中国农业发展银行，"承担国家粮棉油储备和农副产品合同收购、农业开发等业务中的政策性贷款，代理财政支农资金的拨付及监督使用"。

尽管农村金融市场的改革，恢复重构了一个"以农业银行为主导，农村信用合作社为基础，其他金融机构和融资方式为补充的多元农村金融体系"（匡家在，2007），但是这些金融机构更多的是将农村的资金转移至城市。农村资金的大量外流导致农村融资需求远大于正规金融机构提供的融资，这为民间借贷发展提供了空间。民间借贷的主要形式是农村合作基金会。为了规范农村合作基金会，农业部下达文件（〔1993〕农〔经〕字第 8 号文件），确定了农村合作基金会的性质和宗旨，规定"农村合作基金会是在坚持资金所有权及其相应的收益权不变的前提下，由乡村集体经济组织和农户，按照自愿互利、有偿服务的原则而建立的社区性资金互助合作组织；其宗旨是为农民、农业和发展农

---

① 指组织上的群众性、管理上的民主性、经营上的灵活性。

村集体经济服务"。

经过恢复与重构，农村金融市场初步形成了金融机构多元化的发展态势。在农村金融市场，正规金融组织与非正规金融组织共存，商业性金融机构、合作性金融机构与政策性金融机构各司其职，为农村经济的发展注入了活力。

二　调整改革阶段（1996—2005）

在经历亚洲金融危机之后，中央推进新一轮农村金融体制改革，开始重视对金融风险的控制。《国务院关于农村金融体制改革的决定》指出了这一时期农村金融体制改革的指导思想——"建立和完善以合作金融为基础，商业性金融、政策性金融分工协作的农村金融体系。进一步提高农村金融服务水平，增加对农业的投入，促进贸、工、农综合经营，促进城乡一体化发展，促进农业和农村经济的发展和对外开放"；改革的重点是"恢复农村合作社的合作性质，进一步增强政策性金融的服务功能，充分发挥国有商业银行的主导作用"。

"农村信用社管理体制改革，是农村金融体制改革的重点。"对农村信用社改革的核心目标是"把农村信用社逐步改为由农民入股、由社员民主管理、主要为社员服务的合作性金融组织"。经过改革，农村信用社脱离与中国农业银行的行政隶属关系，恢复了具有独立法人地位的合作金融组织性质。2000年江苏省在全国率先进行农村信用社改革试点；2002年3月，中共中央、国务院联合发布的《关于进一步加强金融监管，深化金融企业改革，促进金融业健康发展的若干意见》首次提出农村信用社改革的重点是明确产权关系和管理责任；2003年《国务院关于印发深化农村信用社改革试点方案的通知》要求，按照"'明晰产权关系、强化约束机制，增强服务功能，国家适当支持，地方政府负责'的总体要求，加快农村信用社管理体制和产权制度改革，把农村信用社逐步办成由农民、农村工商户各类经济组织入股，为农民、农业和农村经济发展服务的社区性地方金融结构，充分发挥农村信用社农村金融主力军和联系农民的金融纽带作用，更好地支持农村经济的结构性调整，促进城乡经济协调发展"；并确定江西等8省（市）作为改革试点省市。2004年改革试点地区进一步扩大至北京等21个省（区、市），标志着农村信用社的改革进入全面展开阶段。农村信用社的改革客观上强化了其作为农村金融机构主力军的垄断地位。2003年底全国农村信用社共有法人机构34909个，发放农业贷款余额达到6966亿元，占全部金融机构农业贷款总额的83.8%

（钱水土，2009）。

在这一时期，国有银行在农村的业务逐渐收缩，民间金融处于压制状态。随着 1997 年中央金融工作会议中"各国有商业银行收缩县及县以下机构，发展中小金融机构，支持地方经济发展"策略的制定，大规模的县及县以下商业银行分支机构撤离了农村金融市场。初步统计，1998—2002 年，四大国有银行共撤并了 3.1 万个县及县以下分支机构（中国农村金融学会，2008）。1996 年《国务院关于农村金融体制改革的决定》针对"相当一部分农村合作基金会以招股名义高息吸收存款，入股人不参加基金会管理、不承担亏损"等违法经营的现状，提出需要清理整顿。1999 年 1 月，国务院发布《国务院办公厅转发整顿农村合作基金会工作小组清理整顿农村合作基金会工作方案的通知》，正式宣布统一取缔农村合作基金会。

经过这一轮的农村金融体制改革，农村金融市场形成了以农村信用合作社为主力军、中国农业银行和中国农业发展银行为辅的农村正规金融体系；而民间金融处于压制状态。

三 创新发展阶段（2006 年至今）

在新一轮的农村金融体制改革中，农村信用合作社改革进一步深化。截至 2010 年底，全国共组建农村商业银行 84 家，农村合作银行 216 家，县级统一法人联社 1976 家（中国农村金融学会，2008）。农业银行明确定位于面向"三农"，"着力支持县域经济和金融发展，发挥支持新农村建设的优势"。然而，由于体制内改革阻力大，不能完全改善农村金融不能满足农村经济发展需求的局面；新一轮改革将重点放在发展新型金融机构上，实行"增量"改革。

2005 年 8 月开始在山西、陕西、四川、贵州和内蒙古 5 省（区）进行小额贷款公司试点；2006 年的《中共中央国务院关于推进社会主义新农村建设的若干意见》提出"允许私有资本、外资参股乡村社区金融机构"，"大力培育由自然人企业法人或社团法人发起的小额贷款组织"，"引导农户发展资金互助组织，规范民间借贷"；2006 年底中国银监会制定发布的《关于调整放宽农村地区银行业金融机构准入政策的若干意见》提出，"按照商业可持续原则，适度调整和放宽农村地区银行业金融机构准入政策，降低准入门槛"，通过"支持和引导境内外银行资本、产业资本和民间资本到农村地区投资、收购、新设各类银行业金融机构"，以增量改革为突破口，最终解决农村金融供给不足、金融服务覆盖率低等问题，构建竞争适度、服务完善的农村金融市场。在新一轮以金融组织制度创新为基础的"增量"改革的推进中，新型农村金融机构正迅速发展。新型农村金融机构增加了农村金融市场的竞争主体，与农业银行、农业发展银行、农村信用合作社一起，推动着农村金融市场逐步朝向多元化竞争的趋势转变。

总的来讲，新时期农村金融改革创新主要有以下四个特点。第一，降低市场准入门槛，培育农村金融市场的竞争主体。2014 年中央一号文件又提出"发展新型农村合作金融组织"的部署。尽管这些改革仍是金融机构观的逻辑，但民间资本的进入使得农村金融系统由封闭走向开放，为竞争性农村金融市场的形成提供了物质基础。第二，探索利率市场化道路，完善利率的价格机制。2013 年 7 月 20 日起中央作出全面放开金融机构贷款利率管制的决定，取消金融机构贷款利率 0.7 倍的下限，对农村信用社贷款利率不再设立上限。由此，初步形成了由供求决定的农村金融商品的市场定价机制和体系。第三，"三权抵押"有了实践的可能性，信贷担保将走出关键的一步。党的十八届三中全会明确提出"赋予农民对集体资产股份占有、收益、有偿退出及抵押、担保、继承权"。主张通过试点等方式，"慎重稳妥推进农民住房财产权抵押、担保、转让"。"允许承包土地的经营权向金融机构抵押融资"，从而使农民享有更多的财产权利，进而从根本上破解农户"贷款难"与金融机构"难贷款"的难题（金运、韩喜平，2014）。第四，互联网、大数据、云计算等金融科技手段在农村金融机构得到了应用，并且加强了金融监管。2017 年中央一号文件提出了加强和完善农村金融监管体系，积极推动农村金融立法，适当下放县域分支机构业务审批权限。鼓励金融机构积极利用互联网技术，为农业经营主体提供小额存贷款、支付结算和保险等金融服务（孙疏，2017）。

第三节　农村中小金融机构的发展历程

一　农村信用社发展及改制

1. 农村信用社的发展

早在 20 世纪 20—30 年代，农村信用合作社就作为一种新兴的农村金融借贷机构迅速发展起来。新中国成立后，党中央于 1951 年决定在全国范围内试办农村信用合作组织，农信社随即产生，并奠定了新中国农村金融事业的基础。农信社发展迅速，到1957年，农村信用合作社已发展到10.3万家。1958年至1979年，农村信用合作社管理部门几经更迭，人民公社、生产大队甚至农民都曾管理过农信社，后来还是由人民银行管理，并于1979年划归农业银行代管，一直延续到1996年。这段时间内，农村经济体制改革也在起步，此时的农信社"官办"色彩较为浓厚，已经演变为国家银行在基层的金融机构。1996年，国务院发布《关于农村金融体制改革的决定》，农信社改革被提上日程，其核心内容是把农村信用社逐步改为由"农民自愿入股、社员民主管理、主要为入股社员服务"的合作金融组织（罗家龙，2013）；同时，宣布农信社脱离与农业银行行政隶属关系，县级联社负责对其进行业务管理，人民银行对其进行金融监管，总体上保证农信社按合作制原则加以规范（魏泓飞，2013）。2000年至2003年，江苏率先探索农村信用合作社股份制改革，其做法是以县为单位统一法人改革。在江苏经验的启发下，国务院于2003年印关于《深化农村信用社改革试点》方案的通知，指出要"按照'明晰产权关系、强化约束机制、增强服务功能、国家适当支持、地方政府负责'的总体要求，加快农村信用社管理体制和产权制度改革，把农村信用社逐步办成由农民、农村工商户和各类经济组织入股，为农民、农业和农村经济发展服务的社区性地方金融机构，充分发挥农村信用社农村金融主力军和联系农民的金融纽带作用，更好地支持农村经济结构调整，促进城乡经济协调发展"（魏泓飞，2013），至2006年，全国农村信用合作社全面融入改革大潮（何广文，2006）。据统计，2016年新组建农商行达256家，截至2016年年底，农商行总数达到1222家，资产负债占比双双突破70%。安徽、湖北、江苏3省全面完成改制。

2. 农村信用社改制的背景

农村信用合作社改制是按照现代企业制度进行的股份制改造，在产权归属、经营机制、经营目标和治理结构等方面进行了探索创新。为了使农村信用社改革达到预期目标，需要完善农村信用社内部、外部治理结构，真正实现社会公平与效率的统一（赵济塽，2007）。农信社改制为农村合作银行或者农村商业银行的原因与背景如下。

第一，深化农村金融机构改革与可持续发展的需要。经济的快速发展为金融市场的发展和壮大创造了条件，也使金融业竞争压力剧增，同时也对金融机构提出了更高的要求。此时，农村金融市场的"主力军"——

农村信用社，其产权制度、组织形式已经成为制约其可持续发展的桎梏，农信社改革势在必行。将农信社改制成农商银行，可以促进明晰产权关系，优化组织经营机制，增强抗风险能力，进一步提高信贷资产质量，在更高层次上实现发展速度和稳健程度的平衡；可以优化经营机制，按照绩效挂钩和权责利对等原则进行绩效考核和盈余分配，充分调动管理人员主观能动性；可以规范管理机制，利用现代金融经营管理理念指导具体经营工作，进一步促进经营管理水平的提升。

第二，完善法人治理结构、防范和化解农村信用社风险的迫切需要。把农信社改制成农商银行后，一是有利于构建架构规范、运作合理、治理有效的公司治理模式，进一步提升股东的权责意识，使股东真正关心农商银行的经营活动。二是有利于健全股东大会、董事会、监事会制度，进一步完善决策、经营和监督机制，彻底解决产权不明、内部人控制、内控管理薄弱、股东参与管理积极性不高等问题，形成一个职责分明、相互制约、运作规范的权利相互制衡的现代法人治理结构。三是有利于获得地方政府支持，借助地方政府力量，化解农村信用社现有风险。同时，可以吸收现代银行先进的经营理念和管理经验，转换经营机制，提高经营管理水平，强化约束机制，有效防范和化解农村信用社潜在风险。

第三，农村信用社适应农村金融市场多元化竞争格局的迫切需要。从农村信用社的性质来看，它尽管承担了一部分政策性金融业务，但实质上仍是商业性银行机构，追求利益最大化仍然是农村信用社的首要目标。就全国金融改革的情况而言，目前四大国有商业银行的商业化和股份制改造已经全部完成，而且外资金融机构已进入了中国市场，其他各类股份制商业银行也快速崛起，所以以农村信用合作社的改革已经成为中国银行业改革的最后一座堡垒。从这一发展趋势不难判断出，随着市场的开放以及各个股份制商业银行对农村地区的逐步渗透，农村信用合作社在农村金融市场中一家独大的这种格局将被打破，农村信用合作社面临越来越大的竞争压力。比如，新型金融机构丰富的贷款产品和灵活的抵押担保方式将越来越多的潜在客户从农信社"抢走"。毫不夸张地讲，如果农村信用社不抓住改革机遇，加快发展步伐，尽快通过实施股份制改造来组建农村商业银行，那么农村信用合作社最终将在激烈的市场竞争中丧失阵地，不再保有原有的竞争优势，甚至在"互联网+金融"改革大潮中被淘汰出局。进一步深化改革，加快组建农村商业银行步伐，有利于扩大业务范围，拓宽服务领域，从广度和深度上加大对地方经济的支持力度，能更加有效地提高服务"三农"水平，能更好地适应和支持地方经济发展，促进建成全面小康社会目标的快速实现。

3. 农信社、农村合作银行、农村商业银行比较（何广文，2005；杨伟，2012）

农信社、农村合作银行与农村商业银行的业务种类差别不大，其不同之处主要体现在股权结构。第一，农村合作银行强调股份合作制，这种产权制度是合作制与股份制的有机结合，与传统意义上的合作制以及现代意义上的股份制都不尽相同。农村合作银行首先要遵循合作制基本原则，在此基础上吸收股份制的原则和做法，使二者相互融合，从而构建出一种新的银行组织形式。这种同时彰显劳动联合与资本联合、支农惠农的社会目标与追求利润的商业目标的产权制度，对于农村信用社尤其是"二元经济结构"比较明显的广大农村地区的农村信用社产权改革来说，是一次大胆的创新尝试。第二，农村商业银行强调股份制，其商业化倾向更为明显。在经济比较发达、城镇化程度较高的地区，农村和城市的边界已经模糊，农村不再是传统意义上的以农业生产为主的农业区，而是以二三产业为主要经营对象的商业区，农民已不再以传统耕种养殖为生，农业机械化和农村商业成为农民主要工作，信用社也已实际上进行商业化经营。第三，农村信用社、农村合作银行与农村商业银行的差异主要体现在服务对象、股权设置及治理结构等方面。首先，在服务对象上，三者共同点都是为农业、农民和农村经济发展服务，但由于经济发展存在地区差异，其具体服务对象和内容则有所不同。农村信用社注重服务农户，贷款产品多数是农业贷款，而农村商业银行则在满足"三农"需要的前提下，还要兼顾城乡经济协调发展。在股权设置上，农村商业银行实行等额股份、同股同权，而农村合作银行股权分为资格股和投资股两种股权。在法人治理上，农村信用社设置董事会、监事会和管理层，实行民主管理，采用一人一票制，社员代表大会是权力机构；农村合作银行与农村商业银行的组织架构和权力机构相同，都设有董事会、监事会和管理层，但不同于农信社之处是以股东大会作为权力机构。

二 村镇银行

1. 村镇银行发展历程

村镇银行是指经中国银行业监督管理委员会依据有关法律、法规批准，由境内外金融机构、境内非金融机构企业法人、境内自然人出资，在农村地区设立的主要为当地农民、农业和农村经济发展提供金融服务的银行业金融机构①，属于一级法人机构。2006 年 12 月 20 日，银监会出台了《关于调整放宽农村地区银行业金融机构准入政策　更好支持社会主义新农村建设的若干意见》，提出在湖北、四川、吉林等 6 个省（区）的农村地区设立村镇银行试点，2007 年 1 月 22 日，银监会印发《村镇银行管理暂行规定》的通知，在村镇银行机构设立、治理结构、经营管理等方面进行了详细的规范，并为村镇银行进入农村金融市场以及获得合法地位提供了法律依据。2007 年 3 月，四川仪陇惠民村镇银行成立，这也是全国第一家村镇银行。② 2007 年当年，新设立村镇银行 19 家，2008 年末，共建立村镇银行 91 家，比 2007 年增加 72 家。③ 2012 年 5 月，银监会制定了《关于鼓励和引导民间资本进入银行业的实施意见》，进一步放宽了民间资本投资入股村镇银行比例，将主发起行最低持股比例由 20% 降低到 15%，以吸收更多民间资本参与。同时，要求主发起行在村镇银行进入可持续发展阶段后，可以与其他股东按照有利于拓展特色金融服务、有利于防范金融风险、有利于完善公司治理的原则调整各自的持股比例。截至 2016 年年末，全国已组建村镇银行 1519 家，资产规模已突破万亿元，达到 12377 亿元；各项贷款余额 7021 亿元，农户及小微企业贷款合计 6526 亿元，占各项贷款余额的 93%（毛炳盛、张康松、程昆，2018），500 万元以下贷款占比 80%，户均贷款 41 万元，支农支小特色显著。④截至 2018 年 6 月末，我国共有村镇银行 1605 家，已开业村镇银行资产总额达到 1.4 万亿元，农户和小微企业贷款合计占比 91.8%，户均贷款 34.9 万元，⑤ 在乡村振兴战略下，它们已成为发展普惠金融的生力军。

2. 村镇银行创新优势

村镇银行设立门槛（注册资本）较低，资金的来源渠道多，经营方式灵活，采用股份制机构，作为新生事物进驻农村地区的金融市场，发挥了重要作用，给农村地区的金融市场带来了增量性因素，为农民金融融资提供了新的渠道。首先，村镇银行根植于农村，能够适应农村金融需求特点。我国大部分农村一直以来都是金融基础薄弱的地区，而建设社会主义

---

① 详见中国银行业监督管理委员会关于印发《村镇银行管理暂行规定》的通知（银监发〔2007〕5 号），http://www.gov.cn/zhengce/2016-05/24/content_5076294.htm。
② 详见《金融时报》，2017 年 3 月 3 日。
③ 根据银监会公布的数据整理所得。
④ 同上。
⑤ 详见中国经济网"第十一届中国村镇银行发展论坛"，http://finance.ce.cn/bank12/scroll/201809/20/t20180920_30354467.shtml，2018 年 9 月 20 日。

新农村需要大量资金，这就需要在政府扶持和引导下设立专门的金融机构，提供新农村建设所需要的金融服务。村镇银行对接农村金融需求特征，完善金融配套服务，不但能够缓解农村地区金融服务匮乏的状况，还能为农村剩余劳动力提供更多的非农就业机会，提高农民收入水平，进而促进农村经济结构的调整，不断缩短城乡差距（郭俊，2008）。村镇银行由于其产生于农村，对相对复杂、脆弱的经济环境天然具有适应性，相对大型商业银行比较优势明显，只要充分发挥这一比较优势就能有效缓解农村地区的金融约束，促进农村经济发展。其次，村镇银行经营方式灵活，能够提供适应农村金融生态的贷款产品。村镇银行由于规模普遍较小可以被认为是金融体系中的毛细血管，对贷前甄别和贷后监督具有明显的优势。村镇银行放贷前会利用自身信息收集渠道对客户进行细致调查，与客户面对面地协商，通过这样相对低成本的方式，确定贷款产品及还款方式等具体细则。比如，它会对不同客户进行信用评级，然后在银监会给出的利率浮动标准内给予不同的贷款利率。这些都充分表明了村镇银行具有规模小、运行机制灵活、风险相对可控的优势，也显示出村镇银行具有完善农村金融体系的功能（冯长，2011）。最后，村镇银行迎合了新的金融服务需求，具有强大的生命力。农村经济近年来发展迅速，资金业务数量不断上升，虽然单笔业务数额不大，但总额需求旺盛，农村金融市场的这一需求特征为各类新型金融机构提供了广阔的发展平台。随着农村金融法律法规的不断完善，尤其是金融监管机制的逐步健全，加之农业保险与信贷融合机制的不断创新，农村金融服务的整体风险将不断下降，农村金融市场生态不断改善，这有利于村镇银行的进一步发展，也为城市金融机构进军农村市场提供了越来越好的金融生态环境（高晓燕、孙晓靓，2011；邱卫红，2012）。

三 小额贷款公司

1. 小额贷款公司设立的背景

小额贷款起源于国际援助机构和非政府组织的小额信贷扶贫项目，但这种非营利性的扶贫形式在后期难以为继，商业性小额贷款公司就应运而生。2005年，联合国大会指定当年为"国际小额信贷年"，并首次提出了"普惠金融"概念。2005年，中央一号文件《关于进一步加强农村工作提高农业综合生产能力若干政策的意见》提出"有条件的地方，可以探索建立更加贴近农民和农村需要，由自然人或企业发起的小额信贷组织"，随后中国人民银行开始在山西、四川、贵州、陕西、内蒙古五个省份进行

"只贷不存"的商业性小额贷款公司试点工作，探索民间资本进入小额信贷领域的可行性。小额贷款公司在 2005 年试点之初，肩负的历史使命就是"改善农村地区金融服务，规范和引导民间融资，推进小企业发展和社会主义新农村建设"。2006 年中央一号文件《关于推进社会主义新农村建设的若干意见》进一步提出大力培育由自然人、企业法人或社团法人发起的小额贷款组织。文件出台后，更多省份开始试点小额贷款公司。2008 年 5 月 4 日，银监会、中国人民银行联合下发《关于小额贷款公司试点的指导意见》，明确提出：小额贷款公司是由自然人、企业法人与其他社会组织投资设立，不吸收公众存款，经营小额贷款业务的有限责任公司或股份有限公司。小额贷款公司在坚持为农民、农业和农村经济发展服务的原则下自主选择贷款对象（赵新建，2009）。

2. 小额贷款公司发展过程

政府放开小额贷款公司试点，一方面是希望将小额贷款公司培育成为农村金融机构的重要组成部分，以商业化手段缓解农村扶贫压力；另一方面的意图是引导小额贷款公司作为新型金融机构，以市场化手段解决中小企业融资难问题，推动中小企业平稳快速发展（潘广恩，2009）。截至2015 年底，全国小额贷款行业企业数量达到 8910 家，较上年新增 119家，同比增长 1.35%；从业人员数量达到 117344 人，较上年新增 7396人，同比增长 6.73%；实收资本达到 8459.29 亿元，较上年新增 176.23亿元，同比增长 2.13%；贷款余额总量达到 9411.51 亿元，较上年减少8.87 亿元，同比下滑 0.09 个百分点。截至 2016 年 3 月末，全国共有小额贷款公司 8867 家，较 2015 年末减少 43 家，贷款余额 9380 亿元，一季度人民币贷款减少 23 亿元。① 按地区划分，江苏省小额贷款公司的贷款余额与数量都是全国之冠；而广东省则拥有全国最多的小额贷款机构从业人员。2015 年，江苏省的小额贷款余额为 1060.75 亿元，是国内唯一的"千亿省份"；而重庆市与浙江省分别以 842.34 亿元与 791.63 亿元的余额排名其后；小额贷款余额全国第四、五位的分别为四川省 663.22 亿元、广东省 640.21 亿元。从各省份机构数量来看，江苏省小额贷款公司共计有 636 家，位居第一。第二至第五的省份分别为辽宁省为 597 家、河北省为 480 家、安徽省为 458 家、吉林省为 442 家。② 根据中国人民银行发布的小额贷款公司统计数据报告，截至 2018 年 6 月末，全国共有小额贷款

① 《中国小额贷款公司行业发展报告（2005—2016）》，中国经济出版社，2016 年 9 月。
② 同上。

公司 8394 家，贷款余额 9763 亿元。不同省市的小额贷款公司分布情况统计如表 3.1 所示。

表 3.1 小额贷款公司分地区情况统计

（2018 年 6 月 30 日）

地区名称	机构数量（家）	从业人员数（人）	实收资本（亿元）	贷款余额（亿元）
全国	8394	99502	8449.23	9762.73
北京市	102	1427	138.74	150.53
天津市	95	1299	118.38	127.62
河北省	435	5689	247.05	244.78
山西省	279	3059	179.01	163.87
内蒙古自治区	351	3104	252.44	254.06
辽宁省	519	4873	351.01	299.81
吉林省	514	4342	144.78	107.61
黑龙江省	254	1966	132.97	110.74
上海市	127	1599	210.50	223.37
江苏省	637	5857	797.40	902.72
浙江省	324	3243	574.95	671.78
安徽省	438	4836	364.14	450.97
福建省	118	1415	259.29	301.37
江西省	203	2531	241.42	243.92
山东省	327	4209	441.27	488.67
河南省	257	3460	207.98	229.74
湖北省	279	3531	303.83	302.45
湖南省	126	1874	102.97	105.46
广东省	463	9354	693.25	746.61
广西壮族自治区	305	3747	269.34	471.94
海南省	57	983	63.31	73.22
重庆市	274	5089	944.72	1633.60
四川省	298	5394	495.04	565.05
贵州省	271	2564	86.87	79.17
云南省	259	2783	123.34	121.72
西藏自治区	19	164	19.62	22.44
陕西省	268	2846	242.43	240.36

续表

地区名称	机构数量（家）	从业人员数（人）	实收资本（亿元）	贷款余额（亿元）
甘肃省	318	3443	163.50	128.66
青海省	77	878	48.38	50.53
宁夏回族自治区	123	1618	56.39	52.04
新疆维吾尔自治区	277	2325	174.91	197.90

注：由于批准设立与正式营业并具备报数条件之间存在时滞，统计口径小额贷款公司数量与各地公布的小额贷款公司批准设立数量有差别。

数据来源：中国人民银行。

3. 小额贷款公司创新优势

小额贷款公司是在我国农村金融供给长期不足的背景下，金融深化进程中出现的一种金融组织创新，它具有鲜明的特色，最大的特征是其客户多数都是被商业银行传统信贷业务排斥在外的相对弱势群体。小额贷款公司的创新优势主要体现在，首先，服务对象覆盖农户和小微企业。在资金来源上，小额贷款公司通过吸收农村自然人、企业法人和其他社会组织的闲置资金，并按资本金一定的比例从银行业金融机构融入一部分资金，共同构成其信贷资金，再按照"小额、分散"的放贷原则服务于农村金融市场（王鹏程、万春梅，2011）。在服务对象上，鼓励其向农户和农村小微企业提供信贷服务，并将扩大客户数量和覆盖面作为更加重要的发展目标；在贷款额度上，规定同一借款人的贷款余额不得超过小额贷款公司资本净额的5%，并根据所在地经济状况和人均 GDP 水平确定最高贷款限额。其次，小额贷款公司是非金融机构，但经营贷款业务。小额贷款公司未被纳入正规金融体系，而是在工商管理部门注册登记，但也同样具有合法的身份。其与那些游离于政策法规体系之外的民间借贷、地下钱庄等完全自然发育而成的非正规金融组织有本质的区别（诸宁瑜，2012）。因此，小额贷款公司具有引导民间资金转向正规金融领域的积极作用，小额贷款公司的设立和运行在一定程度上降低了农村非正规金融向正规金融嬗变的成本（邵传林，2011），小额贷款公司为民间借贷指明了发展方向，它把民间资本充分调动并参与到农村金融体系建设中，这在一定程度上有效地解决了当前"三农"人群以及广大中小企业融资难问题（王晓龙，2015）。再次，小额贷款公司是对传统非政府小额信贷的完善。在产权方面，小额贷款公司采取股份有限公司或有限责任公司的形式，产权关系清晰，有利于完善治理机制，同时它吸收了传统非政府小额信贷活动的优点，是对传统非政府小额信贷项目内外部运行机制的创新（诸宁瑜，2012）。最后，小额贷款公司风险管理机制较为完善。这主要是指政府主管部门责权划分清晰，监管机制健全。比如浙江省在小额贷款公司监管方面有一套比较成熟的做法：省金融办是小额贷款公司的主要监管部门，承担小额贷款公司风险处置责任；省工商部门主要对小额贷款公司进行日常巡查和信用监管；银监部门主要负责及时认定小额贷款公司是否存在非法吸收公众存款及非法集资行为；人民银行负责对小额贷款公司资金流向的动态监测，以及对贷款利率的监督检查；公安部门负责配合其他部门打击非法集资、高利贷等金融违法行为，防范小额贷款公司的风险（诸宁瑜，2012）。

四   农村资金互助社

1. 农村资金互助社的发展

银监会 2007 年发布《农村资金互助社管理暂行规定》（以下简称《暂行规定》），[①] 其第二条对农村资金互助社的概念阐述为："农村资金互助社是指经银行业监督管理机构批准，由乡（镇）、行政村农民和农村小企业自愿入股组成，为社员提供存款、贷款、结算等业务的社区互助性银行业金融机构。"（陈荣文，2011）

我国首家农村资金互助社成立于 2004 年，此后陆续有其他农村资金互助社成立，但是直至 2007 年银监会发布《暂行规定》前，这些农村资金互助社都处于"非法"探索阶段，《暂行规定》不仅为农村资金互助社规定为合法，同时也对各地的农村资金互助社实行金融许可证的审批模式。2006 年中央一号文件《中共中央   国务院关于推进社会主义新农村建设的若干意见》强调加快推进农村金融改革，并明确提出要引导农户发展资金互助组织，这意味着农村资金互助社首次在国家层面上被提上议事日程。究其原因，农村资金互助社的发展得益于我国"三农"建设对资金需求的大幅增加。我国农村地区一直以来金融供给水平有限，为了缩小金融服务的区域性差距，一系列旨在放宽农村地区金融机构准入的政策和规定相继出台，为农村资金互助社的产生和发展提供了政策环境。2006年底，银监会发布了《关于调整放宽农村地区银行业金融机构准入政策更好支持社会主义新农村建设的若干意见》，在金融机构的准入限制方面突破了以往的一些限制，同时全面开放农村金融市场，鼓励有序竞争，并

---

① 《农村资金互助社管理暂行规定》中国银行业监督管理委员会，2007 年 1 月 22 日。

增设村镇银行、贷款公司和农村资金互助社三类新型农村金融机构（赵新建，2009）。2007 年，中国银监会、中国银监会办公厅相继下发了《农村资金互助社管理暂行规定》、《农村资金互助社组建审批工作指引》、《农村资金互助社示范章程》等文件，对农村资金互助社的组建审批工作程序、设立和退出、组织结构、治理及经营等进行了规范（王杨，2014）。并确定在四川、青海、甘肃、内蒙古、吉林、湖北省（区）的农村地区开展试点，到 2007 年 10 月 12 日，农村地区金融机构准入的试点范围扩大至全国 31 个省（区、市），这也说明了新型农村金融机构前期试点取得了不错的成效。2008 年，《中国人民银行　中国银行业监督管理委员会关于村镇银行、贷款公司、农村资金互助社、小额贷款公司有关政策的通知》，进一步明确了农村资金互助社相关政策（杨奇明、陈立辉、刘西川，2015），涉及存款利率管理、存款准备金管理、支付清算管理、风险监管等 8 个方面，意味着农村资金互助社政策体系的完善。随后在相关政策的引导下，全国各地相继设立农村资金互助社，并依照法律法规规范监管，发展成为我国农村金融发展的新生力量。根据银监会数据，截至 2016 年末，全国已组建农村资金互助社 50 家。[①]

2. 农村资金互助社的特征

第一，从地域范围来看，农村资金互助社具有社区性和合作性特征。首先，在地域上，农村资金互助社产生并服务于农村社区，天然具有社区性特征，"互助"则体现出其具有合作性。其次，在成员构成上，农村资金互助社要求社员必须来自社区（即所在的乡镇或行政村）内部，具有良好合作的基础；最后，在运行机制上，农村资金互助社关于社员权利、组织机构和治理机制等规定，都体现了合作的精神。因此，资金互助社是合作性金融组织，具有合作组织与金融组织双重特征，从业务方面讲，它是专门以资金融通为主要业务的金融组织（李洁，2013）。

第二，从运行机制来看，农村资金互助社具有自发性和民主性特征。首先，在机构设立上，农村资金互助社的发起成立完全由相关主体根据需要自发提出并予以实现，是遵从自愿原则条件下的自发性产物。其次，在管理机制上，农村资金互助社实行社员民主管理，特别是在组织机构方面设计出民主管理的模式，其中尤以"一人一票制"为典型。这些民主管理机制有利于保护每个社员的民主管理权以及社员的共同利益。

第三，从运营内容来看，农村资金互助社具有金融性特征。不言而喻，

---

①　根据银监会公布的数据整理所得。

农村资金互助社的核心业务是为社员提供金融服务，《暂行规定》也明确将互助社定性为银行业金融机构。其具体的运营内容包括吸收存款、发放贷款、办理结算等业务，涉及资金融通、信用和货币交易等金融活动，这与我国其他银行业金融机构的运营业务在本质上并无区别（张婷，2013）。

第四，从法人治理来看，农村资金互助社是非营利性企业法人。《暂行规定》明确规定农村资金互助社是独立的企业法人，并且仿照企业法人有关规定如组织机构、治理机制等进行制度设计。但在资金互助社运营过程中，并不是以营利为主要目标，虽然它会从事一些营利性活动，但是这些活动是为了组织机构的可持续发展，以及更好地实现其经营目的并发挥其公益作用。因此，在本质上，它是一种非营利性企业法人（马九杰、周向阳，2013）。

3. 农村资金互助社创新优势

马九杰、周向阳（2013）认为，农村资金互助社在制度安排方面具有三个特点。第一，在所有权结构方面偏向精英群体，互助社核心发起人都为乡村精英，他们在村民中有威望、有影响而且有号召力，相比一般农户具有更强的社会资本，能调动更多的社会资源，而且他们的股金在总股金中占有非常重要的比例。第二，在治理结构方面所有权与控制权合一，互助社管理人员基本上为核心发起人，实行核心发起人兼具所有权与管理权的制度安排。这种制度安排特性有两个优点：一是避免了"委托代理问题"的出现；二是提高了组织经营的灵活性。第三，在剩余收益分配方面控制权与剩余索取权相结合。互助社管理人员可以参与股金分红，也就意味着控制权和剩余索取权配置到同一个或同一类人的手中，这样就会给掌握控制权的人提供一种实现组织剩余收益最大化的激励机制。基于以上制度安排，农村资金互助社之所以具有良好的运行绩效，其最大的优势就是在一定范围之内以及风险可控的情况下，能够以较低的成本向特定群体提供金融服务（杨奇明、陈立辉、刘西川，2015）。其中最直接的一个表现就是互助社成员所获得的贷款利率明显要低于其从农信社获得的贷款利率。主要原因，一是农村资金互助社根植于社区和村庄，所以其天然的信息优势与长期形成的社区规范降低了其贷款成本。二是农村资金互助社独特的治理制度安排缓解了委托代理问题，并降低了管理成本。

第四节　本章小结

整体上看，我国农村金融市场创新发展取得了巨大的成就，基本形成了竞争有序的农村金融体系。主要成绩可以总结为，第一，金融机构多元化，并且不同主体之间的分工相对独立。政策性、商业性以及合作性的各类金融机构并存发展。第二，金融机构提供的金融产品更加符合农民、农村小微企业的需求。农村中小金融机构在落实国家支农惠农政策、保持农村经济生活稳定等方面发挥了重要作用，通过开展产品创新，农村中小金融机构推出了符合农民需要的小额信用贷款和联保贷款等产品，很好地满足了农民的信贷需求。

回顾我国农村金融市场改革以及农村中小金融机构发展历程，不难发现，无论是农信社改制，还是新型金融机构的出现和发展，都是市场化改革的结果，市场化改革导向也将是今后的农村金融市场体系完善的首要准则。作为农村金融"主力军"的农村信用社系统，要在正确定位省联社职能的同时，因地制宜地逐步将其改造为农村商业银行。近年来的改革实践已经充分证明，将农村信用社改造成"小而美"的农村商业银行，是现阶段必须坚定不移的政策方向。

农村金融创新的首要目的在于更好地满足农民、农村小微企业的信贷需求，但同时也要持续提高农村金融机构的经营绩效与社会绩效。下一章将提出一个有关农村中小金融机构绩效的分析框架，并从市场结构的测度、金融机构效率的衡量以及市场结构—绩效关系的实证三个方面阐释理论方法与模型。

第四章 农村金融绩效：文献综述与理论分析

第一节 引言

衡量农村金融创新效果的标准之一是农村金融机构的绩效。本章主要在产业组织理论的分析框架下，从理论和文献上探讨农村中小金融机构的经营绩效以及农村新型金融机构的发展对农村经济影响等方面的社会绩效。产业组织理论（Industrial Organization Theory）是微观经济学在不完全竞争市场上的应用，研究的是产业中企业之间的竞争与垄断的关系。其主要的理论思想是：一方面企业需要通过有效竞争，提高企业的经营效率，以优化资源配置；另一方面产业又要避免过度竞争，以发挥企业的规模经济效应。目前，产业组织理论分为两大流派：一类是以哈佛学派和芝加哥学派为主体的传统产业组织理论（Traditional Industrial Organization Theory，TIO）；另一类是建立在博弈论、新制度经济学以及数量经济学基础上的新产业组织理论（New Industrial Organization Theory，NIO）。20 世纪 50 年代后，产业组织理论的研究方法逐渐被用于银行产业的研究分析中，使得银行业"市场结构—绩效"关系的研究取得了长足进步。为此本章将从金融市场、金融机构效率、市场结构—绩效的关系三个方面对已有的文献进行梳理，为后续的研究奠定理论基础。

第二节 农村金融市场相关研究综述

农村金融市场相关研究综述主要从农村金融市场结构、农村金融市场结构的测度、农村金融经营绩效及农村金融社会绩效等方面进行文献梳理与综述。①

一　农村金融市场结构

在农村金融理论的演变过程中，20世纪80年代之前以农业信贷补贴论为主导。之后，农村金融市场论逐渐替代了农业信贷补贴论。亚当斯（Adams，2002）提出的农村金融市场论认为农民没有储蓄能力并不是导致农村金融资金缺乏的原因，农村金融体系中管制、控制利率等不合理的金融制度才是主要原因，因此要反对政策性金融对市场的扭曲，以充分发挥金融市场的作用。然而，发展中国家金融市场通常是不完全竞争市场，借贷双方信息的不对称会引起道德风险和逆向选择问题，斯蒂格利茨和韦斯（Stiglitz and Weiss，1981）认为这需要政府的干预（斯蒂格利茨，1989）。受这一思想的影响，在20世纪70—80年代，戴维斯和黑尔（Davis and Hare，1997）发现发展中国家的国有金融机构基本垄断农村金融市场。那加拉干和迈耶（Nagarajan and Meyer，2000）的研究表明，中国、埃及、印度和巴基斯坦等发展中国家都实行的是国家补贴的农村信贷政策（张国富，2014）。

然而，政府对农村金融市场的直接干预，造成了农村金融市场资源配置的扭曲，农村金融机构效率低下，使得农村金融市场的发展受挫（亚当斯等，1984）。在这样的背景下，农村金融市场改革随之展开，如采取定向贷款、利率控制等措施引导农村金融市场的发展。但康宁和乌德里（Conning and Udry，2007）认为这些政策措施并没有促进较高效率的私有资本进入农村金融市场。克鲁齐伊等（Crouzille et al.，2004）则发现在大多数发展中国家，商业银行很少涉足农村信贷市场。有研究表明，经济的发展通常能促进农村金融市场的发展。通过美国、拉美和亚洲国家的农村金融市场的比较，迈耶（Meyer，2002）发现美国农村银行的竞争程度远高于拉美和亚洲国家。蔡（Tsai，2004）和安尼姆（Annim，2009）提出发展中国家，如印度、加纳，近年来的发展也促使了农村金融市场竞争程度的上升。

对于中国农村金融市场结构的研究表明，农村金融市场具有明显的二元性结构（何广文，1999），正规金融组织和非正规金融组织并存。农村正规金融市场中的垄断和缺乏竞争问题尤为严重（姜长云，2003）；何广文（2007）也认为农村金融市场集中度较高，金融服务竞争严重不足。

---

① 本部分在笔者博士学位论文基础上进行了文献补充。

另外，对于中国农村金融市场的垄断程度，蒲勇健、宋军（2003），崔红（2008）测算了农村金融市场的行业集中度和赫芬达尔指数，结果均表明农村金融市场缺乏竞争，农村信贷市场为农村信用社所垄断（薛薇，2016）。姚耀军（2004）则利用金融发展指标从金融机构和金融工具两个方面加以评价，得出了相似的结论。农村金融市场准入限制的降低则明显提升了县域农村金融市场的竞争程度（黄惠春、褚保金，2011）。赵雪梅（2016）引入制度因素对我国农村金融市场结构、行为、绩效及各要素影响机理进行分析，提出了需要进一步放松农村金融机构进入壁垒，放宽产品和业务创新的自主权。

二 农村金融市场结构的测度

无论是理论研究还是实证分析，市场集中度与竞争度均是与产品市场相关联的。金融机构能够提供多样的产品，从而形成非单一的市场；因此对于金融市场首先需要分析其市场结构——这以市场集中度与竞争度为主要方面。比克和哈夫（Bikker and Haaf, 2002）认为，评估所考察的银行市场的集中度以及竞争度，是对其市场结构特征的严格界定。

1. 市场集中度指标

市场集中度的重要性在于其能够体现市场的结构特性，市场集中度指标也因此常在结构模型中被用于解释银行业的竞争绩效[①]。市场集中度同时也可以反映金融机构进入或退出该市场，抑或金融机构兼并的发生所引起的市场结构的变化。尽管可以从多种不同的方式衡量市场集中度，但在现有文献中，市场集中度指标的一般形式包括市场中存在的金融机构数目以及金融机构规模的分布。具体地说，集中度指标（Concentration Index, CI）的一般形式为：

$$CI = \sum_{i=1}^{n} s_i w_i \tag{4.1}$$

其中，n 为市场中金融机构的数量；s_i 为金融机构 i 的市场份额，w_i 是相对应的权重。根据权重的赋值方式的不同，可以得到不同的集中度指标（Marfels, 1971）。常用的指标有 k 集中度 CRk、赫芬达尔指数 HHI（Herfindahl-Hirschman Index）、嫡指数（Entropy Index, EI）。

---

① 需要注意的是，市场集中度并不能完全反映一个市场的竞争行为，一个高集中度的市场中的领先的企业中间仍然可能是竞争的。

（1）k 集中度 CRk

将市场中的金融机构按其市场份额降序排列，将前 k 位金融机构的权重赋值为 1，即 $w_i = 1$，$\forall i \leqslant k$；而剩余的金融机构的权重赋值为 0，$w_i = 0$，$\forall i > k$。那么，k 集中度 CRk 指标为：

$$CRk = \sum_{i=1}^{k} s_i \qquad (4.2)$$

简单的形式以及对数据需求量小的特点使得 k 集中度 CRk 指标成为最常用的市场集中度指标之一。然而，CRk 只使用前 k 位大金融机构的市场信息，却忽视了剩余的小金融机构的市场信息。另外，对于 k 的选取并没有一个理论上的规则，只是依据经验而选择，具有很大的武断性。k 集中度 CRk 指标可以看作是集中度曲线（Concentration Curve）的一个点，其取值区间为（0，1]。对于完全竞争市场来说，任一金融机构的市场份额会由于竞争而趋于 0，此时 $CRk \to 0$；而当市场被一家金融机构完全垄断时，该金融机构占有全部的市场份额，所以 $CRk = 1$。因此，k 集中度指标 CRk 反映市场的竞争程度越大的 CRk 指标意味着市场越集中，竞争程度越弱；较小的 CRk 则反映了较高的市场竞争程度。

（2）赫芬达尔指数 HHI

如果令各个金融机构的权重等于其市场份额，即 $w_i = s_i$，那么我们就可以得到赫芬达尔指数 HHI，为：

$$HHI = \sum_{i=1}^{n} s_i^2 \qquad (4.3)$$

在 HHI 中，市场份额大的金融机构被赋予更大的权重，并且所有金融机构的市场信息均被包含在内，这是 HHI 指标优于 CRk 的地方之一。当市场完全竞争时，$HHI = 1/n$，其中 n 为市场中金融机构的数量；当市场存在单个垄断金融机构时，$HHI = 1$。

根据 Kwoka（1985），对于存在 n 家金融机构的市场，平均市场份额为 $\bar{s} = 1/n$，于是 HHI 指数可以重写[①]为 $HHI = \bar{s} + \sum_{i=1}^{n}(s_i - \bar{s})^2$；记市场份额的方差为 σ^2，则 $\sigma^2 = \sum_{i=1}^{n}(s_i - \bar{s})^2 / n$，于是：

$$HHI = \frac{1}{n} + n\sigma^2 \qquad (4.4)$$

---

① $\bar{s} + \sum_{i=1}^{n}(s_i - \bar{s})^2 = \bar{s} + \sum_{i=1}^{n}(s_i^2 - 2\bar{s}s_i + \bar{s}^2) = \bar{s} + \sum_{i=1}^{n}s_i^2 - \bar{s}(2\sum_{i=1}^{n}s_i - n\bar{s}) = \sum_{i=1}^{n}s_i^2$。

式（4.4）显示了 *HHI* 的两个特征：①给定市场中的金融机构数目，*HHI* 指标随着市场份额的方差增加而上升；② 不同的金融机构数目和市场份额可以导致相同的 *HHI* 值。

（3）嫡指数 *EI*

对于每个金融机构的市场份额 s_i，我们将其相应的权重 w_i 赋值为 $-\ln s_i$，即 $w_i = -\ln s_i$，$\forall i$；于是可以得到嫡指数为：

$$EI = -\sum_{i=1}^{n} s_i \ln s_i \qquad (4.5)$$

与 *HHI* 指标相同，嫡指数 *EI* 也是综合指数（Full-Information Index），是所有金融机构市场份额的加权均值；但与 *HHI* 不同的是，嫡指数中较大市场份额的金融机构相对的权重反而较小。

如果市场完全竞争且存在的金融机构数目为 n，那么任一金融机构的市场份额为 $1/n$，从而嫡指数 $EI = \ln n$；如果市场为单一金融机构所垄断，那么嫡指数 $EI = 0$。因此，与 *CRk* 以及 *HHI* 相反，较大的 *EI* 意味着竞争较激烈的市场结构。

2. *CRk* 与竞争度

对于市场竞争程度的衡量，常用的一个指标是勒纳指数（Lerner Index，LI）。在市场中，不具有市场垄断力量的企业与具有市场垄断力量的企业对需求和成本的变化所作出的反应是不同的。假定企业面临的市场需求曲线为 $p = p(Q)$，Q 为总产出；企业 i 的成本函数为 $C = C(q_i)$，q_i 为企业 i 的产出。于是企业 i 的利润为：

$$\pi_i = p(Q) \cdot q_i - C(q_i) \qquad (4.6)$$

企业追求利润最大化，$d\pi_i / d q_i = 0$，即：

$$\frac{dp}{d q_i} q_i + p - C'(q_i) = 0 \qquad (4.7)$$

勒纳指数 *LI* 度量的是价格与边际成本的偏离程度，即 $LI = (p - MC)/p$。记企业 i 的需求价格弹性为 $\eta_i = -pd q_i / q_i dp$，那么可以得到勒纳指数与需求价格弹性之间的关系，为：

$$LI = \frac{1}{\eta_i} \qquad (4.8)$$

对于完全竞争的企业，需求价格弹性趋于无穷，因此 $LI = 0$；而垄断企业可以将价格定在远高于边际成本的水平，因此 $LI = 1$。所以勒纳指数衡量了企业的竞争程度。

现在我们转向寻求 *CRk* 与竞争程度之间的关系。假设市场中有 n 家金融机构，其中的 k 家金融机构组成一个卡特尔，剩余的 $n-k$ 家金融机构为价格接受者。对于完全竞争的 $n-k$ 家金融机构来说，追求利润最大化使得它们的边际成本等于价格水平，即 $p=c_i$，$\forall i=k+1$，$\cdots$，n。于是这些金融机构的供给曲线为 $c_i^{-1}(p)$，这些竞争性金融机构的总供给为：

$$S_{n-k}(p) = \sum_{i=k+1}^{n} c_i^{-1}(p) \tag{4.9}$$

假定市场需求为 $D_T(p)$，且 $D'_T(p)<0$。那么卡特尔面临的需求为：

$$D_k(p) = D_T(p) - S_{n-k}(p) \tag{4.10}$$

其中，$S'_{n-k}(p)>0$。

对式（4.7）关于价格 p 求导，并同时乘以 $p/D_k(p)$ 可得：

$$-\frac{p \cdot D'_k(p)}{D_k(p)} = -\frac{p \cdot D'_T(p)}{D_T(p)} \frac{D_T(p)}{D_k(p)} + \frac{p \cdot S'_{n-k}(p)}{S_{n-k}(p)} \frac{S_{n-k}(p)}{D_k(p)} \tag{4.11}$$

记 $\eta_{D_k} = -\dfrac{p \cdot D'_k(p)}{D_k(p)}$，$\eta_{D_T} = -\dfrac{p \cdot D'_T(p)}{D_T(p)}$，$\eta_{S_{n-k}} = \dfrac{p \cdot S'_{n-k}(p)}{S_{n-k}(p)}$，分别表示卡特尔的需求价格弹性、市场总需求价格弹性与竞争金融机构的供给弹性。那么式（4.11）可以进一步改写为：

$$\eta_{D_k} = \eta_{D_T} \frac{D_T(p)}{D_k(p)} + \eta_{S_{n-k}} \frac{S_{n-k}(p)}{D_k(p)} \tag{4.12}$$

由于 $\dfrac{D_T(p)}{D_k(p)} = 1/CRk$，那么 $\dfrac{S_{n-k}(p)}{D_k(p)} = \dfrac{D_T(p) - D_k(p)}{D_k(p)} = \dfrac{1 - CRk}{CRk}$。对于卡特尔而言，其勒纳指数为：

$$LI_k = \frac{1}{\eta_{D_k}} = \frac{CRk}{\eta_{D_T} + \eta_{S_{n-k}}(1 - CRk)} \tag{4.13}$$

式（4.13）给出了 CRk 与竞争度之间的理论关系，勒纳指数 LI_k 随着 CRk 的增加而增加，这意味着 CRk 与市场竞争程度存在反向的关系。

3. HHI 与竞争度

假定市场中有 n 家规模不一的金融机构，提供同质的金融产品。第 i 家金融机构的利润函数为：

$$\pi_i = p x_i - c_i(x_i) - F_i \tag{4.14}$$

其中，π 为利润，x 为产出，p 为价格水平，c 为可变成本，F 为不变成本。金融机构规模的不同体现在成本函数的差异上。金融机构面临斜向下的需求曲线 $p = f(X) = f(x_1 + x_2 + \cdots + x_n)$，对于金融机构 i 而言，利润最大化意味着：

$$\frac{d\pi_i}{d x_i} = p + f'(X)(1 + \lambda_i) x_i - c'_i(x_i) = 0 \qquad (4.15)$$

其中，$\lambda_i = d\sum_{j\neq i}^{n} x_j / d x_i$，反映的是金融机构 i 产出变化对其他金融机构产出的影响。

根据迪克森（Dickson，1981），记市场总产出关于金融机构 i 的产出的弹性为 $\varepsilon_i = x_i dX / X d x_i$，那么 ε 的取值会由于市场竞争程度的不同而不同。如果市场为完全竞争市场，则金融机构 i 产出的变动并不会影响市场，即 $\frac{dX}{d x_i} = 0$，于是 $\varepsilon_i = 0$；如果市场为垄断合谋市场，则 $\frac{dX}{X} = \frac{d x_i}{x_i}$，所以 $\varepsilon_i = 1$；如果市场为古诺竞争的，那么 $\frac{dX}{X} = \frac{d x_i}{X}$，从而 $\varepsilon_i = \left(\frac{dX}{X}\right)\left(\frac{X}{dx_i}\right)\left(\frac{x_i}{X}\right) = s_i$，其中 $s_i = x_i / X$ 为金融机构 i 的市场份额。

对式（4.15）乘以 x_i 并关于 i 加总得：

$$\sum_{i=1}^{n} p x_i + \sum_{i=1}^{n} f'(X) x_i^2 \frac{dX}{d x_i} - \sum_{i=1}^{n} c'_i(x_i) x_i = 0 \qquad (4.16)$$

整理得到：

$$\sum_{i=1}^{n} [p x_i - c'_i(x_i) x_i] / pX = -\sum_{i=1}^{n} \left(\frac{x_i}{X}\right)^2 \frac{f'(X)X}{p}\left(\frac{d x_i}{d x_i} + \frac{d\sum_{j\neq i}^{n} x_j}{d x_i}\right)$$

$$(4.17)$$

记，$\eta_D = - pdX / Xdp$ 为市场的需求价格弹性，那么（4.17）式可进一步改写为：

$$\sum_{i=1}^{n} [p x_i - c'_i(x_i) x_i] / pX = (1 + \gamma)HHI / \eta_D \qquad (4.18)$$

其中，$\gamma = \sum_{i=1}^{n} \lambda_i x_i^2 / \sum_{i=1}^{n} x_i^2$，$HHI = \sum_{i=1}^{n} s_i^2$ 为赫芬达尔指数。式（4.18）左端为整个市场的勒纳指数，因此式（4.18）给出了 HHI 与竞争度之间的关系——较高的市场集中度将导致较高的勒纳指数，这意味着市场垄断程度较高，市场竞争程度较弱。①

三　农村金融经营绩效

亚龙等（Yaron et al.，1997）、赛贝尔（Seibel，2005）认为，由于

---

① 本部分参考了笔者博士学位论文及发表的相关文章。

对资产质量和经营效率的忽视，以及对政策目标的过分强调，导致农村金融机构的盈利能力较差，缺乏维持自身持续发展的能力。另外，科夫斯特德等（Kovsted et al.，2003）认为农村金融市场的利率管制政策造成农村金融机构盈利水平很低；而政府对农村金融市场的直接干预，常常又会反向激励农村金融机构推卸提升自身管理水平的责任，以降低经营成本，这导致农村金融机构的经营效率低下。

对于我国农村金融机构的经营绩效，程恩江等（2003）利用补贴依赖指数探讨了农信社经营业绩不佳的原因，认为历史包袱，特别是遗留的不良贷款对农信社的经营有着重要的影响；同时还发现农村信用社经营效率存在较大区域差异性。随着我国农村信用合作社改革的深入进行，许多文献对改革前后农村信用合作社的经营效率进行了比较研究。然而改革是否影响农信社的经营绩效，各项改革措施是否具有成效，目前学者的观点并不一致（褚保金等，2007）。谢庆健（2002）认为改革激发了农村信用合作社的活力，提高了农村信用社经营水平，完善了管理体制，加强了支农作用。褚保金等（2004）从农信社改革的主要措施着手，也得出改革至今成效已经初步显现的结论。持相似观点的还有张兵等（2008）、师容蓉、徐璋勇（2012）和黄强（2012）。谢平等（2006）则认为农信社改革并没有起到显著的作用，"内部人"控制问题、决策机制以及经营成本等方面的问题均没有解决；改革后农信社的盈利主要是来自各项优惠政策。对农信社改革措施持批评态度的还有祝晓平（2005）、杨子强（2005）。

对于农村新型金融机构效率问题的研究，国内的研究很少。现有的研究大都仍使用财务指标来衡量效率（何广文，2002；聂勇，2009；宋汉光，2010；杨小丽、董晓林，2012）；使用生产前沿函数方法研究农村新型金融机构效率的文献只有吴少新等（2009）与杨虎锋、何广文（2011）等少数几篇。吴少新等（2009）的研究表明目前村镇银行之间效率参差不齐。杨虎锋、何广文（2011）利用2010年42家小额贷款公司的数据发现，小额贷款公司的效率水平较高，且处于规模经济的阶段；小额贷款公司的效率较低主要是由纯技术效率低所导致的，因此需要改善管理水平。

四　农村金融社会绩效

对农村金融社会绩效的评价，主要是从提高农村收入、促进农村经济发展等方面着手，这体现在对农户和小企业信贷的可得性、农民收入水平和农村经济发展水平等方面的影响上。

通常认为，市场无效率是导致发展中国家农村金融市场常见的信贷配给现象的主要原因（朱喜、李子奈，2006）。与一般的商业信贷活动相比，在农村信贷市场中，审查以及监督借款人都需要更高的成本；而且由于农户的财富禀赋一般较低，很难向金融机构提供有效的抵押。拉波特等（La Porta et al.，2002）、蔡（2004）和萨皮恩扎（Sapienza，2004）提出在政府直接干预的信贷模式下，并不能很好地甄别出真正需要贷款的客户，政府难以进行有效的信贷分配，而导致根据亲疏远近关系或社会关系来分配补贴信贷现象的出现，与金融机构内部人关系亲近和社会关系广泛的人获取了信贷补贴。而获得贷款的贫困农户，往往会认为这些是政府的资助，导致还款率较低（安尼姆，2009）。

国内关于农村金融的信贷配给方面的研究，侧重于从宏观的角度研究其对农村经济的影响。如林毅夫（2000）探讨了农村金融制度改革对农业发展的意义；钟笑寒、汤荔（2005）分析了农村金融机构收缩造成的经济影响。徐忠、程恩江（2004）研究了利率政策对农村金融市场的影响，认为农村利率结构的扭曲是农村金融机构经营亏损的重要原因，同时也导致了农村信贷资金严重错置；从相似角度分析的还有马九杰、吴本健（2012）。另外，在政府主导的指令性信贷模式下，金融机构的农村贷款投入并没有促进农村投资与农民收入的增加，与农村投资、农民收入之间不存在长期均衡关系（朱喜、李子奈，2006）。胡静、姚凤阁（2016）的研究认为自2007年中国新型农村金融机构陆续成立后，其对农业GDP增长的促进作用是积极的，更好地支持了"三农"发展。农业贷款对农村经济增长的拉动作用仍有提升空间，需提升其自身服务创新能力。

在有关农民收入增长的研究中，格林伍德和约万诺维奇（Greenwood and Jovanovic，1990）、加洛尔和泽拉（Galor and Zeira，1993）、班纳吉和纽曼（Banerjee and Newman，1993）和克拉克等（Clarke et al.，2006）对于金融发展与农民收入增长关系的实证分析，更多只能间接地从有关金融发展与收入差距的研究中获得。在关于中国农村金融发展与农民收入的研究中，温涛等（2005）的研究认为两者之间的关系并不确定，金融发展并没有成为农民收入增长的前提和条件；叶志强等（2011）的研究进一步支持了这一结论。

第三节 农村金融机构绩效：理论分析与文献回顾

首先论述农村金融机绩效的理论基础与分析框架，然后对金融机构效率文献以及结构—绩效关系文献进行梳理与综述。①

一　理论基础与分析框架

农村金融产业组织理论是传统产业组织理论在农村金融市场的应用，其研究的主要内容仍与传统产业组织理论相同——市场结构、机构行为、绩效之间的关系，只是所研究的对象被限定为农村金融市场中的金融机构。

1. 农村金融产业组织理论

对于金融产业而言，在信贷市场上交易双方存在的信息不对称——贷款申请人对于自己面临的风险和还款能力比贷款人更加清楚——导致道德风险和逆向选择问题，这影响了资金向需求方的自由流动。另外，作为关系国民经济能否稳定发展的重要产业，金融业备受政府部门的关注，各国金融行业均受到到严格的规制。上述两个特点导致金融业具有不同于其他行业的特殊性，这也使得传统的产业组织理论不能直接用于金融行业的分析。在对金融行业的 SCP 范式分析中，需要将信息不对称以及政府规制纳入分析框架。经过修正的适用于金融行业的 SCP 范式如图 4.1 所示：

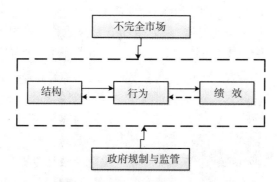

图 4.1　修正的金融行业 SCP 范式

在发展中国家，通常农村与城市之间存在明显的二元性，这造成农村金融产业组织与一般金融产业之间存在显著的差异。具体地体现在以下五个方面②。

第一，信息不对称。在农村金融市场上，金融机构面对的是资产匮乏

---

①　本部分在笔者博士学位论文基础上进行了文献补充。

②　黄惠春、褚保金：《县域农村金融市场结构与绩效研究》，科学出版社 2012 年版。

的农户和农村中小企业，而且很难获得信贷的相关信息，这导致信贷违约时合约的执行困难，使得农村金融产业的信息不对称问题比城市金融产业要严重。

第二，交易成本高。由于农村的外部环境（例如，交通、信息设施）相对于城市来说较差，农业的生产技术的复杂以及农村中小企业正规财务报表信息的缺乏都使得农村金融机构获取信息以及监督过程中成本较高。

第三，风险高。自然因素对农业影响的不可预测和控制，导致农业具有内在的弱质性，对农信贷风险较大；另外，农村地区经济落后，缺少合格的抵押品，也增加了农村金融机构的风险。

第四，资金供求不平衡。农业生产的周期性，使得农村资金需求集中在生产准备和投入时期，在收入时节资金则大量回流；这导致农村资金供求在时间上不平衡，连续性不强。

第五，高度管制。对于发展中国家来说，常常会优先发展资本密集型产业，此时农村金融机构作为将农村资金转运至城市部门的一个渠道，通常处于严格的利率管制、准入规制、业务限制中。

农村金融产业组织理论是金融产业组织理论在农村金融领域的应用和拓展，其研究目标是"考察农村金融产业的经济绩效状况，以寻求提高农村金融产业经济绩效的对策"。上述五个方面的差异决定了农村金融产业组织理论与金融产业组织理论的不同。如与产业组织理论不能直接应用于金融产业一样，金融产业组织理论也需要进一步修正才能适用于农村金融产业。尽管农村金融产业组织理论的研究框架依然是 SCP 范式，但是农村金融市场所面临的更多的约束使得其具体内容与一般金融产业具有一定的差异。

农村金融产业组织理论与金融产业组织理论以及传统产业组织理论之间最大的区别就在于约束条件更多。黄惠春、褚保金（2012）将农村金融产业组织理论的基本框架概括为如图4.2所示。

上述农村金融产业组织理论的分析框架构成了本研究的理论基础。本书将利用农村金融产业组织理论对浙江省农村中小金融机构的绩效进行分析，主要是围绕农村中小金融机构的经营绩效和社会绩效展开研究。

2. 基本分析框架

在 20 世纪 60 年代后期对哈佛学派 SCP 范式的批评中，产业组织理论的芝加哥学派逐渐形成。该学派所提出的"效率结构"假说认为，企

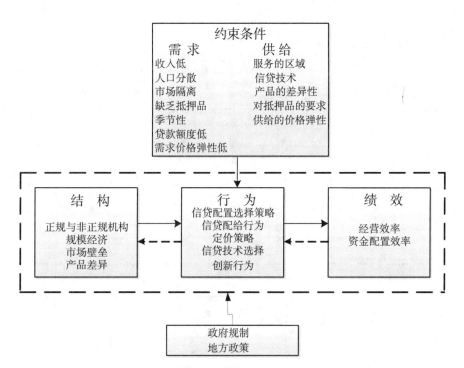

图 4.2　农村金融产业组织理论基本框架

资料来源：黄惠春、褚保金：《县域农村金融市场结构与绩效研究》，科学出版社 2012 年版，第 32 页，图 2-6。

业效率才是决定市场结构以及机构绩效的基本要素。为探讨农村中小金融机构绩效，本研究尝试在农村金融产业组织理论的基础上，将效率纳入统一的分析框架，以分析农村中小金融机构绩效与农村金融市场之间的关系以及机构的社会绩效。

金融机构的效率主要受到宏观经济、中观市场和微观机构三个层次因素的综合影响。宏观经济层面的因素主要包括经济基本状况、国家政策和政府规制与经济区域等；中观市场层面的影响因素则主要有金融市场的集中度、竞争程度、金融机构的市场份额等；微观机构层面因素主要包括金融机构的风险管理水平、成本费用控制能力、治理结构、产权结构、资产多元化与专业化等。

与一般农村金融产业组织理论分析框架不同，本研究用于分析农村中小金融机构绩效的分析框架特别考虑到了影响金融机构效率的因素，具体如图 4.3 所示。

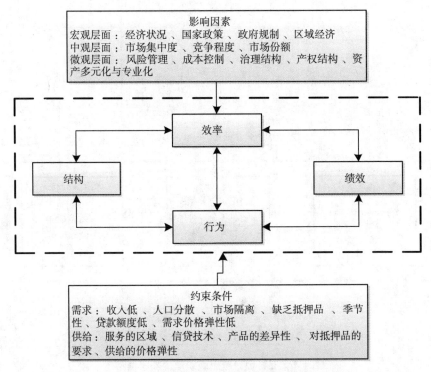

图 4.3 农村中小金融机构绩效分析框架

二 金融机构效率文献回顾

效率（Efficiency）往往是与生产率（Productivity）联系在一起的，通常是考察产出与投入之间的关系，以衡量其实现投入最小化或产出最大化的有效程度。当一个生产方程提供了最大化的产出（既定投入水平条件下）或者实现了最小化的投入（既定产出水平条件下），我们就认为它是有效率的。

金融机构（主要是商业银行）的效率水平可反映其产出能力、资源利用和成本控制等方面的经营特征，是金融机构竞争力水平的集中体现。在过去 50 多年中，商业银行效率问题研究一直受到关注。早期的研究，包括本斯顿（Benston，1972）、伯杰等（Berger et al.，1987）和努拉斯等（Noulas et al.，1990）倾向于强调规模经济的影响，即考察单位成本能否随着产量的增加而降低；以及吉利根等（Gilligan et al.，1984）和米切尔等（Mitchell and Onvural，1996）提出的范围经济的影响，即考察单位成本能否通过联合生产而降低。也有伯杰和汉弗莱（Berger and Humphrey，1997）的研究表明，规模或范围效率对银行成本的影响并不显著，有关银行效率的研究近年来也就转向了规模和范围效率之外的生产效率上。现有研究中，通常使用由莱本施泰因（Leibenstein，1966）最早提出的 X-效率来衡量规模效率和范围效率之外的所有技术效率和配置效率的总和。

这一部分关于金融机构效率研究文献的回顾主要从规模经济与范围经济、X-效率的测度与影响因素展开。其中，在 X-效率的测度方法方面讨论了参数法与非参数法，在 X-效率影响因素方面依次讨论了银行结构、市场结构及政府管制。

1. 关于规模经济与范围经济的研究

规模经济指的是平均成本随着生产规模扩大而降低，较早关于金融机构效率的研究始于探讨规模经济是否存在以及程度多大。早期的研究中，贝尔和墨菲（Bell and Murphy，1968）和本斯顿（1972）由于将成本函数设定为 Cobb‑Douglas 形式而过高地估计了银行的经济；之后本斯顿（1982）采用超越对数（translog）的成本函数形式解决了 Cobb‑Douglas 成本函数不能考虑多元产出的缺陷。对美国银行的研究主要有亨特和提姆（Hunter and Timme，1986）、伯杰等（1987）、劳伦斯（Lawrence，1989）和努拉斯等（Nourlas et al.，1990），他们发现，银行规模较小时，规模经济明显；随着银行规模的扩大，规模经济逐渐减弱，甚至规模不经济。伯杰和梅斯特（Berger and Mester，1997）比较不同时期的数据发现，由于信息技术的进步，20 世纪 90 年代美国银行的规模效率比 80 年代高得多。

对于金融机构范围经济的研究，较早来源于贝利和弗里德兰德（Bailey and Friedlaender，1982）所提出的假说，该假说认为银行多元化经营可以从成本分摊、风险分散以及信息共享等方面降低成本。然而大多数研究结果并不是很支持这一假说的成立。克拉克（1988）认为并没有明显的证据表明范围经济的存在；塞贝诺扬（Cebenoyan，1990）利用 Box‑Cox 函数对美国小银行的研究也得出了显著范围不经济的结论。

在国内的相关研究中，于良春、鞠源（1999）较早研究了银行规模对成本的影响，发现四大国有银行并没有因为规模优势而成本较低。徐传谌、郑贵廷、齐树天（2002）的研究甚至认为四大国有银行存在着明显的规模不经济；而其他商业银行则存在着递减的规模经济。持类似观点的还有阚超等（2004），邓胜梁、林华、肖德（2005）。刘宗华、邹新月（2004）的研究结论则刚好相反，他们认为国有银行存在规模经济而股份制银行则存在轻微的规模不经济；同时，在具体的业务方面，股份制银行在投资上具有规模经济，在传统的存贷款业务上存在规模不经济，国有银行则与之相反。对于银行规模，其最主要的表现在于分支机构数量与规模的增减；在对商业银行支行层面的分析中，王建平（2005）的研究表明我国商业银行存在显著的规模经济。侯翔、曾力（2016）运用2009—2014年国内8家开展综合化经营的商业银行财务数据，从收益和成本角度分析其规模经济效应，运用固定效应和随机效应模型分析其范围经济效应，研究表明国内商业银行综合化经营存在规模经济和范围经济效应。

在对我国银行范围经济的研究中，杜莉、王锋（2002）利用1994—1999年中国商业银行的数据研究发现，范围经济与银行的资产规模成正相关关系，规模越大的银行在扩大经营中能获得更大的收益；然而王聪、邹朋飞（2003）则认为范围经济与银行资产规模没有必然的联系。在具体的经营业务方面，刘宗华、邹新月（2004）比较了不同所有制银行之间范围经济的差异，结果表明国有银行范围经济比股份制银行表现较好，股份制银行在贷款业务上存在范围不经济。魏成龙、刘建莉（2007）发现商业银行多元化经营对经济绩效具有较小的正向影响。

对于银行规模经济与范围经济的研究，尽管国外研究丰富，国内的研究也从实际情况出发探讨了我国银行的相关问题，但并没有得到一致的结论，同时也存在着一些不足。首先是没有分析规模经济与否的阈值。我国各类金融机构（包括国有银行、股份制银行、城市商业银行以及农村金融机构）之间的规模差异很大，是否存在一个规模经济阈值以及该阈值具体为多少，现有研究仍然欠缺。其次，对于范围经济的研究，由于研究方法未统一，并没有得到一致的研究结论。

2. X-效率的测度方法

伯杰和梅斯特（Berger and Mester，1997）将X-效率按照其所针对问题的不同而划分为三类，包括成本效率（Cost Efficiency）、标准利润效率（Standard Profit Efficiency）和相对利润效率（Alternative Profit Efficiency）。将这些概念用于分析金融机构的效率有着微观的经济基础，这是因为X-效率不仅是基于金融机构的技术水平而测度的，而且是金融机构基于市场价格与竞争而做出的最优反应的度量。

一旦对效率的概念选择确定下来，那么接下来的步骤就是选择怎样的方法来测度效率。目前文献中，对于运用哪种估计方法来确定最佳生产边界并没有达成一致的结论，至少有五种不同的测度效率方法被用于金融机构效率问题的研究（伯杰、汉弗莱，1997）。根据对最优生产前沿函数形式的界定不同可以划分为非参数方法与参数方法两大类。具体地，对最优生产前沿函数的参数限制较多的为参数方法；反之，称为非参数方法。对于美国的银行业来说，与非参数方法相比较，参数方法的研究结果具有较高的平均效率水平和较小的离散趋势；另外，两种方法对金融机构的效率排名也并不一致。

（1）非参数方法

非参数方法可以细分为数据包络分析法（Data Envelopment Analysis，DEA）以及无界分析法（Free Disposal Hull，FDH）两类。DEA 是一种线性规划方法，最早由查恩斯等（Charnes et al.，1978）引入用来分析不满足利润最大化假设的公共部门或非营利部门的经济效率。DEA 方法无须确定具体的生产函数形式，直接基于一组特定的投入产出数据界定生产可能集的前沿边界，通过比较决策单元与生产边界之间的差距来衡量该决策单元的无效率。对于 DEA 方法的详细介绍可参阅班克等（Banker et al.，1989）、鲍尔（Bauer，1990）等的文献。阿里等（Aly et al.，1990）、福山（Fukuyama，1995）以及沙芬特等（Schaffint et al.，1997）分别使用 DEA 方法研究了美国、加拿大与日本银行的效率。

无界分析法（FDH）是放松凸性假定情况下的 DEA 方法的一种特例。由于 FDH 的生产前沿面与 DEA 方法的生产前沿或相同，或处于其内部，塔尔肯（Tulkens，1993）认为无界分析法会产生比 DEA 方法较高的平均效率水平。使用 FDH 研究金融机构效率的文献并不多，除塔尔肯（1993）测算了比利时银行分支机构的效率之外，弗里德等（Fried et al.，1993）以及弗里德和洛弗尔（Fried and Lovell，1994）利用 FDH 方法研究了美国信用合作社的效率。

非参数方法对生产前沿函数基本没有限制，具有较好的客观性。然而非参数方法却完全忽视了随机误差的存在，这是基于不存在测量误差的严格假设条件而得来的，而这显然是不现实的。如果某一决策单元存在测量误差，必然将影响对该决策单元效率的估计；更严重的是，如果处于生产前沿面的决策单元测量存在偏差，那么所有决策单元效率的估计都会受到影响。

（2）参数方法

参数方法可以分为随机边界法（Stochastic Frontier Approach，SFA）、自由分布法（Distribution-Free Approach，DFA）和厚边界分析法（Thick Frontier Approach，TFA），三种方法之间的主要区别在于对非效率因子和随机误差项所服从的具体分布假设不同。

在随机边界法（SFA）中，非效率因子和随机干扰项是被区分开来的。通常，随机误差项依照常规假设服从标准正态分布；对于成本效率而言，低效率只会导致成本的增加，所以现有文献中对于非效率因子，往往假设其满足半正态分布（Semi-Normal Distribution），同时还假设非效率因子和随机干扰项是正交的（Cavallo and Stefania，2002；Fries and Taci，2005）。对于非效率因子符合半正态分布的假设是相对固定的，并且认为大部分机构是簇拥在前沿生产面的附近。然而格林尼（Greene，1990）发现在现实中，其他的分布可能更符合现实的假设。伯杰和德扬（Berger and DeYoung，1997）的研究表明非效率因子的截尾正态分布假设会导致与半正态分布假设在统计上显著的差异；扬格特（Yuengert，1993）使用人寿保险的数据，在伽玛分布的假设下也得出了非效率因子的截尾正态分布更优于半正态分布的结论。但上述对非效率因子分布的假设，并不能很好地将其与随机误差项区分开来。

与 SFA 不一样，自由分布法（DFA）并不对非效率因子或随机误差项的分布做严格的假设，而是假设每一机构的效率是稳定不变化的；不同时间的随机误差会互相抵消，期望为 0。采用 DFA 方法的文献主要有朗和威尔兹尔（Lang and Welzel，1996）、伯杰等（1997）、德扬（1997）、帕斯特和塞拉诺（Pastor and Serrano，2005）等。

厚层边界法（TFA）是根据规模的大小将样本分为四组，利用每一组的数据分别估计出成本或利润函数（取决于估计成本效率还是利润效率）。那么每一个样本自身成本或利润与其估计值之间的偏差被视为随机误差因素；最大规模组与最小规模组估计成本或利润之差归为效率因子。厚层边界法对随机误差项与效率因子均没有限制分布假设，只是假设最大规模和最小规模两组之间存在效率上的差异。正因为如此，厚层边界法提供的并不是对个体机构效率的测度，而是对总体效率水平的估计。利用 TFA 方法对金融机构效率测度的文献并不多，主要的有：汉弗莱（1997）、洛扎诺（Lozano-Vivas，1998）、朔尔等（Schure et al.，2004）等。

3. 关于 X-效率影响因素的研究

关于银行 X-效率研究的文献很多（伯杰和汉弗莱，1997）。国内对商业银行效率的研究所使用的方法主要是 DEA 和 SFA 方法，少数利用 DFA（刘志新、刘深，2004）和 FDH（邱兆祥、张爱武，2009）。主要的研究（魏煜、王丽，2000；张健华，2003；朱南等，2004；姚树杰等，2004；徐传谌等，2007）结论基本一致——国有银行的效率较之股份制银行要低，其中上市银行效率最高。

相对于对银行效率的估计，探讨效率影响因素对于提升与改善银行效率更具有实际意义。概括来说，现有文献主要是从银行结构、市场结构以及政府规制等方面探讨银行效率的影响因素。在这里，银行结构包括产权结构和组织形式。

（1）银行结构

传统产权理论认为，对剩余利润占有权的享有，更能激励企业追求更高的效率，因此私营银行的效率要高于国有银行。拉波特等（2002）也认为政治因素会影响国有银行的资源配置，整体效率较低。然而也有戴尔蒙德和荻伯威格（Diamond and Dybvig，1983）的理论指出，国有银行能避免私有银行内在的脆弱性，其效率更高。对于我国银行的研究中，刘伟、黄桂田（2002），谢朝华、陈学彬（2005），王聪、谭政勋（2007）均认为产权是影响国有银行效率较低的关键因素；张健华（2003），李维安、曹廷求（2004）等则发现大股东的国有性质并没有对银行绩效产生影响。

金融机构的组织形式多样，基于代理理论，许多文献研究了金融机构组织形式是否与其效率有关联。关于股东所有制和共同所有制的金融机构效率的比较研究表明，共同所有制的金融机构更有效率（梅斯特，1993）；但塞贝诺扬等（1993）则认为这种差异并不显著。对于金融机构组织形式与效率的关系，另一个关注点是外资机构与内资机构之间的比较。关于美国银行的研究主要包括马哈詹等（Mahajan et al.，1996），德扬和诺尔（DeYoung and Nolle，1996）以及常等（Chang，et al.，1998），他们的研究表明，外资银行的效率要低于美国本土银行；与之相反，巴塔查里亚等（Bhattacharyya et al.，1997）对印度银行业的研究结论则是外资银行效率高于内资银行，但政府所有的银行效率最高。国内对于外资影响银行效率的研究则侧重探讨外资银行对内资银行效率的影响，认为作为战略投资者，外资改善了银行的公司治理（侯晓辉、张国平，2008）；然而也有研究认为外资银行的进入使得国内银行状况变糟（李晓峰等，2006）。

（2）市场结构

对市场结构、集中度与效率之间的关系的判断涉及反托拉斯是否合理。如果在集中度较高的市场中，超额利润是由机构所获得的垄断市场势力带来的，那么反托拉斯将促进价格向竞争水平趋近、要素资源配置趋于合理，是帕累托改进；而如果较高的效率水平才是机构获得高额利润的主要原因，那么对由于高效率而获得市场势力的企业采取限制措施势必导致成本的上升，是非效率的。在对美国银行的研究中，伯杰（1995）发现将表征银行效率的变量纳入分析之后，市场份额与集中度指标的系数均没有发生显著变化；同时，市场份额与效率之间并没有显著的关系；具有相似研究结论的还有弗雷姆和凯默斯琴（Frame and Kamerschen, 1997）、莫多斯和格瓦拉（Maudos and Guevara, 2004）等。威尼特（Vennet, 2002）对欧洲混业经营机构的研究则认为银行的管理效率是决定银行效益的最显著的因素；冈萨雷兹（González, 2009）对1996—2002年间69个国家银行数据的实证分析结果也认为，效率是银行盈利水平的关键因素。传统的观点还认为并购会提高企业的效率，然而研究发现就平均意义而言，并购并没有显著的影响。事实上，阿克韦尔等（Akhavein et al., 1997）发现许多企业并购确实提高了成本效率；但罗德斯（Rhoades, 1993）等学者认为大量企业并购反而恶化了效率。因此，并购政策的采用与否需要慎重。

我国银行业的市场结构经历了由寡头垄断、高度集中向垄断竞争、适度集中转变的过程（邹伟进、刘峥，2007）。在对市场结构与机构绩效关系的研究中，大多数研究认为，市场结构与机构绩效之间存在负相关关系（赵旭等，2001；贺春临，2004；宋玮等，2011），也有研究表明两者之间没有显著关系（秦宛顺、欧阳俊，2001；邹伟进、刘峥，2007）。在对县域金融市场的研究中，徐忠等（2011）发现市场份额促进了银行资产回报率的上升；而市场集中度与资产回报率之间则存在显著负相关关系。黄惠春、杨军（2011）对江苏省农村信用社的研究表明，农村金融市场结构并不影响农信社的绩效水平；然而分区域的研究显示，苏北地区农信社的绩效水平仍受到市场结构的影响（黄惠春等，2010）。

（3）政府规制

撤销规制（Deregulation）常被用来提高被管制产业的效率。资源配置效率的提高，将导致竞争充分、价格下降，使得社会受益。贝格等（Berg et al., 1992）的研究表明撤销规制确实提高了挪威银行业的效率与生产率；扎伊姆（Zaim, 1995）认为土耳其商业银行的效率在更自由的金融环境下也是得以提高的。然而，针对美国银行的研究结论却并不如此。伊利亚西亚尼和梅迪安发现（Elyasiani and Mehdian, 1995）20世纪80年代早期银行业规制的取消并没有对提高银行效率有显著的影响，甚至银行生产率反而下降了［汉弗莱，1993；汉弗莱和普利（Pulley），1997］；格里弗尔-塔吉和洛弗尔（Grifell-Tatjé and Lovell, 1996）以及洛扎诺（1998）针对西班牙的情况进行研究，得出的结论与美国类似。因此，撤销规制的效果取决于被规制产业所处的环境，在某些条件下，撤销规制甚至可能会导致效率的下降。国内对于政府规制影响银行效率的研究目前几乎还是空白。

三　结构—绩效关系文献回顾

传统的产业组织理论的核心是研究市场结构、市场行为与市场绩效及三者之间的相互关系。莫桑（Mason，1939）认为企业的规模是其市场控制能力的一个表征，能通过影响价格的制定而获得高额利润；贝恩（Bain，1951）也指出较高的卖方集中度会促使企业获得更高的利润率。这正是传统的结构（Structure）—行为（Conduct）—绩效（Performance）产业组织研究模式的核心思想。将银行业纳入产业组织理论的研究范畴起始于 20 世纪 60 年代（伯杰，1995）。在银行产业组织理论中，现在主要有两种分析范式：一是基于传统 SCP 范式的结构法；二是基于新产业组织理论（NIO）的非结构法。

本书对于农村中小金融机构的绩效的研究主要依赖于结构法，因此我们只对结构法的相关文献进行整理与评述。在结构法中，关于结构—绩效之间关系，主要有市场力量（Market Power）和效率结构（Efficiency-Structure）两类假说；而在对中小银行绩效的分析中，还有一类假说，即"小银行优势"假说。接下来，我们将逐个分析讨论这些假说。

1. 市场力量假说

传统的市场力量假说可以细分为结构—行为—绩效（SCP）假说、相对市场力量（Relative-Market-Power，RMP）假说。SCP 假说与 RMP 假说之间的区别在于对市场结构的理解差异 [戈德伯格和瑞（Goldberg and Rai），1996]：SCP 假说认为市场层面存在规模较大的银行获取超额利润的定价机制，强调市场集中度对银行绩效的影响；RMP 假说则认为市场份额是影响效率的决定因素，定价机制存在于企业层面。随着伯杰和汉南（Berger and Hannan，1998）对市场势力可能弱化金融机构效率研究的展开，希克斯（1935）的"安逸生活"思想被引入银行市场结构—绩效关系的分析之中，形成安逸生活（Quiet Life，QL）假说。QL 假说可以看作是 RMP 假说的一种特例或者说一种延伸。

（1）结构—行为—绩效（SCP）假说

SCP 范式建立在厂商理论的基础上，认为市场的集中度是反映市场力量的最佳指标，在较高集中度的产业里，部分企业由于具有一定的价格设定能力，因此能获取超额的利润（莫桑，1939）。SCP 范式被用于分析银行产业之后就形成了 SCP 假说，SCP 假说认为在高集中度的市场，大银行之间容易合谋，通过设定对消费者不利的价格水平来获得较高的利润，该观点的代表人物有希姆洛克（Smirlock，1985）、吉尔伯特（Gilbert，1989）、埃文诺夫和福蒂尔（Evanoff and Fortier，1988）以及汉南（1991）。

吉韦莱克和阿拉米（Civelek and Al-Alami，1991）提出银行产业的发展对于经济体的增长非常重要。对于高集中度的银行业而言，市场的竞争性越不明显，大银行之间越容易达成共谋，通过合谋设定低存款利率、高贷款利率的价格模式以谋取高额利润。这会导致信贷成本的增加，影响银行作为金融媒介的功能，进而抑制经济的增长。因此，从对政策制定的影响来看，SCP 假设是支持反托拉斯的，通常建议降低银行市场集中度来减少垄断，提高效率（伯杰，1995）。

（2）相对市场力量（RMP）假说

市场的不完全竞争通常是由合谋、高集中度、进入或退出壁垒等因素所引起的；由于市场的不完全竞争，企业也就可以获得议定价格的能力。作为关系国民经济能否稳定发展的重要产业，金融行业常常受到严格的规制；规制的存在造成了进入壁垒，为银行业的不完全竞争市场的形成提供了条件。

谢泼德（Shepherd，1986）表示企业在市场中的垄断地位可以直接为其带来市场支配力。基于产品差异而产生的市场份额可以促使企业获得市场势力，企业通过设定高于市场水平的价格，进而获得超额的利润（希姆洛克，1985）。银行业的相对市场力量（RMP）假说正是基于此观点发展而来，并且把市场份额视作更能衡量市场势力和不完全竞争的指标。RMP 假设认为，只有市场份额较大的银行才能获得超额利润，因此绩效水平更高 [庞特和罗伊（Punt and Rooij），1999]；而集中度与绩效之间应该不存在明显的关系 [罗德斯，1985；库尔茨和罗兹（Kurtz and Rhoades），1992]。

（3）安逸生活（QL）假说

作为市场力量假说的一个特殊情形，安逸生活假说的思想来源于希克斯（1935）提出的"安逸生活"思想，最开始由罗兹和鲁兹（Rhoades and Rutz，1982）应用于分析银行业的市场势力和风险管理。安逸生活假说认为，具有较大市场份额的银行倾向于通过其市场势力和高集中度来获取控制价格制定的市场力量，从而获得高额利润。塔洛克（Tullock，1967）和波斯纳（Posner，1975）认为在高集中度市场中的这种获利方式会使得银行经理人缺乏降低成本、提高效率的动力；反而为维持或获取更大的市场势力，银行经理人可能更愿意花费较多的资源。这种支配力的获取使得银行的管理层没有足够的动力对银行自身效率进行关注（伯杰和汉南，1998）；戈德伯格和瑞（1996）认为正是如此，银行的效率往往不高，银行市场结构与银行效率之间存在一定的负相关关系。

2. 效率结构假说

对于市场集中度与企业绩效之间的关系，特别是正向关系，德姆塞茨（Demsetz，1973）认为可能是企业间不同效率水平所导致的结果，而非企业间的合谋行为的结果；佩尔兹曼（Peltzman，1977）也认为企业的高效率才是导致市场集中度提高的主要原因。这对市场力量假说提出了质疑，效率结构假说（Efficiency-Structure，ES）也由此而提出。效率结构假说认为，在生产方面具有比较优势的企业，能通过降低成本来获得较高的利润，相应地其规模扩张而获得更大的市场份额，进而导致较高的市场集中度。

在对 1973—1978 年美国银行业的研究中，希姆洛克等（1984）、希姆洛克（1985）首先将效率结构假说用来解释银行业集中度与效率之间的关系，结论支持效率结构假说。然而，早期对效率结构假说的研究（埃文诺夫和福蒂尔，1988；伯杰和汉南，1989；汉南，1991），事实上是利用市场份额来代替银行效率的，这与传统 SCP 假说的做法类似，因此并不能很好地验证效率结构假说，所以招致了较大的批评（谢泼德，1986）。在后续的研究中一致认为，在结构—绩效关系的研究中没有将银行效率变量纳入分析框架所得出的结论是有所偏颇的（伯杰，1995；戈德伯格和瑞，1996）。

根据效率类型的不同，效率结构假说可以具体分为 X-效率结构（ESX）假说和规模效率结构（ESS）假说（伯杰，1995）。X-效率主要衡量的是银行的技术效率和管理效率水平。根据 X-效率假说，拥有较高 X-效率的银行通常可以在最大化收入或最小化成本中表现优异，相应地具有较高的盈利能力；而且，X-效率较高的企业往往能获得较大的市场份额，这通常会导致高市场集中度（德姆塞茨，1973；佩尔兹曼，1977）。因此，市场结构与银行绩效之间的关系是虚假的（spurious），X-效率才是影响绩效以及市场结构的关键因素。伯杰（1995）、莫多斯（1998）、威尼特（2002）等分别对美国、西班牙、欧洲银行的研究结果支持了 X-效率结构假说的成立。规模效率结构假说则强调规模效率的差异才是造成企业盈利能力水平不同的主要原因。在银行的生产技术与管理水平大致相同的情况下，银行是否在具有效率的规模水平上经营，影响着其盈利能力。具有规模效率的银行，往往可以获得更高的利润以及市场份额，甚至可以导致较高的市场集中度（庞特和罗伊，1999）。余和纽斯（Yu and Neus，2005）对德国银行的研究表明，通过增加银行资产可以提高绩效水平，结论支持 ESS 假说。

3. 小银行优势假说

在对小银行的绩效研究中，许多研究表明小银行的经营绩效常常要高于大银行［博伊德与朗格（Boyd and Runkle），1993；伯杰和梅斯特，1997；阿克希贝与麦克纳尔蒂（Akhigbe and McNulty），2003］，对此，市场力量假说与效率结构假说并不能给出令人信服的解释，甚至小银行的高效率是与这两种假说得出的结论相悖的。为了解释这一现象，现有文献从各个不同的角度进行了阐述并提出假说，归纳起来主要有两个方面：信息优势（Information Advantage，IA）假说与关系贷款（Loan Relationship，LR）假说。

信息优势假说（IA）认为，小银行在对中小企业贷款中，拥有比大银行更好的获得信用信息（Credit Information）的途径［中村（Nakamura），1993；1994；梅斯特等人，2002］，这主要是因为小银行能够通过了解存款流动（Deposit Flows）从而较迅速、较准确地掌握企业目前所处的状况。彼得森和拉詹（Peterson and Rajan，1994）也认为通过核对账目（Checking Accounts）评估企业的现金流可以达到监控企业的目的。同时，对于小银行来说，银行和信贷员之间的代理问题（Agency Problem）较之大银行要轻微得多（中村，1993）。这是因为小银行的管理层与贷款者之间的联系链较短，可以较直接地监控信贷员是否将资金贷给信用不良好的贷款者。随着银行规模的扩大，对于信息传递和监控来说，存在较明显的规模不经济。以上两个方面的因素促使小银行在对中小企业贷款业务中具有比较优势，从而使得小银行能获得高于大银行的利润水平。

彼得森和拉詹（1995）的理论研究表明，在竞争的市场中由于竞争性的贷款供给的存在，银行缺少提供关系贷款（LR）的激励；而在非竞争市场，关系贷款却是一种减少非对称信息问题以及增加盈利能力的重要方式［戴尔蒙德，1984；布特（Boot），2000］。因此，在竞争不充分的地区，银行有较大的激励去发展关系型贷款。对于关系型贷款，银行可以通过对借款人保持密切监督、银企重新谈判和双方长期隐性合约等方式来降低交易费用，从而获得更高的收益。另外，关系型贷款可以提高企业的信贷可获得性，降低其贷款利率，减少抵押和担保要求［彼得森和拉詹，

1994；伯杰，1995；科尔（Cole），1998］，这可以为银行赢得更多的贷款业务，从而能够实现更多的利润［安田（Yasuda），2005；永奎斯特等人（Ljungqvist et al.），2006；巴拉特等（Bharath et al.），2007］。因此，根据关系贷款假说，对于竞争不充分的地区的小银行来说，关系型贷款会促使其经营绩效高于大银行。

第四节　结构—绩效关系的实证模型

对于银行业的结构—绩效关系的分析，伯杰（1995）、戈德伯格和瑞（1996）、伯杰和汉南（1997）提出了一个检验各类假说的统一模型。在该模型中，相关解释变量的系数符号以及显著性，为判断所研究的市场结构—绩效关系提供了依据。[①]

一　市场力量假说模型

据伯杰（1995），市场力量假说的实证模型可以设定为：

$$\pi_i = f_1(P_i, Z_{im}^1) + \in_{im}^1 \tag{4.19}$$

$$P_i = f_2(STRUC_i, Z_{im}^2) + \in_{im}^2 \tag{4.20}$$

$$CONC_m = g(MS_i), \ all \ i \ in \ m \tag{4.21}$$

其中，π 为每单位产出的收益，P 为产出的价格，$STRUC$ 是对市场结构的衡量，为市场集中度 $CONC$ 或市场份额 MS，Z 为控制变量，$\in$ 为随机误差项；m 代表市场，i 为市场 m 中的 i 金融机构。

在市场力量假说下，具有市场势力的企业拥有制定价格的能力。因此，在式（4.19）中金融机构的绩效指标的主要决定因素是不同的产出价格 P。式（4.21）说明的是市场集中度指标的测度方式，例如选取赫芬达尔指数 HHI 测度市场集中度，那么 $CONC_m = \sum_{i \ in \ m} MS_i^2$。

对于传统 SCP 假说，市场集中度被认为是影响金融机构定价能力的重要因素——在集中度较高的市场中，金融机构可以通过合谋而设定不利于消费者的价格。因此式（4.20）中 $STRUC$ 以衡量市场集中度 $CONC$ 的指标如 CRk 或 HHI 来表示。而在相对市场假说（RMP）下，由于产品差异性或其他优势而拥有较大市场份额的金融机构，通常具有影响产品价

---

① 本部分在笔者博士学位论文及发表文章基础上扩展而成。

格的市场势力，于是市场份额 *MS* 成为解释价格的关键变量，式（4.21）中的市场结构 *STRUC* 以市场份额 *MS* 表示。

如果 SCP 假说成立，那么绩效指标 π 与市场集中度 *CONC* 之间呈正相关关系，其背后的逻辑是：市场集中度 *CONC* 在式（4.20）中正向影响产出的价格 *P*，而在式（4.19）中价格 *P* 的上升会导致绩效 π 的增加。相似地，如果 RMP 假说成立，则绩效 π 与市场份额 *MS* 之间呈正相关关系，这是由于市场份额 *MS* 会通过对产出价格 *P* 的正向作用，进一步促进绩效 π 的上升。值得注意的是，由于式（4.21）中市场集中度 *CONC* 与市场份额 *MS* 之间的正相关关系，会导致绩效 π 与市场份额 *MS*（SCP 假说下）或市场集中度 *CONC*（RMP 假说下）之间的虚假相关关系。

二 效率结构假说模型

类似地，效率结构假说下的实证模型可以设定为：

$$\pi_i = f_3(EFF_i, Z_{im}^3) + \in_{im}^3 \tag{4.22}$$

$$MS_i = f_4(EFF_i, Z_{im}^4) + \in_{im}^4 \tag{4.23}$$

$$CONC_m = g(MS_i), \ all \ i \ in \ m \tag{4.24}$$

其中，*EFF* 为金融机构的效率变量——X-效率或规模效率；其他变量的含义如前文所述。

与市场力量假说不同，效率结构假说模型中影响绩效 π 的关键因素是金融机构的效率 *EFF*，而非价格 P。如果 X-效率结构假说（ESX）成立，那么金融机构的 X-效率 XEFF 是关键因素；如果成立的是规模效率结构假说（ESS），影响绩效 π 的主要因素就是规模效率 SEFF。在效率结构假说下，绩效 π 与金融机构的效率 *EFF* 具有正相关关系。

在式（4.23）中，如果效率结构假说成立，具有较高效率的金融机构将会拥有较大的市场份额。这可以是由于多方面的原因所导致：如果竞争性市场内的金融机构生产同质的产品，那么效率较高的金融机构会由于低于其他金融机构的边际成本而拥有较大的规模与市场份额；如果金融机构由于区域因素而具有差异性的产品，较高效率的金融机构可以通过设定更优的价格水平来吸引其他地区的消费者，从而扩大市场份额；具有较高效率的金融机构还可以通过兼并低效率的金融机构来获得更大的市场份额。

需要注意的是，在效率结构假说下，金融机构的绩效 π 与市场机构之间存在虚假的正相关关系。这是由于绩效 π、市场集中度 *CONC* 与市场份额 *MS* 均与效率 *EFF* 之间存在正向关系——效率高的金融机构将获得更

高的绩效 π，以及拥有更大的市场份额 MS；较大的市场份额 MS 会导致较高的市场集中度 $CONC$。

三　假说检验的统一模型

上文所阐述的市场力量假说与效率结构假说模型，可以被用来检验相应假说是否成立，但却不能在一个统一的框架下与其他假说区分开来。伯杰（1995）、戈德伯格和瑞（1996）构建了一个统一的模型，利用该模型判断各类假说成立与否。该模型为：

$$\pi_i = f_5(CONC_m,\ MS_i,\ XEFF_i,\ SEFF_i,\ Z_{im}^5) + \in_i^5 \qquad (4.25)$$

式（4.25）包含了 SCP、RMP、ESX、ESS 假说中对金融机构绩效 π 的相关解释变量；对于不同假说成立的情况，某些变量与绩效 π 的不相关会使得其系数不显著。

如果 SCP 假说成立，那么市场竞争度 $CONC$ 作为影响金融机构绩效 π 的关键变量，其系数会显著为正；市场份额 MS 与绩效 π 之间的虚假相关关系将导致其系数不显著；金融机构的效率变量（$XEFF$ 与 $SEFF$）由于非关键变量，其系数也会较小或不显著。相似地，在 RMP 假说成立的情况下，市场份额 MS 的系数将会显著大于零；市场竞争度 $CONC$ 以及金融机构的效率变量 $XEFF$ 与 $SEFF$ 的系数则不显著。

作为市场力量假说的另一种特殊形式，安逸生活（QL）假说意味着市场集中度较高的市场中，规模较大的金融机构，可以通过共谋或产品差异等市场支配力获取较高的盈利，但其对于自身的经营效率和规模效率并不关心会导致效率低下。因此，对于安逸生活假说，需要进一步检验金融机构的效率与市场结构之间的关系。具体地，引进方程：

$$XEFF_i = h_1(CONC_m,\ MS_i,\ Z_{im}^{h1}) + \varepsilon_i^{h1} \qquad (4.26)$$

$$SEFF_i = h_2(CONC_m,\ MS_i,\ Z_{im}^{h2}) + \varepsilon_i^{h2} \qquad (4.27)$$

其中各变量的含义与前文类似。如果市场集中度 $CONC$ 与市场份额 MS 的系数显著为负，那么说明金融机构的效率与市场结构之间存在负相关关系，金融机构处于安逸生活状态，安逸生活假说成立。

在效率结构假说下，金融机构的效率变量与绩效 π 之间存在显著的正相关关系。如果 X-效率 $XEFF$ 的系数显著为正而规模效率 $SEFF$ 的系数不显著，那么说明 X-效率结构假说成立；反之，如果规模效率 $SEFF$ 的系数显著为正而 X-效率 $XEFF$ 的系数不显著，那么说明规模效率结构假说成立。但效率结构假说成立与否，还应证明金融机构绩效 π 与市场结构之间虚假的相关关系，这可以通过说明金融机构的效率影响市场结构而证明。为此，考虑以下方程：

$$CONC_m = h_3(XEFF_i, \ SEFF_i, \ Z_{im}^{h3}) + \varepsilon_i^{h3} \qquad (4.28)$$

$$MS_i = h_4(XEFF_i, \ SEFF_i, \ Z_{im}^{h4}) + \varepsilon_i^{h4} \qquad (4.29)$$

如果金融机构效率变量 $XEFF$、$SEFF$ 的系数显著大于零，说明较高的效率确实会导致较高的市场集中度以及市场份额，金融机构的效率影响了市场结构。在此情况下，效率结构假说成立。

四　变量的选取

1. 绩效指标

在对金融机构的研究中，衡量绩效水平的指标较多。根据衡量绩效方法的不同，可以将绩效指标分为两类：盈利水平与价格水平。

盈利水平指标通常包括资产收益率（ROA）、资本收益率（ROC）和净资产收益率（ROE）。ROA 和 ROC 是常用的衡量银行绩效的指标。基顿和马苏纳加（Keeton and Matsunaga，1985）认为金融机构的收入和支出与其资产更为密切相关，所以 ROA 在衡量一段时期内金融机构绩效的波动时更为适用。关于结构—绩效假说的研究（吉韦莱克和阿拉米，1991）也常同时运用 ROA 和 ROE 来衡量金融机构的绩效；希姆洛克（1985）同时运用了上述 3 个指标。由于将所有的收益和成本都归结于一个指标，利用盈利水平指标衡量绩效可以避免交叉补贴问题；因此，埃文诺夫和福蒂尔（1988）认为利用盈利水平指标衡量绩效较价格水平更合适。

在采用金融产品价格衡量绩效的研究［罗斯和弗雷泽（Rose and Fraser），1976；伯杰和汉南，1989］中，主要选取的指标有平均贷款利率、存款利率或手续费收益。之所以选择价格水平指标来衡量金融机构绩效，主要是认为集中度较高的市场中的金融机构拥有一定的市场势力，可以通过非竞争行为从存款人与借款人之间设定的较大利率差而获得较高的利润。然而，在企业产出较多种的情况下，价格指标往往会带来交叉补贴的问题［莫利内克斯和福布斯（Molyneux and Forbes），1995］；另外，价格指标忽略了成本的影响。所以，价格水平指标并不常用。

2. 控制变量

除去市场结构和自身效率，金融机构的绩效还受到两个层面因素影响：第一，金融机构的内部经营与管理，包括金融机构的规模、资产多样化、风险管理水平等；第二，金融机构所处的外部经济环境，例如管制、市场规模以及市场增加率。在对金融机构市场结构—绩效关系的实证研究中，对于控制变量的选取往往也从这两个方面着手。

衡量银行规模的指标通常为存贷款总额或总资产（莫利内克斯和福布斯，1995；赵子铱等，2005），银行规模变量将规模所带来的差异，比如规模经济纳入了分析。资产多样化则可以降低风险，从而可能会减少规模经济对利润的正面影响（希姆洛克，1985；埃文诺夫和福蒂尔，1988）。由于利润指标通常没有经过风险调整，所以需要将代表风险水平的指标纳入模型中，权益资本—资产比、贷款—资产比就是常用的两个风险指标。较低的权益资本—资产比意味着金融机构在以较高的风险水平上经营，而资产组合理论认为高风险通常对应高收益；较高的贷款—资产比则说明贷款较大，不良贷款增加的可能性上升，金融机构的收益可能下降。

已有的实证中，巴斯等（Barth et al.，2004）和贝克等（Beck et al.，2005）的研究表明，政府管制的存在，会降低金融机构的绩效以及其运营的稳定性；而且克莱森斯和拉伊文（Claessens and Laeven，2004）还发现严格管制往往会导致市场竞争程度的降低。在经验研究中，常被用来衡量管制因素的指标有：被拒绝的进入申请与申请总数的比率（巴斯等，2004）、被允许从事获取非利息收益活动的程度和存款保险等。规模较大的市场，金融机构数量往往众多，竞争度可能较高，因此较大规模的市场可能会到导致金融机构较低的盈利水平，两者之间具有负相关关系。希姆洛克（1985）与埃文诺夫和福蒂尔（1988）的研究认为，处于规模较大市场中的金融机构，可能会采取较高风险的资产组合，以获得更高的利润，这在一定程度上会弱化这一负相关关系。另外，快速发展的市场可以为现有的金融机构提高利润带来机会（吉韦莱克和阿拉米，1991）；但是如果市场的增长能够鼓励竞争者进入，则可能导致现有金融机构盈利水平的下降。

第五节　本章小结

本章提出了一个有关农村中小金融机构绩效的分析框架，其中特别考虑到了影响金融机构效率的因素。在该框架下，我们从市场结构的测度、金融机构效率的衡量以及市场结构—绩效关系的实证三个方面阐释了所需的方法与模型，这为农村中小金融机构经营绩效与社会绩效的研究提供了基本的研究范式。

在对市场机构的测度中，对于市场集中度，常用的指标有 k 集中度 CR_k、赫芬达尔指数 HHI 以及嫡指数。它们之间的区别在于市场份额赋予的权重的不同。另外，市场竞争度与市场集中度之间存在着密切的关系，对于 CR_k 与 HHI 指标来说，较高的 CR_k 或 HHI，衡量的是高集中度的市场，这意味着市场竞争度较低。需要注意的是，CR_k、HHI 与市场竞争度之间反向关系的微观基础并不一致——如果市场存在卡特尔，那么我们应该选择 CR_k 指标来衡量市场集中度；否则，HHI 将是更好的指标。

根据伯杰（1995）、戈德伯格和瑞（1996），本章第三部分给出了检验市场力量假说与效率结构假说的统一分析模型。利用该模型，根据相关变量回归系数的显著性即可以判断所研究的市场结构—绩效之间的关系。最后，介绍了在该模型中常选择的变量。

在本章理论框架下，下一章将利用调研数据实证分析浙江省农村金融市场结构，重点围绕农村金融市场集中度与竞争度两个指标，深入考察浙江省农村金融市场的整体发展状况。

第二篇

实证分析：市场结构、
信贷可得性与机构绩效

第五章 农村金融的市场结构分析

第一节 引言

市场结构作为结构—绩效关系研究的起点，是后续农村中小金融机构经营绩效与社会绩效研究的基础。本章的数据以及后续两章的实证研究数据取自2009—2012年度的浙江省县域各农村中小金融机构的调研数据。首先根据获得的数据分析了浙江省县域农村中小金融机构的总体分布情况以及农村中小金融机构的市场份额；其次，利用 HHI 和 CRk 等市场集中度指标分析浙江农村中小金融市场的竞争程度；再次利用Panzar-Rosse 模型（P-R 模型）估计市场竞争程度，根据数据进行了整体回归；最后在此基础上，运用模型对浙江省不同经济发展水平县域的农村金融市场集中度与竞争度进行了测度。本章的市场结构分析既测度了浙江农村金融市场的竞争程度，同时为浙江省农村小微企业的信贷可得性研究以及农村中小金融机构经营绩效与社会绩效的进一步实证研究奠定了基础。[①]

第二节 农村金融市场的总体情况

根据银行业监管机构、中国人民银行、浙江省信用联社及浙江省金融办等政府部门可获得的数据与相关金融机构的调研数据，本书的数据统计到2012年底。截至2012年底，浙江省农村中小金融机构共有119家（不含宁波地区）银行类机构和210家小额贷款公司。其中，银行类机构包括41家农村银行（农村合作银行或农村商业银行）、31家农村信用合作

---

① 本部分是在笔者博士学位论文及发表文章基础上扩展而成。

社、39 家村镇银行和 7 家资金互助社以及 1 家贷款公司。出于数据统一性考虑，本书的研究以各中小金融机构的贷款数作为评估的指标，而不是存、贷款额。这是因为小额贷款公司作为纯粹提供小额贷款的金融机构，一般来说，是并不吸收外来的存款的。另外，资金互助社与贷款公司由于数量与贷款额均较小，因此，在本研究的分析中忽略对其的分析。

一　农村中小金融机构的总体分布

2012 年浙江省（不含宁波地区）农村中小金融机构的总体分布情况如表 5.1 所示。

表 5.1　　　　浙江省农村中小金融机构总体分布（2012 年）

地区	贷款总额（亿）	贷款占比（%）	贷款分布							
			农村银行		农信社		村镇银行		小贷公司	
			数目（个）	贷款占比（%）	数目（个）	贷款占比（%）	数目（个）	贷款占比（%）	数目（个）	贷款占比（%）
杭州	1765.26	24.6	5	82.3	3	8.6	5	1.1	37	8.0
温州	1103.32	15.4	7	71.7	4	10.2	6	6.0	30	12.0
嘉兴	687.58	9.6	3	43.4	3	44.7	3	4.7	24	7.2
湖州	519.46	7.2	4	69.2	1	14.3	2	7.6	14	8.9
绍兴	899.38	12.5	5	86.4	0	0.0	2	2.2	27	11.4
金华	867.74	12.1	6	69.9	3	17.3	5	2.4	26	10.4
衢州	268.48	3.7	1	21.8	5	66.4	4	8.2	9	3.6
台州	656.83	9.2	7	76.4	2	8.2	4	6.7	25	8.7
丽水	224.25	3.1	1	16.2	3	68.9	6	9.4	11	5.5
舟山	175.70	2.5	2	67.4	2	22.6	2	6.0	7	4.0
浙江	7168.00	100.0	41	69.8	31	17.1	39	4.1	210	9.1

数据来源：根据调研数据整理所得。

从地域分布来看，浙江省的农村中小金融机构贷款主要分布在经济较发达的杭州、温州、绍兴与金华，这四个地区总共占比约为 65%，其中杭州的贷款总额甚至接近整个浙江省的 1/4，显现出了较明显的区域经济特性。而贷款的分布情况则呈现明显的偏向于农村银行与农信社。就整个浙江省而言，新型的农村中小金融机构——村镇银行和小额贷款公司——贷款只占约 13.2%。所有地区农村银行和农信社贷款占比之和均在 82%以上，舟山、杭州甚至达到了 90%。这说明自 2003 年农村信用合作社改革以来，传统的农村中小金融机构仍然是农村金融市场上主要贷款来源。

新型农村金融机构的发展仍然处于起始阶段。

从表5.1中，我们还可以看出，贷款分布具有较明显的区域性。例如，对于经济较发达的杭州、温州、绍兴、金华、湖州等地，农村银行贷款占比为70%左右及以上，绍兴最高，达到了86.4%；而经济欠发达的地区，如丽水、衢州，其农村银行贷款占比远远低于浙江省平均水平，只有16.2%和21.8%。其背后的原因在于2004年《浙江省深化农村信用社改革试点实施方案》中对于各地农村信用社改革方式的不同：在经济较发达、城乡一体化程度较高、信用社资产规模较大、经营管理水平较高的县（市、区）组建农村合作银行；而其他经济欠发达、人口稠密、信用社经营水平一般的地区撤销乡镇农村信用社法人地位，实行县级联社统一法人。

二　农村中小金融机构的市场份额

对于市场结构，如果市场是完全竞争的，那么市场中各机构所占的市场份额会趋于一致。因此，对于市场份额的分析可以对整个市场结构有着初步的了解。本研究中，市场份额是指某一金融机构贷款数量占整个农村中小金融机构全部贷款总额的比重。如果S_i表示第i家金融机构的贷款数量，S表示农村金融市场上中小金融机构贷款总数，那么第i家金融机构的市场份额MS定义为

$$MS = S_i/S \qquad (5.1)$$

表5.2给出了2009—2012年农村银行、农信社、村镇银行和小额贷款公司在农村贷款市场中的份额。

表5.2	浙江省农村中小金融贷款市场份额			单位：%
年份	农村银行	农信社	村镇银行	小额贷款公司
2009	73.7	22.2	0.8	3.3
2010	74.0	18.3	2.1	5.7
2011	70.9	18.0	3.4	7.7
2012	69.8	17.1	4.1	9.1

数据来源：根据调研数据整理所得。

同前文所述，浙江省的农村中小金融贷款市场中绝大部分为农村银行和农信社所占有，两者处于绝对的主导地位，尤其是农村银行。2009—2012年，农村银行基本上占有70%以上的市场份额，农信社则维持着20%左右的市场份额；剩余的10%为村镇银行和小额贷款公司所占有。然而，从表5.2中可以看出，尽管村镇银行、小额贷款公司等新型的农村中

小金融机构在贷款市场中所占的份额较小，但 2009—2012 年农村新型金融机构市场份额呈现了明显的上升趋势。村镇银行从 2009 年的 0.8%上升至 2012 年的 4.1%；小额贷款公司则由 2009 年的 3.3%增长近 6 个百分点至 2012 年的 9.1%。

　　为了粗略地比较经济发展水平的差异对农村中小金融贷款市场结构的影响，我们选取杭州、嘉兴和丽水分别代表经济发达、经济较发达和经济欠发达三类地区，分析不同的经济发展水平下农村中小金融机构贷款市场份额是否有所差异。图 5.1 给出了 2009—2012 年杭州、嘉兴、丽水三个地区农村贷款市场的份额比较图。

　　图 5.1 表明，经济发展水平越高的地区，农村银行和农信社的市场份额越大，而新型的农村中小金融机构的份额则越小；反之，经济不发达地区的村镇银行、小额贷款公司的市场份额则高于发达地区。而从纵向的发展来看，无论是经济发达地区，还是经济欠发达地区，新型农村中小金融机构均呈现了扩大化趋势，市场份额逐渐上升。

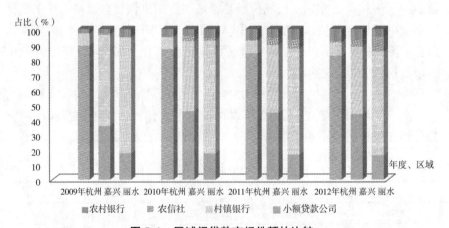

图 5.1　区域间贷款市场份额的比较

数据来源：根据调研数据整理所得。

第三节　农村金融市场的集中度分析

　　在现有文献中，通常用来衡量市场集中度的指标有赫芬达尔-赫希曼指数（Herfindahl-Hirschman Index，HHI）与产业集中度 CRk 指标（Concentration Ratio）等指标。本节我们利用这两个指标对浙江省农村中小金融机构所处的贷款市场集中度进行测度与分析。

一　赫芬达尔指数 *HHI*

赫芬达尔指数 *HHI* 指的是所研究的行业中各厂商所占市场份额的平方和，衡量的是市场中厂商规模的离散程度，其计算公式为：

$$HHI = \sum_i (S_i/S)^2 \tag{5.2}$$

其中，S_i、S 定义如前文所述。*HHI* 指标包含了市场中所有厂商的市场份额信息。*HHI* 指数越大，说明市场垄断程度较高；反之，*HHI* 指数越小，则市场的竞争程度越高。在完全垄断条件下 *HHI* = 1；在完全竞争条件下，*HHI* = 0。表 5.3 描述了浙江省农村中小金融贷款市场 2009—2012 年的 *HHI* 指数。

一般认为，*HHI* 大于 0.18，则认为市场是寡头垄断市场；处于 0.1—0.18 的市场为适度竞争型市场；小于 0.1 的市场则为低集中度，即竞争型市场（徐忠等，2009）。从 *HHI* 指标来看，浙江省的农村中小金融贷款市场的 *HHI* 指数从 2009 年的 0.029 下降至 2012 年的 0.022，远小于 0.1，因此，对于我们所研究的浙江省农村中小金融市场来说，竞争还是比较充分的。但从区域角度来看，温州和丽水 2012 年的 *HHI* 指标均小于 0.1，属于竞争型市场；嘉兴、湖州、金华、衢州和台州的 *HHI* 指标则介于 0.1—0.18，属于适度竞争型市场；而杭州、绍兴和舟山的 *HHI* 指标则大于 0.18，为寡占型市场。从纵向的变化来看，所有地区的 *HHI* 指标均呈减小态势，说明农村中小金融贷款市场的竞争程度随着时间变化而加强，正逐步由寡占型市场向适度竞争型市场转变。

表 5.3　　　　　　　浙江省农村中小金融贷款市场的 *HHI*　　　　　　单位:%

区域 \ 年度	2009	2010	2011	2012
浙江	0.029	0.027	0.025	0.022
杭州	0.230	0.220	0.204	0.192
温州	0.107	0.094	0.084	0.082
嘉兴	0.166	0.152	0.145	0.139
湖州	0.151	0.158	0.148	0.149
绍兴	0.284	0.256	0.235	0.212
金华	0.191	0.162	0.152	0.131
衢州	0.181	0.174	0.150	0.142
台州	0.129	0.118	0.111	0.102

续表

区域＼年度	2009	2010	2011	2012
丽水	0.118	0.112	0.101	0.097
舟山	0.316	0.294	0.275	0.260

数据来源：根据调研数据整理所得。

二　k 集中度 CRk

CRk 衡量的则是在行业中前 k 大的企业的相关指标占整个市场的份额和：

$$CRk = \sum_{i=1}^{k} \frac{S_i}{S} \tag{5.3}$$

其中，S_i、S 定义如前文，k 表示整个市场中规模前 k 位的企业。在本研究中，k 的值我们选取 4。

表 5.4 给出的是浙江省农村中小金融贷款市场的 CR4 测量值。从 CR4 指标的角度来观察浙江省农村中小金融市场。杭州、绍兴和舟山三个地区的 CR4 均大于 75%。如果一个市场的 CR4 超过 75%，则认为该市场属于寡头垄断型的市场（Bain，1951）。因此，杭州、绍兴和舟山三个地区属于寡占型市场。嘉兴、湖州和衢州则处于寡占型市场的边缘，这与 HHI 指标所显示的结果完全一致。从纵向时间来看，除开湖州的 CR4 指标由 2009 年的 69.6% 上升至 2012 年的 71.9% 之外（事实上，从 2010—2012 年，湖州的 CR4 是从 73.1% 开始下降的），CR4 指标的变动趋势表明浙江省所有地区的农村中小金融市场竞争性均增强。这也与 HHI 指标的变动趋势一致。

表 5.4　　　　　浙江省农村中小金融贷款市场的 CR4

地区＼年度	2009	2010	2011	2012
浙江	26.2	25.1	23.8	22.1
杭州	85.8	83.6	80.8	78.9
温州	54.3	50.1	47.3	46.7
嘉兴	75.2	71.8	69.8	68.3
湖州	69.6	73.1	71.1	71.9
绍兴	91.7	88.0	84.7	81.4

续表

年度 地区	2009	2010	2011	2012
金华	76.1	69.3	66.4	61.5
衢州	77.9	75.8	70.2	68.1
台州	62.9	59.7	57.7	55.0
丽水	58.8	57.3	54.1	53.1
舟山	98.8	94.6	91.9	90.0

数据来源：根据调研数据整理所得。

总的来看，尽管由前文的分析我们可知，农村银行和农信社在浙江农村中小金融市场中处于绝对的垄断地位，但是在时间趋势上，新型的农村中小金融机构，村镇银行和小额贷款公司的市场份额逐步上升，这表明浙江的农村中小金融市场正朝着多元化的方向发展。市场集中度指标 *HHI* 和 *CR*4 也显示出浙江大部分地区的农村中小金融市场属于适度竞争或竞争型市场，并且市场的竞争程度正逐渐增强，表明浙江农村中小金融行业朝着一个越来越开放，竞争越来越激烈的方向发展。

第四节　农村金融市场的竞争度研究

利用 *HHI* 和 *CRk* 指标来对市场结构进行测度的方法，称为结构分析方法。另一种来源于新实证产业组织理论的衡量市场结构的方法，称为非结构分析方法，主要使用的方法是利用 Panzar-Rosse 模型（P-R 模型）估计厂商总收入对各项要素投入价格的弹性之和来衡量市场竞争程度。

一　P-R 模型的构建

P-R 模型由罗斯和潘扎（Rosse and Panzar，1977），并于 1987 进行了修正，我们借用 P-R 模型，利用面板数据对金融机构的收益方程进行比较静态分析，以判断机构的竞争行为。P-R 方法的适用是建立在一定假定基础上的。首先，金融机构行为受其他金融机构行为的影响，市场中的机构数量由经济内生决定，即产业是处于长期均衡状态；其次，金融机构面临的需求价格弹性大于1且其成本结构相同。

当金融机构实现利润最大化时，其边际收益等于边际成本：

$$MR(Q, N, Z) = MC(Q, W, T) \qquad (5.4)$$

其中，MR 表示金融机构的边际收益，MC 为边际成本；Q 表示产出，N 为金融机构数量，W 为金融机构投入要素的价格向量；Z 与 T 分别为外生控制变量。对于市场层面，其零利润约束为 $R(Q, N, Z) = C(Q, W, T)$。定义 H 统计量为：

$$H = \sum_i \left(\frac{\partial R}{\partial w_i} \right) \left(\frac{w_i}{R} \right) \qquad (5.5)$$

则 H 表示金融机构总收入对各项要素投入价格的弹性之和。

根据不同的 H 值，可以将市场划分为垄断市场、垄断竞争市场与完全竞争市场。由于在完全竞争市场上，金融机构的边际收益等于边际成本，要素价格的上升导致成本与收益同比例上升，所以对于完全竞争市场，$H=1$；而对于垄断市场，投入要素价格的上升导致产出下降进而收益减少，所以 $H \leq 0$；在垄断竞争市场，金融机构根据要素价格的上升而调整产品价格，这会促使收益的增加，然而增加的幅度不高于要素价格上升的幅度，因此 $0<H<1$。

因此，P-R 模型用于研究市场竞争程度时的一般计量模型为：

$$\ln R_{it} = \alpha_0 + \ln P_{it}\alpha + x_{it}\beta + \varepsilon_{it} \qquad (5.6)$$

其中，R 为金融机构收入，P_{it} 为各要素价格，x_{it} 为影响金融机构收入的其他变量。H 统计量为 $H = \sum_{i>0} \alpha_i$。根据 H 统计量的值即可判断金融机构所处的市场所属类型以及竞争程度——H 值越大，市场竞争程度越高。

二 变量的选取与说明

涉及金融机构成本的要素价格变量在 P-R 模型中，是必不可少的解释变量。对于银行业来说，控制变量一般包括银行风险、银行规模等影响收益的变量。反映银行风险的常用指标有"贷款/总资产""所有者权益/总资产""准备金/总资产"以及"流动资产/总存款"等。反映银行规模的常用指标有"银行总资产""各项存款数"与"银行员工数/银行业总员工数"等。银行业 P-R 模型设定中，对于银行风险、银行规模等控制变量的选取在不同文献中有所不同［内森和尼夫（Nathan and Neave），1989；莫利内克斯等，1996；科科雷塞（Coccorese），2004；黄隽、汤珂，2008；李伟、韩立岩，2008］。克莱森斯和拉伊文（2004）同时还将经济发展水平引入回归模型中，以探讨其对金融市场竞争度的影响。

对于回归模型中的因变量，通常有两种度量方式：一种是相对收入型，如资产收入率、资产利息收入率；另一种是绝对收入型，包括总营业收入、总利息收入等。韦沙离（Vesala，1995）的研究表明使用银行的相对收入会给估计结果带来偏差。比克和哈夫（2002）的理论与实证分析也发现，使用银行绝对收入并且不将银行规模变量纳入模型所得的结果更为准确；否则，实证结果都将系统性高估 H 统计量。

综上所述，本研究中我们选择银行的绝对收入作为被解释变量；解释变量包括衡量要素成本的价格变量、度量机构风险的变量以及表征外部经济环境的解释变量。具体为：

$$\ln R_i = \alpha_0 + \alpha_1 \ln CL_i + \alpha_2 LA_i + \alpha_3 EA_i + \alpha_4 AGdp_i + \alpha_5 TGdp_i + \varepsilon_i$$

(5.7)

前面提到，P-R 方法只适用于长期均衡市场，因此在估计 H 统计量之前，需要检验所研究的对象是否处在长期均衡市场之中。若所研究的金融机构处于长期均衡市场，那么其资产利润率（ROA）应等于市场风险回报率（李国栋、陈辉发，2012），这意味着要素投入价格不会影响 ROA。

$$\ln ROA_t = \alpha_0 + \alpha_1 \ln CL_i + \alpha_2 LA_i + \alpha_3 EA_i + \alpha_4 AGdp_i + \alpha_5 TGdp_i + \varepsilon_i$$

(5.8)

模型估计后 $H' = \alpha_1$，对原假设 $H' = 0$ 作统计检验，若接受原假设，则表明市场处于长期均衡状态。

回归模型中的各变量以及统计性描述如表 5.5 所示。

表 5.5　变量定义与统计描述

变量	变量含义		2010 年	2011 年	2012 年
R	总收入（亿元）	均　值	0.97	1.14	1.07
		标准差	1.75	1.94	1.90
ROA	资产收益率 = 净利润/总资产（%）	均　值	3.58	5.18	5.50
		标准差	3.36	5.61	4.60
CL	单位贷款成本 = 总成本/总贷款（元/万元）	均　值	304.68	443.36	515.76
		标准差	274.24	558.40	465.32
LA	贷款比 = 总贷款/总资产（%）	均　值	86.13	86.86	88.32
		标准差	25.19	24.53	50.28
EA	权益比 = 所有者权益/总资产（%）	均　值	47.21	50.75	17.97
		标准差	34.58	34.55	16.90
AGdp	人均生产总值（万元）	均　值	5.24	6.10	6.70
		标准差	1.92	2.26	2.44

续表

变量	变量含义		2010 年	2011 年	2012 年
TGdp	第三产业占 GDP 比重（%）	均　值	41.9	42.6	43.6
		标准差	4.08	4.00	3.93

数据来源：根据调研数据整理所得。

　　由于各银行和贷款公司的工资和资产价格数据未能获得，因此本研究中使用单位贷款成本 *CL*，即总成本与总贷款之比作为衡量中小金融机构在经营过程中整体要素价格的变量。在运用 P-R 模型进行计量回归时，原始的 H 统计量的值就直接等于变量 *CL* 的系数 α_1。根据 α_1 的值即可判断 2010—2012 年间浙江省农村中小金融市场的类型。

三　整体回归结果与讨论

　　本研究的样本数据量较大，因此我们以年为单位，分别对 2010—2012 年每年的数据进行回归分析，这样也可以比较 H 值的变动趋势，从而判断出浙江农村中小金融市场竞争度的变化。对于一般的计量经济学理论，若样本数据量较小（一般来说，小于 30），那么需要使用"小样本理论"对数据进行处理，同时也面临异方差问题。由于本研究中的数据量最少也有 76，因此，我们使用"大样本理论"（也称为"渐近理论"，Asymptotic Theory）对样本数据进行计量分析，而这也可以很好地解决可能存在的异方差问题。回归结果如表 5.6 所示。

表 5.6　　　　浙江省农村中小金融市场竞争度模型回归结果

参数 ＼ 年份	2010	2011	2012
lnCL	0.5548 *** (0.1473)	0.5779 *** (0.1938)	0.5824 ** (0.1595)
LA	0.0020 (0.0069)	0.0017 (0.0045)	0.0023 *** (0.0009)
EA	−0.0385 *** (0.0035)	−0.0330 *** (0.0039)	−0.0281 *** (0.0033)
AGdp	0.1180 *** (0.0420)	0.1139 *** (0.0352)	0.0826 *** (0.0267)
TGdp	0.0091 (0.0192)	0.0063 (0.0186)	0.0251 * (0.0154)
_*const*	−3.3525 *** (0.9168)	−3.4825 *** (1.0432)	−3.6291 *** (1.0410)

续表

参数 ＼ 年份	2010	2011	2012
N	190	243	314
R^2	0.5139	0.3560	0.3615
H	0.5548	0.5779	0.5824
F $(H=0)$	14.19***	8.88***	10.97***
$Prob>F$	0.0002	0.0032	0.0010
F $(H=1)$	9.14***	4.74**	8.74***
$Prob>F$	0.0029	0.0305	0.0034
市场均衡性检验			
F $(H'=0)$	1.39*	1.54*	1.78
$Prob>F$	0.0932	0.0967	0.1096

注：***、**、*分别表示1%、5%、10%水平上显著，括号内为标准误差。

从5.6表中的回归结果可以看出，模型对数据的拟合度较好，且大部分系数均能通过显著性检验。由回归结果，我们可以得到以下结论。

（1）浙江省农村中小金融市场基本上属于均衡市场。市场均衡性的结果表明，2010—2012年，在10%的显著水平上基本不能拒绝 $H'=0$ 的假设，这在一定程度上可以说明浙江省农村中小金融市场处于均衡状态，也就是说农村中小金融机构的资产收益率（ROA）与投入要素价格没有直接关系。

（2）2010—2012年，浙江省农村中小金融市场的 H 值基本稳定在0.55—0.59，且检验结果表明 $0<H<1$，这说明浙江省农村中小金融市场属于垄断竞争型。从 H 值的变化来看，2010年为0.5548，而到2012年上升至0.5824，H 值的增加说明浙江省农村中小金融市场尽管仍是垄断竞争型市场，但其竞争程度正逐渐增强，农村中小金融市场正朝着多样性、竞争性的方向发展。

（3）从其他控制变量来看：LA 的系数为正，说明贷款占比越高则农村中小金融机构的收益越好；权益比 EA 代表了金融机构的资本化水平，该项系数为负，表明农村中小金融机构的增资扩股并没有有效提高它们的经营实力，反而使得其收入水平下降。人均GDP对农村中小金融机构的发展有着一个正向促进的作用，从 $AGdp$ 系数的变化来看，其变化趋势是一个减小的过程。这表明在经济发展水平较低时，经济的发展会导致农村中小贷款市场的兴起，但这种促进作用会随着经济发展水平的提高而减弱。同样，第三产业占 GDP 比重对农村中小金融机构发展的影响也为正向促进作用，这说明产业结构的变迁以及第三产业的发展会促进农村中小贷款市场的发展。

四　区域回归结果与讨论

为了考察区域经济发展水平差异对农村中小金融贷款市场竞争度的影响，在这一节中我们将浙江省划分为经济较发达地区和经济欠发达地区两个区域，具体划分方法为：按照所考察时期（2010—2012 年）各县域经济的人均生产总值降序排列，前 50% 的地区为经济较发达地区，后 50% 的地区则为经济欠发达地区。浙东北地区的杭州、嘉兴、湖州、绍兴、舟山等五个地区的绝大部分县域地区均位于前 50%，只有杭州建德、淳安与绍兴嵊州位于后 50%；而浙西南的温州、金华、衢州、台州、丽水等五个地区只有金华义乌、永康、台州玉环、温岭等排名前 50%。因此，本研究中，我们以浙东北地区代指经济较发达地区，以浙西南地区代指经济欠发达地区。表 5.7 给出了 2010—2012 年浙江省分区域的市场竞争度回归结果。

表 5.7　　浙江省分区域市场竞争度模型回归结果（2010—2012 年）

地区 参数	浙江	浙东北	浙西南
$lnCL$	0.5819 *** (0.0984)	0.6490 *** (0.137)	0.5308 *** (0.1347)
LA	-0.0022 *** (0.0008)	-0.0024 *** (0.0007)	-0.0003 (0.0031)
EA	-0.0314 *** (0.0019)	-0.0371 *** (0.0027)	-0.0289 *** (0.0025)
$AGdp$	0.1055 *** (0.0184)	0.1058 * (0.0583)	0.2615 *** (0.0796)
$TGdp$	0.0157 (0.0100)	-0.0133 (0.0185)	0.0852 *** (0.0245)
$\_const$	-3.5838 *** (0.5951)	-2.3797 *** (0.8025)	-7.2295 *** (1.0207)
N	747	350	397
R^2	0.3931	0.4508	0.4125
H	0.5819	0.6490	0.5308
$F(H=0)$	34.96 ***	22.57 ***	15.53 ***

续表

地区 参数	浙江	浙东北	浙西南
Prob>F	0. 0000	0. 0000	0. 0001
F（*H*=1）	18. 05 ***	6. 60 **	12. 14 ***
Prob>F	0. 0000	0. 0106	0. 0006
市场均衡性检验			
F（*H′*=0）	1. 77	1. 38 *	1. 86
Prob>F	0. 102	0. 087	0. 119

注：*** 、** 、* 分别表示1%、5%、10%水平上显著，括号内为标准误差。

从表5.7可以看出，在2010—2012年，浙东北的农村中小金融市场竞争度要高于浙西南，同时也要比浙西南的农村中小金融市场更具有均衡性。从影响因素对农村中小金融机构收入作用的方向来看，两个地区基本一致，唯一不同的因素是第三产业占GDP的比重。浙东北地区的TGdp对农村中小金融机构的影响是负向的抑制，尽管并不显著；而在浙西南地区，则是正向的促进作用。进一步考察2010—2012年具体年份浙东北与浙西南地区中小金融市场的差异，其结果如表5.8所示。

表 5. 8　　　　浙江省农村中小金融市场竞争度模型回归结果

年份 地区 参数	2010		2011		2012	
	浙东北	浙西南	浙东北	浙西南	浙东北	浙西南
lnCL	0. 542 **	0. 567 ***	0. 764 ***	0. 436 *	0. 506 **	0. 615 ***
	（0. 266）	（0. 197）	（0. 235）	（0. 251）	（0. 242）	（0. 222）
LA	−0. 002	0. 003	−0. 002	0. 003	−0. 002 **	−0. 003
	（0. 009）	（0. 009）	（0. 006）	（0. 007）	（0. 001）	（0. 005）
EA	−0. 039 ***	−0. 037 ***	−0. 040 ***	−0. 028 ***	−0. 033 ***	−0. 027 ***
	（0. 005）	（0. 005）	（0. 006）	（0. 005）	（0. 005）	（0. 004）
AGdp	0. 136	0. 344 **	0. 028	0. 356 **	−0. 123	0. 231
	（0. 183）	（0. 142）	（0. 107）	（0. 159）	（0. 096）	（0. 151）
TGdp	−0. 020	0. 100 **	−0. 003	0. 079 *	0. 051 *	0. 088 **
	（0. 043）	（0. 045）	（0. 035）	（0. 043）	（0. 031）	（0. 042）
_*const*	−1. 798	−8. 224 ***	−2. 730 **	−7. 208 ***	−2. 513	−7. 623 ***
	（1. 289）	（1. 808）	（1. 295）	（1. 839）	1. 575	1. 571
N	89	101	114	129	147	167
R²	0. 504	0. 608	0. 467	0. 350	0. 433	0. 385
H	0. 542	0. 567	0. 764	0. 436	0. 506	0. 615

续表

参数＼年份＼地区	2010		2011		2012	
	浙东北	浙西南	浙东北	浙西南	浙东北	浙西南
$F\ (H=0)$	4.16**	8.27***	10.59***	3.01*	4.39**	7.69***
$Prob>F$	0.045	0.005	0.002	0.085	0.038	0.006
$F\ (H=1)$	2.96*	4.83**	1.01	5.04**	4.17**	3.02*
$Prob>F$	0.089	0.030	0.316	0.027	0.043	0.084
市场均衡性检验						
$F\ (H'=0)$	3.30*	4.31	1.66*	4.40	1.63*	2.93*
$Prob>F$	0.073	0.114	0.067	0.127	0.061	0.094

注：***、**、*分别表示1%、5%、10%水平上显著，括号内为标准误差。

从市场均衡性检验的结果来看，浙东北的农村中小金融市场基本上是均衡的，而浙西南则接近于均衡市场，只有2012年的结果能在10%的显著水平下通过检验。这与表5.7的结果一致，也说明了浙东北的农村中小金融市场发展水平较之浙西南要高。尽管就整个考察时期而言，浙东北农村中小金融市场的竞争度高于浙西南，但具体到各个年份，事实并不如此。2010年，浙西南地区的市场竞争度为0.567，高于浙东北的0.542；2012年，浙西南市场的竞争进一步加强而上升至0.615，而浙东北却出现了竞争弱化，下降为0.506。之所以2010—2012年，浙东北农村中小金融市场高于浙西南，主要是因为2011年，浙东北的市场竞争度高达0.764，而浙西南地区仅为0.436。

上述市场竞争度的变化说明，一方面，浙东北和浙西南两地区农村中小金融市场具有较明显的差异，总体而言浙东北地区竞争性要高于浙西南地区；但浙西南地区市场竞争性也正逐渐增强。另一方面，两地区市场竞争波动性较大，说明农村中小金融市场并没有发展至一个令人满意的长期稳定均衡状态，这从市场均衡性指标也可以得到一定的反映——原假设$H'=0$的p值大都徘徊在0.10左右。

第五节 本章小结

本章通过相关数据的集中度与竞争度的实证研究，得出了以下相关观点。整体来看，浙江省的农村中小金融机构贷款主要分布在经济较发达的杭州、温州、绍兴与金华等地，显现出了较明显的区域经济特性；而贷款的分布情况则呈现明显的偏向于农村银行与农信社的特征。这说明自 2003 年农村信用合作社改革以来，传统的农村中小金融机构仍然是农村金融市场上主要贷款来源。新型农村金融机构的发展仍然处于开始阶段。值得欣喜的是，尽管村镇银行、小额贷款公司等新型的农村中小金融机构在贷款市场中所占的份额较小，但 2009—2012 年新型金融机构市场份额呈现了明显的上升趋势。

市场集中度指标 *HHI* 指数和 *CR4* 指数表明，浙江大部分地区的农村中小金融市场属于适度竞争或竞争型市场，并且市场的竞争程度正逐渐增强，反映了浙江农村中小金融行业朝着一个越来越开放，竞争越来越激烈的方向发展。而市场竞争度 *H* 值则显示出浙江省农村中小金融市场的适度竞争性，*H* 值的增大趋势也反映了其竞争程度的加剧；但分区域的 *H* 值则表明农村中小金融市场存在较明显的区域性。

尽管新型金融机构市场份额呈现了明显的上升趋势，浙江大部分地区的农村中小金融市场的竞争程度也逐渐增强，但是这些农村中小金融机构的发展到底对小微企业的信贷可得性有何影响？这正是下一章要通过实证研究考察的内容。

第六章　农村金融市场发展与小微企业的信贷可获得性

第一节　引言

衡量金融创新对于信贷需求主体的影响，最为直接的标准就是信贷可获得性。以农村小微企业为例，农村金融组织的创新，对于其信贷可获得性的提升有着内在的理论逻辑。小微企业由于其规模小、成立年限短、制度不健全和缺乏信用记录等，其信息具有模糊性、人格化特性，导致金融机构在小微企业信贷决策中往往面临与客户之间的信息不对称。威廉姆森（Williamson，1988）提出由于组织规模的增大会导致发生层级间的控制损失，因此大型金融机构在应付信息不对称和对小额贷款客户有效监督方面缺乏优势，因此在提供小微企业信贷服务中就会产生规模和范围不经济［斯特拉汉和韦斯顿（Strahan and Weston），1998；伯杰等，1999；伯杰和乌德尔（Udell），2002］。不同的是，对于规模小、组织复杂程度相对简单的中小型金融机构而言，由于其与小微企业之间具有良好的关系，能更好地处理"软信息"，具有"小银行优势"，从而更倾向于向小微企业提供信贷服务［斯坦（Stein），2002；伯杰等，2005；周月书等，2013］。

长期以来，无论是理论层面还是实际层面，对于小微企业融资难问题的看法是一致的，尤其是农村小微企业，一直处于信贷服务的远端，很难获得充足的金融资源，这严重影响了其在农村经济和社会发展中的作用。小微企业的融资环境亟待改善，旨在提升信贷可获得行的农村金融创新势在必行。2006年银监会出台调整放宽农村地区银行业机构市场准入的政策，启动了新一轮的农村金融改革，力图推进农村金融机构多元化，这为从实证角度考察农村金融创新能否缓解小微企业信贷约束提供了良机。既然小微企业的信贷可获得性与中小金融机构的发展程度关系密切，那么农村中小金融机构的发展，是否缓解了农村小微企业融资难问题？这也是本章要重点回答的问题。[①]

第二节　文献回顾与理论假说

一　文献回顾

现有文献对于小微企业融资难问题的研究主要从小微企业需求、金融机构供给以及政府金融政策等角度进行分析。由于缺少用于信用评级的"硬信息"（林毅夫、李永军，2001；肖兰华、杨刚强，2008），以及抵押担保缺失，导致金融机构对小微企业还贷能力缺乏信任，这是小微企业融资难的主要症结所在（万俊毅、欧晓明，2005）。此外，政府的金融抑制政策也是导致小微企业信贷配给的一个重要原因（刘会苏等，2005）。上述研究分别从微观个体层面、宏观政策层面探讨了小微企业融资难问题的成因，而董晓林、杨小丽（2011），周月书（2012）另辟蹊径，从中观的产业层面对此加以分析，拓展了小微企业融资难问题的研究视角。事实上，依据传统的产业组织理论，市场结构会影响企业的行为。因此，农村金融市场结构的变化势必影响它们对小微企业贷款的发放行为，小微企业信贷可获得性进而被改变。

关于市场结构的变化与信贷可获得性的关系，董晓林、杨小丽（2011）和周月书（2012）着重从 SCP 范式进行了实证考察，研究发现农村金融市场的集中程度对小微企业信贷可获得性具有明显的负向影响，也就是说，农村金融市场集中度越高，越不利于小微企业获得信贷。他们的研究无疑拓宽了该领域的研究视野。然而，他们忽视了农村中小金融机构之间的差异对小微企业贷款的影响，尤其是对新型金融机构的发展是否促进了小微企业更容易获得贷款缺乏分析。这些都需要用实证分析来验证。这部分研究将基于传统的 SCP 分析范式，在探讨农村金融市场的产业结构如何影响小微企业信贷可获得性的基础上，区分传统农村金融机构（如农村银行、农信社）与新型农村金融机构（如村镇银行），以研究农村金融多元化改革是否真正起到了缓解小微企业融资难问题的作用；同时，也将关注农村区域经济差异对小微企业信贷

[①]　本部分是在笔者博士学位论文及发表文章等基础上扩展而成。

可获得性的影响。

二 理论假说

依据传统的 SCP 分析范式，随着企业市场势力的增大，企业可能会利用垄断势力制定出偏离竞争水平的价格，影响资源的配置。因此，对于金融行业来说，市场竞争程度的不同，往往会影响金融机构选择放贷对象。如果市场是竞争性的，影响金融机构选择放贷对象的条件会趋于平均，小微企业与大中企业会具有相似的贷款待遇，是否拥有较好盈利能力的项目将成为银行是否放贷的标准 [德瓦特里庞和马斯金（Dewatripont and Maskin），1995]。相反，如果市场是垄断的，金融机构拥有的市场势力会使其对贷款对象具有一定的选择权，相应地就会偏向于有还贷保证的大中企业，而小微企业则处于信贷配给的地位。从而，在垄断市场中，古兹曼（Guzman，2000）认为无论是导致信贷配给的可能性，还是信贷配给的程度均要高于竞争市场。

对于农村金融市场，长久以来对农村中小企业提供信贷服务的金融机构主要是农村信用合作社，农村信贷市场基本上由农村信用合作社一家所垄断（何广文，2007）。随着农村金融市场准入门槛的降低，新型农村金融机构逐步进入农村信贷市场。这一方面增加了农村信贷市场的竞争程度，在减少原有金融机构对放贷对象的选择权的同时，亦削弱金融机构的定价权，导致贷款门槛降低，促使小微企业信贷可获得性的提高；另一方面，新型农村金融机构以关系型贷款技术[1]的选择能够弥补原有市场贷款技术的单一，进而提升不同类型小微企业的获贷的可能性（董晓林、杨小丽，2011）。由此，可提出第一个研究假说：

假说 1：随着竞争程度的加剧，农村信贷市场集中度下降，农村小微企业的信贷可获得性随之提升。

新型农村金融机构的设立，旨在积极支持和引导境内外银行资本、产业资本和民间资本到农村地区为当地农户以及小微企业提供金融服务。这一定位，让村镇银行、农村资金互助社等新型农村金融机构担负了一定的扶持三农以及小微企业的社会责任，在一定程度上有别于农村银行、农信社等传统农村金融机构。研究表明，新型农村金融机构一般通过减少贷款手续、创新贷款产品、灵活设定利率决定机制等方式积极服务农村金融市

---

[1] 依据 Berger and Udell（1995），贷款技术可以分为财务报表型、抵押担保型、信用评级型以及关系贷款型四种。其中，前三种又合称为交易型贷款技术。

场，增加农村金融市场的金融供给（沈杰、马九杰，2010），对传统农村金融机构的经营业务形成一定的冲击和补充。进而提出第二个研究假说：

假说2：新型农村金融机构的发展，拓宽了农村信贷的来源渠道，提高了小微企业信贷的可获得性。

中国金融发展具有明显的二元结构特点，不仅农村金融市场发展明显落后于城市，而且农村金融市场自身也存在明显的区域差异——经济越发达地区金融发展水平越高，市场竞争程度也越高。这主要是由于经济发展水平不平衡所导致。对于经济较发达地区，通常也具有相应发展水平的工业，对金融服务的需求相对较旺盛；而对于欠发达地区则往往以农业为主，金融服务需求相对较低。不同的产业结构所蕴含的金融需求促使了农村金融市场结构区域差异性的产生，进而也导致不同区域小微企业信贷可获得性的差异。通常而言，金融市场发展越发达意味着金融供给越充分，由此可提出第三个研究假说：

假说3：经济越发达的地区，金融发展程度也越高，促进了小微企业获得信贷可能性的提高。

第三节　模型设定与数据说明

为了检验上述三个假说是否成立，构建如下回归模型：

$$SBL = f(RFM, CFO, ETS) + \varepsilon \qquad (6.1)$$

其中，SBL（Small Business Lerding）为被解释变量，反映农村小微企业贷款的可获得性；RFM（Rural Finaucial Morket）为衡量当地县域金融市场结构的解释变量；控制农村金融机构自身特征的变量为 CFO（Condition of Financial Organization）；同时也将反映当地县域经济基本状况的变量 ETS（Economic Type and Situation）纳入模型中；ε 为误差项。

本研究采用农村中小金融机构中小微企业贷款占其总贷款余额的比重来衡量农村小微企业贷款的可获得性 SBL。反映金融机构市场结构的变量主要有金融机构数量、市场份额、市场集中度以及产品差异化程度等，出于数据的可获得性，本研究选择当地县域金融市场的市场集中度 HHI 来表征金融市场结构的竞争程度。为了反映新型农村金融机构与传统农村金融机构之间的差异，本研究引入类型虚拟变量 Type，Type=1 代表新型农村金融机构，Type=0 则为传统农村金融机构。另外，为了考察区域经济发展水平的差异对农村中小金融贷款市场竞争度的影响，将浙江省划分为经济较发达地区和经济欠发达地区两个区域①，其中浙东北地区的杭州、嘉兴、湖州、绍兴、舟山五个地区属于经济较发达地区，剩余地区为经济欠发达地区。将区域虚拟变量 Region 纳入回归模型中，Region = 1 代表浙东北区域，Region = 0 代表浙西南地区。

对于农村中小金融机构的特征，本研究选择效率与风险两个方面的指标来控制，具体地，利用金融机构的 X-效率指标 X_EFF 控制金融机构的经营效率；利用风险管理指标，包括贷款资产比 LA、权益资产比 EA 与贷款损失准备金率 RL，控制金融机构的风险管理水平。对于当地县域经济基本状况，本研究选择反映当地金融贷款市场规模的贷款总额 Loan，为了减弱共线性问题，将其对数化为 lnLoan。由于农村中小金融机构的主要服务对象是"涉农涉小"的企业或个人，因此所处地区的第一产业所占比重可能对金融机构的经营行为产生一定的影响。GDP 增长率作为衡量国民收入增长高低的指标可以反映影响资金供给的因素，因此本研究选择县域第一产业比重（PIP）和 GDP 增长率（gGDP）作为宏观经济层面的控制因素。

因此，具体的回归模型为：

$$SBL_{it} = \alpha + \beta_1 HHI_{it} + \beta_2 Type_{it} + \beta_3 Region_{it} + \beta_4 XEFF_{it} + \beta_5 LA_{it} + \beta_6 EA_{it} + \beta_7 RL_{it} + \beta_8 lnLoan_{it} + \beta_9 PIP_{it} + \beta_{10} gGDP_{it} + \varepsilon_{it} \tag{6.2}$$

其中下标 i、t 表示金融机构 i 与时期 t。

本研究中农村中小金融机构的 X-效率利用通过自由分布法（Distribution-Free Approach，DFA）所计算的各机构的 X-效率因子来衡量。限于篇幅，本研究省略 DFA 的具体计算方法，详细介绍可参阅徐忠等（2009）。集中度指标则采用文献中通常使用的赫芬达尔指数②。本研究使用的数据为 2011—2012 年浙江省（不包括宁波市）所有农村中小金融机构的财务数据。由于农村资金互助社数量、规模均非常小，所以本研究新型农村中小金融机构的数据全部为村镇银行的相关数据。表 6.1 为模型各

---

① 具体划分方法为：按照所考察时期各县域经济的人均生产总值降序排列，前 50% 的地区为经济较发达地区，后 50% 的地区则为经济欠发达地区。

② 市场集中度指标一般形式为：$CI = \sum_{i=1}^{n} s_i w_i$，其中，n 为市场中金融机构的数量；$s_i$ 为金融机构 i 的市场份额，w_i 是相对应的权重。若令各金融机构的权重等于其市场份额，即赫芬达尔指数 $HHI = \sum_{i=1}^{n} s_i^2$。

变量的初步统计特征。

表6.1 模型变量与统计描述

变量名	变量描述	均值	最小值	最大值	标准差
小微企业贷款比重（SBL）	各金融机构中小微企业贷款余额/总贷款余额×100%	38.95	0	84.85	20.42
赫芬达尔指数（HHI）	所在地区贷款市场集中度	0.14	0.08	0.27	0.05
X-效率（XE-FF）	金融机构的X-效率值	0.49	0.17	1.00	0.11
贷款资产比（LA）	贷款余额/总资产×100%	65.97	21.44	90.78	8.76
权益资产比（EA）	所有者权益/总资产×100%	12.54	5.18	88.59	9.34
贷款损失准备金率（RL）	损失准备/贷款余额×100%	3.97	0.91	9.01	1.97
贷款市场规模（lnLoan）	机构所在县域贷款总额对数	5.43	3.19	7.54	1.01
第一产业比重（PIP）	机构所在县域第一产业比重	8.17	0.83	25.17	4.24
GDP增长率（gGDP）	机构所在县域GDP增长率	18.38	-3.40	28.36	3.78

数据来源：根据调研数据计算所得。

第四节　实证结果分析与讨论

尽管本研究使用的数据是不平衡的面板数据，然而其时间跨度并不长，只有两年；另外，所讨论的金融机构数目远远大于时间长度。因此，可以认为时间趋势在所考察的样本数据中并不重要。另外，面板数据通常需要处理不可观察的和机构相关的异质性问题，但是各金融机构的效率因子主要也就是考虑机构间不可观察的异质性问题，因此在控制效率因子后，异质性问题不再是主要问题（徐忠等，2009）。于是，本研究选用普通的最小二乘法估计方程6.2模型。

为了检验模型的稳健，本研究依次做如下回归分析：①解释变量只包括市场集中度指标 HHI；②解释变量包括市场集中度指标 HHI 和类型虚拟变量指标 Type；③解释变量包括市场集中度指标 HHI 和区域虚拟变量指标 Region；④解释变量包括市场集中度指标 HHI、类型虚拟变量指标 Type

以及区域虚拟变量指标 *Region*；⑤解释变量包括所有指标。所有估计模型均使用聚类稳健的标准差，以处理可能的异方差问题。回归结果依次列在表6.2的第2—6列。

表6.2　　　　　　　　模型回归结果（被解释变量：*SBL*）

解释变量	回归方程				
	（1）	（2）	（3）	（4）	（5）
HHI	213.93***	214.46***	95.93**	92.64**	103.90***
Type		6.65**		7.29***	12.56***
Region			16.26***	16.88***	18.93***
XEFF					−5.42
LA					0.21
EA					−0.42***
RL					0.78
lnLoan					−1.18
PIP					−1.40***
gGDP					0.46*
Constant	9.13***	6.75*	19.57***	17.36***	13.54
R-Squared	0.2812	0.3050	0.3440	0.3724	0.4788
Obs.	215	215	215	215	212

注：***、**、*分别表示1%、5%、10%水平下显著。

回归结果表明，市场集中度指标 *HHI* 的系数在所有的回归方程中均显著为正，说明市场结构对小微企业信贷可获得性具有明显的促进作用。正如假说1所论述的，农村信贷市场竞争程度的加剧，也就是市场集中程度的下降有利于小微企业从金融机构获得贷款。表征农村新型金融机构的虚拟变量 *Type* 的系数同样显著大于零，这意味着相对于传统的农村银行、农信社等金融机构，村镇银行更倾向于为小微企业提供贷款。农村新型金融机构的发展确实增加了农村金融供给，提高了小微企业贷款的可获得性。因此，国家放松农村金融市场的准入限制，大力推进新型金融机构进入农村信贷市场无疑发挥了减缓农村小微企业融资难问题的作用，这值得肯定。另外，区域经济发展虚拟变量 *Region* 的系数显著为正，说明浙东北这样经济比较发达地区的小微企业更容易获得贷款，也验证了假说3所阐述的经济发达所带来的金融市场发展有利于促进小微企业信贷可获得性提高的结论。

对于其他变量，权益资产比 *EA* 越大，说明金融机构的资本越充足，这意味较低的负债和破产风险，从而预示着金融机构稳定性越高。因此权益资产比 *EA* 与小微企业贷款占比 *SBL* 的负向影响，说明农村中小金融机构在经营过程中，随着业务的稳定，会逐渐降低投放给小微企业的贷款比重，以回避相对风险较高的涉小贷款，反映出农村中小金融机构对财务目标的追逐会影响小微企业信贷可获得性。金融机构所处县域第一产业的比重 *PIP* 与小微企业信贷可获得性之间存在的显著负向关系，表明非农产业越发达，小微企业越容易获得贷款。其背后的原因还在于第一产业占比较高的地区通常也是经济欠发达地区，金融市场发展不足，难以为小微企业提供充足的信贷。经济增速 *gGDP* 指标与小微企业信贷可获得性之间的正向关系，说明经济的较快发展能够带动金融市场的发展，促进小微企业信贷可获得性的提高。其他指标对小微企业可获得性并无明显影响（姚曙光、傅昌銮，2015）。

第五节　本章小结

利用浙江省的数据，本研究从产业结构组织理论的视角分析了农村金融市场的发展对小微企业信贷可获得性的影响。研究发现，小微企业信贷可获得性受农村金融市场结构、中小金融机构的类型以及区域发展的程度等因素的综合影响（姚曙光、傅昌銮，2015）。具体而言，农村金融市场的竞争程度越高，小微企业越容易获得金融机构的贷款；新型农村金融机构的发展不仅促进了农村信贷市场的竞争，促进小微企业信贷可获得性的提高，其自身相对于传统农村金融机构也更愿意为小微企业提供贷款；经济欠发达地区由于金融发展落后，不利于小微企业获得贷款。另外，随着经营过程中业务的稳定，农村中小金融机构会逐渐回避相对风险较高的涉小贷款，反映出农村中小金融机构对财务目标的追逐会影响小微企业信贷可获得性（姚曙光、傅昌銮，2015）。科帕斯塔克（Copestake，2007）认为这也是农村中小金融机构在实现财务可持续性与担当社会责任之间的现实冲突，无可避免。

上述研究结论为农村金融组织的创新方向提供了经验证据，也为农村中小金融机构的发展提供了一定的政策参考。竞争性的农村金融市场有利于农村小微企业从金融机构获得贷款，因此，需要进一步降低农村金融市场的准入门槛，引导更多的资本进入农村信贷市场，提升农村信贷市场的竞争程度，以增加信贷的供给，扶持小微企业以及"三农"的发展。另外，相关管理部门应该结合我国农村金融改革的目标，积极建立针对农村中小金融机构的社会绩效评估和管理体系，强化新型金融机构"支农支小"的社会责任目标，以平衡金融机构财务目标与社会责任之间的冲突。在此基础上，进一步地探索农村金融机构可持续发展机制。

从农村金融创新的视角审视农村金融机构多样化对于小微企业信贷可获得性的影响，不难发现，农村金融组织创新带来了农村金融市场信贷供给主体的竞争，使多样化的信贷需求得到一定程度的满足，对于缓解农村金融信贷约束，推进农村金融供给侧结构性改革有着重大的理论和现实意义。进一步考察农村金融创新的绩效，需要从金融市场结构视角实证分析市场集中度等反映市场竞争程度的具体指标，这也是下一章的核心内容。

第七章　农村中小金融机构经营绩效分析

第一节　引言

本章主要分析浙江省农村中小金融机构微观企业性绩效。在已有的文献中,"结构—行为—绩效"假说(Structure-Conduct-Performance,SCP)与"相对市场力量"假说(Relative-Market-Power,RMP)认为具有垄断能力或高市场份额的企业可以利用其垄断能力获得高利润;"效率结构"假说(Efficiency-Structure,ES)则认为企业之所以能获得较高的收益是因为其效率高,而效率高的企业能获得较高的市场份额。为了探讨浙江省农村中小金融机构的微观企业性绩效具体符合哪种假说,我们首先需要衡量各金融机构的效率。

企业绩效(Performance)衡量的是企业实现预先特定目标的程度。金融机构作为一种特殊的企业,其经营不可避免地呈现高风险、高负债性质;另外,金融机构作为社会资金主导性的供给者,对经济的影响面非常大。因此,对于金融机构绩效的评价应该是同时包含微观层面的企业性绩效和宏观层面的公共性绩效的综合绩效评价体系。[①]

第二节　农村中小金融机构的效率

金融机构的效率是其在业务活动中投入—产出或成本—收益之间的关系,反映的是金融机构对其资源的有效配置能力,是衡量金融机构市场竞争能力、投入—产出能力和可持续发展能力的重要指标。现有文献通常是

[①]　本部分是在笔者博士学位论文及发表文章等基础上扩展而成。

从规模效率、范围效率和 X-效率三个方面测度金融机构的效率。其中，规模效率和范围效率衡量的分别是金融机构规模扩大、产品多元化及地域扩张所带来的效率；X-效率则是除规模效率和范围效率之外所有技术效率和配置效率的总和，是对金融机构管理技术、人力资源等因素对生产影响的测度，衡量的是所研究金融机构与最优的金融机构在管理水平、技术水平上的差距（Frei，Harker and Hunter，2000）。近年来的大量实证研究表明，反映管理能力的 X-效率对商业银行的影响远大于规模和范围效率（伯杰等，1993；伯杰和汉弗莱，1997），商业银行效率的研究重点逐渐转移到 X-效率上来。本节将利用相关方法测度浙江省农村中小金融机构的 X-效率。

一 测度效率的方法

现有文献中一般使用前沿效率分析法（Frontier Efficiency Analysis）对金融机构 X-效率进行测度，具体地可以分为参数法和非参数法。参数法包括随机前沿法（Stochastic Frontier Approach，SFA）、自由分布法（Distribution-Free Approach，DFA）和厚前沿法（Thick Frontier Approach，TFA）；非参数法则包括数据包络分析法（Data Envelopment Analysis，DEA）和无界分析法（Free Disposal Hull，FDH）。由于非参数方法未考虑由计量误差等偶然因素引起的随机误差，所以如果存在随机误差，那么非参数法确定的前沿效率可能偏离实际前沿效率，从而导致效率的估计值有偏差，因此本节采用参数法来测量农村中小金融机构的效率。

在现有的效率度量方法中，主要的区别在于如何设定非效率因子和随机因子（伯杰等，1993）。在参数法的三种方法中：随机前沿法（SFA）需要假定非效率因子符合半正态（Half-Normal）分布，随机因子符合标准正态（Standard Normal）分布；厚前沿法（TFA）在依平均成本高低将样本分为四组过程中，忽略了同一分组的机构的效率差别；自由分布法（DFA）尽管不对随机因子做任何的假定，但认为金融机构的效率是不随时间变化的，且随机因子的期望为零。德扬（1997）的研究表明，在七年之内假定效率不随时间改变是可以接受的。对于本节的研究，由于采用的是浙江省 2010—2012 年农村中小金融机构的数据，假设三年内金融机构的效率不变，本书认为是可以接受的假定。因此，综合三种参数法的特点，本节中我们选择自由分布法（DFA）来测度效率。

自由分布法（DFA）较早是由伯杰和汉弗莱（1992）、伯杰（1993）提出，通过分解非效率项和随机误差项，将每个金融机构的非效率值与样

本中的最具效率机构①相比较,而得出给定样本中每个银行的相对效率值。假定农村中小金融机构的生产成本函数具有如下形式:

$$c_{it} = C(Y_{it}, W_{it}) \cdot x_i \cdot u_{it}$$
$$\ln c_{it} = \ln C(Y_{it}, W_{it}) + \ln x_i + \ln u_{it} \quad\quad (7.1)$$

其中,c_{it}为第i家金融机构在t时期的总生产成本;C为成本函数;Y_{it}为t时期第i家金融机构的产出向量;W_{it}为投入要素的价格向量;x_i为第i家金融机构的效率因子,视为不随时间而变动;u_{it}为随机误差项。

如果样本数据是平稳的面板数据,通常可以利用随机效应或固定效应模型对方程(7.1)进行回归,估计出效率因子。然而,本节所使用数据并不是平稳的面板数据,因此将每一年的数据视为一个方程,采用似无关回归来估计方程(7.1),然后计算每个金融机构考察时期内的平均残差,得到对该金融机构的效率因子的估计。具体地,令$\ln \varepsilon_{it} = \ln x_i + \ln u_{it}$,由于随机误差项的期望$E(\ln u_{it}) = 0$,所以$E(\ln \varepsilon_{it}) = E(\ln x_i)$;定义第$i$家金融机构的自由分布估计数$dfe_i = \sum_{t=1}^{T} \ln \varepsilon_{it}/T$,$T$为样本观测期数。那么

$$dfe_i = \frac{1}{T}\sum_{t=1}^{T} \ln \varepsilon_{it} = E(\ln \varepsilon_{it}) = E(\ln x_i) = \ln \widehat{x_i} \quad\quad (7.2)$$

dfe_i即为第i家金融机构的效率因子。

令$\ln \widehat{x^m} = min\{\ln \widehat{x_i}\}$,为所有效率因子中最小值,代表所有金融机构中实际成本和估计成本的差距最小值。该机构是成本效率最高的金融机构。将效率最高的金融机构的效率设定为1,那么其他金融机构的效率水平可以用下式来衡量:

$$X\_EFF_i = \exp(\ln \widehat{x^m} - \ln \widehat{x_i}) = \widehat{x^m}/\widehat{x_i} \quad\quad (7.3)$$

X_EFF_i衡量了第i家金融机构相对于样本中最佳表现银行的效率水平,$0 < X\_EFF_i \leqslant 1$;X_EFF_i越大,金融机构的相对效率越高。

二 模型设定与数据说明

对金融机构效率的估计,关键在于对其成本函数的设定。较早的研究中,如施魏格尔和麦基(Schweiger and McGee,1961)或使用多元回归分析估计成本函数,或将成本函数设定为Cobb-Douglas函数形式(本斯顿,1965),然而都忽略了金融机构各类产出间的相关性及产出弹性。本斯顿

---

① 最具效率机构是指样本中以较低成本获得较高利润表现最佳的金融机构,通常认为其效率为100%。

等（1982）采用的超越对数形式的成本函数可以很好地克服这些缺点，事实上，现有文献中，研究成本函数的文献大都采用超越对数形式。

现有文献中，对于金融机构的投入—产出的划分一般有两种方法："中介法"与"产出法"。"中介法"认为金融机构是使用存款和劳动力来生产贷款和投资的企业；因此，各项贷款与投资等被视为产出，而存款与借入款等为投入。"生产法"则认为劳动、资本及设备等是金融机构的投入要素，被用来生产存款和贷款。对于成本，在"中介法"中包含利息支出和营业费用；而在"生产法"中则仅指营业费用。伯杰和汉弗莱（1997）认为"中介法"由于包含了利息支出，能更好地测度金融机构的效率，因此本节中我们使用"中介法"来测度金融机构的效率。

据上文所述，本节定义的产出 y 为各金融机构的贷款余额，投入包括劳动人数、固定资产以及存款，然而由于现有数据中，金融机构的劳动人数、固定资产数据未能获得，另外小额贷款公司"只贷不存"的特性导致其没有存款，为了数据的一致性，本节将金融机构的资产与劳动作为一个组合投入要素，从而投入要素价格 $w=$ 成本/资产。于是，我们得到农村中小金融机构的成本函数：

$$\ln c = \alpha + \beta_1 \ln y + \beta_2 \ln w + \delta \ln y \cdot \ln w + \ln x + \ln u \qquad (7.4)$$

其中，c 为金融机构的总成本，y 为各金融机构的贷款余额，$w=$ 成本/资产；x、u 分别为金融机构的效率因子和随机误差；α、β_1、β_2、δ 均为参数。

三　农村中小金融机构的效率比较

通常说来，不同经济发展水平下金融机构的效率是有差异的，不同类型的金融机构之间的效率也有较大的差异性。这一小节中，我们从金融机构的类型与区域两个角度比较浙江省农村中小金融机构的效率。

1. 不同类型农村中小金融机构的效率比较

表 7.1 给出了不同类型农村中小金融机构效率因子估计的统计性指标。从不同类型金融机构的效率因子均值可以看到，小额贷款公司的平均效率最高，其次是农村银行和村镇银行，农信社的平均效率最低。由于本节探讨的是浙江省农村中小金融贷款市场中各金融机构的效率，因此，对于只从事贷款业务的小额贷款公司来说，其经营效率是最高的；而农信社则由于本身为原本效率不高的农村信用合作社，其经营效率最低；村镇银行尚处于起步发展阶段，还没有形成较强的竞争力，效率较之农村银行要低（傅昌銮、朱西湖，2015）。

从效率因子的标准差来看，农村银行和农信社的方差较小，说明浙江省各农村银行和农信社的效率水平的波动并不大；另外，农信社的平均效率水平较之总体的平均水平要低很多，这些说明浙江省农信社的效率普遍是偏低的。而村镇银行的效率因子标准差在各类金融机构中最大，表明村镇银行的经营水平在浙江省范围内的波动较大，其效率水平并不一致。尽管小额贷款公司的平均效率水平是各类金融机构中最高的，但其标准差与样本方差基本持平，效率水平也有一定的波动性，另外，样本中效率最高与最低的金融机构均是小额贷款公司。

表7.1　　　　　　　不同类型农村中小金融机构效率因子估计

金融机构	数量	均值	中值	最小值	最大值	标准差
农村银行	41	0.5581	0.5549	0.5011	0.6627	0.0381
农信社	31	0.5272	0.5242	0.4609	0.6178	0.0392
村镇银行	37	0.5374	0.5233	0.2716	0.7450	0.1197
小额贷款公司	200	0.5768	0.5717	0.1016	1.0000	0.0803
总体	309	0.5646	0.5654	0.1016	1.0000	0.0807

数据来源：根据调研数据计算所得。

2. 农村中小金融机构效率的区域性比较

浙江省（不包括宁波地区）10个地区以及浙东北与浙西南地区农村中小金融机构的效率因子的估计情况如表7.2所示。

由表7.2可以发现，经济较发达地区的农村中小金融机构的效率基本上要高于经济欠发达地区。整体上，浙东北的平均效率高于浙西南地区。另外，浙东北地区的标准差较之浙西南低，说明浙东北地区的农村中小金融机构发展较平稳，经营效率波动水平小于浙西南地区。

总样本效率因子的标准差为0.0105。我们可以看到10个地区的效率因子的方差仅有嘉兴、金华与丽水地区大于整个样本的标准差，这说明对于同一地区的金融机构而言，它们的效率起伏波动并不大，而是具有较相近的效率水平。也就是说，经济环境因素可能是影响农村中小金融机构效率的一个重要因素，相似的经济环境会导致金融机构效率的相近，这是农村中小金融机构的效率具有趋同性的一个方面。

表7.2　　　　　　　不同区域农村中小金融机构效率因子估计

地区	机构数	均值	中值	最小值	最大值	标准差
杭州	47	0.5584	0.5676	0.3060	0.7403	0.0727

续表

地区	机构数	均值	中值	最小值	最大值	标准差
温州	45	0.5745	0.5571	0.4213	0.7480	0.0775
嘉兴	32	0.5932	0.5858	0.3484	1.0000	0.0988
湖州	21	0.5883	0.5781	0.5011	0.7130	0.0648
绍兴	33	0.5643	0.5612	0.4384	0.7347	0.0652
金华	39	0.5452	0.5643	0.1016	0.6810	0.1061
衢州	17	0.5509	0.5305	0.4985	0.6331	0.0427
台州	37	0.5654	0.5691	0.3169	0.7377	0.0716
丽水	25	0.5534	0.5512	0.2716	0.7267	0.0944
舟山	13	0.5405	0.5354	0.4465	0.6661	0.0626
浙东北	146	0.5701	0.5683	0.3060	1.0000	0.0768
浙西南	163	0.5563	0.5579	0.0000	0.7480	0.0944

数据来源：根据调研数据计算所得。

第三节　农村中小金融机构经营绩效的决定

根据前文提出的基本分析框架，对于农村中小金融机构绩效的决定，其影响因素可以分为宏观经济、中观产业和微观企业三个层次。宏观经济方面因素主要包括经济运行基本情况、国家政策以及经济全球一体化等；中观产业方面因素则主要指行业的市场结构，包括市场集中度和市场份额等；企业效率、治理结构、风险管理等则是微观企业方面的影响因素。

现有文献对于金融机构绩效决定因素的研究，更多的是聚焦在探讨市场结构—效率—绩效之间的关系上。效率（Efficiency）往往是与生产率（Productivity）联系在一起的，通常是考察产出与投入之间的关系，以衡量其实现投入最小化或产出最大化的有效程度。而绩效则是对企业实现盈利等预先目标的能力的度量，可以利用资产收益率（*ROA*）、净资产收益率（*ROE*）等盈利性指标衡量，绩效好坏直接影响到企业的生存。具体地，形成了"结构—行为—绩效"（SCP）假说［卡莱姆和卡里诺（Calem and Carlino），1991；劳埃德-威廉姆斯等（Lloyd-Williams et. al.），1994；阿克希贝和麦克纳尔蒂（Akhigbe and McNulty），2003；莫多斯和格瓦拉，2004］、"相对市场力量"（RMP）假说（弗雷姆和凯默斯琴，1997；威廉，2003）、"安逸生活"（QL）假说（戈德伯格和瑞，1996；伯杰和汉南，1998）与"效率结构"（ES）假说（伯杰，1995；戈德伯格和瑞，1996）等主要理论。前两种假说又可以合称为"市场力量"（Market Power，MP）假说。

一　分析框架

"市场力量"（MP）假说认为，决定金融机构绩效的主要因素来自市场势力（Market Power），即较高的产业集中度及市场份额，可以通过压低存款利率和抬高贷款利率来获得超额垄断利润，使部分金融机构更具有盈利能力。SCP 与 RMP 两者的区别在于两者对金融市场结构的理解不同：SCP 强调产业集中度是决定绩效的主要因素，认为金融机构获取超额利润的定价机制存在于市场层面；而 RMP 假说则认为定价机制存在于金融机构的企业层面内，决定金融机构绩效的主要因素是其市场份额。

作为 MP 假说的一个特殊情形，QL 假说的思想来源于希克斯（1935）提出的"安逸生活"思想，最开始由罗兹和鲁兹（1982）应用于分析银行业的市场势力和风险管理。QL 假说认为，具有较大市场份额的银行倾向于通过其市场势力和高集中度来获取控制价格制定的市场力量，从而获得高额利润。在高集中度市场中的这种获利方式会使得银行经理人缺乏降低成本、提高效率的动力；反而为维持或获取更大的市场势力，银行经理人可能更愿意花费较多的资源（塔洛克，1967；波纳斯，1975）。这种支配力的获取使得银行的管理层没有足够的动力对银行自身效率进行关注（伯杰和汉南，1998）；因此，银行的效率往往不高，银行市场结构与银行效率之间存在一定的负相关关系（戈德伯格和瑞，1996）。

对于市场集中度与企业绩效之间的关系，特别是正向关系，德姆塞茨（1973）认为可能是企业间不同效率水平所导致的结果，而非企业间的合谋行为的结果；佩尔兹曼（1977）也认为企业的高效率才是导致市场集中度提高的主要原因。这对 MP 假说提出了质疑，ES 假说也由此而提出。ES 假说认为，在生产方面具有比较优势的企业，能通过降低成本来获得较高的利润，相应地其规模扩张从而获得更大的市场份额，进而导致较高的市场集中度。效率结构理论强调效率是决定金融机构绩效的主要原因，金融机构效率较高，往往意味着较高的管理水平，从而以较低的成本获得较高的利润，拥有较高的盈利能力。另外，具有较高效率的金融机构利用其出色的盈利能力，可以扩张已有的市场份额，导致市场集中度与市场份额的进一步提高［帕克和韦伯（Park and Weber），2006］。

随着 2006 年降低农村金融市场准入限制政策①的实施，农村金融改革由"机构"层面转向全面市场化改革。2008 年发布的《关于小额贷款公司试点的指导意见》，以及 2010 年"中央一号"文件对大力发展村镇银行、小额贷款公司等新型农村金融机构的强调，让我国县域农村形成以农村商业银行、农村合作银行、农村信用社、村镇银行、小额贷款公司等金融机构为主体的中小金融机构体系。目前，对我国金融行业的市场结构—效率—绩效的分析主要集中在银行业。赵旭等（2001）、秦宛顺和欧阳俊（2001）等较早地研究，发现效率是影响银行绩效的重要决定因素，但陈敬学（2004）认为不存在显著证据证明 MP 假说以及 ES 假说，贺春临（2004）也得出了类似的结论。上述研究使用的均是 2000 年以前的数据，鉴于银行业的市场结构出现了新的变化，徐忠等（2009）利用 2001—2004 年的调研数据对金融机构的绩效和市场结构的关系重新进行了更为深入的分析。研究发现效率依然是影响金融机构绩效的重要因素，同时也存在一定的证据支持 RMP 假说。然而却鲜有研究分析县域农村中小金融机构的绩效，仅有的几篇文献（黄惠春等，2010；黄惠春、杨军，2011）也都是单独分析农村信用社，而未涉及其他类型的农村中小金融机构。

据银监会公布的数据，截至 2012 年末，浙江银行业金融机构小微企业贷款（含个人经营性贷款）余额 22014 亿元，涉农贷款余额 25011 亿元，均居全国第一。这表明浙江省县域农村金融发展与改革走在了全国的前列，形成了较为完善的农村金融体系，特别是支农支小贷款。截至 2012 年底，浙江省（不含宁波地区）共有农村商业银行 6 家、农村合作银行 35 家、农信社 31 家、村镇银行 39 家、小额贷款公司 210 家。浙江省作为中国民营经济最为发达的省份之一，也是较早实行新型金融机构试点的省份，其农村金融市场的发展与现状对于研究中国农村金融市场具有很好的代表性。本书将以浙江省的数据为依托，从市场结构—效率—绩效之间关系的角度，对县域农村中小金融机构的绩效进行分析。

"效率结构"（ES）理论强调效率是决定金融机构绩效的主要原因，金融机构效率较高，往往意味着较高的管理水平，从而以较低的成本获得较高的利润，拥有较高的盈利能力。另外，具有较高效率的金融机构利用其出色的盈利能力，可以扩张已有的市场份额，导致市场集中度与市场份

---

① 《关于调整放宽农村地区银行业金融机构准入政策　更好支持社会主义新农村建设的若干意见》，中国银行业监督管理委员会。

额的进一步提高。于是，效率与绩效、集中度或市场份额之间存在正相关关系。

遵循伯杰（1995）、戈德伯格和瑞（1996）的分析方法，可以构建如下的分析模型以讨论浙江省农村中小金融机构的市场结构—效率—绩效之间的关系：

$$P_{it} = f(CR_t, MS_{it}, XE_{it}, Z_{it}) + \varepsilon_{it} \qquad (7.5)$$

其中，P_{it}为金融机构i在t时期的经营绩效或盈利能力，CR_t衡量的是t时期市场集中度水平，MS_{it}代表金融机构i在t时期市场份额，XE_{it}为金融机构i在t时期的X-效率水平，Z_{it}为其他诸如经济发展水平、风险管理等控制变量，ε_{it}为随机误差量。

依据"结构—行为—绩效"（SCP）假说，市场集中度水平是影响金融机构绩效的主要因素：在集中度较高的市场中，大金融机构通过合谋制定有利的价格水平以获得高额利润，市场集中度和机构绩效之间呈现正相关关系。因此，如果$\partial P/\partial CR > 0$且显著，那么SCP假说成立。"相对—市场—力量"（RMP）假说认为具有较高市场份额的金融机构会得到控制市场的力量，市场份额较高的金融机构在应对外部经济环境变化方面具有很好的适应性，并且相对能够更容易获得稀缺资源，所以决定金融机构绩效的主要因素是金融机构的市场份额。因此，如果$\partial P/\partial MS > 0$且显著，那么RMP假说成立。

基于传统的"市场力量"假说，伯杰和汉南（1998）提出了"安逸生活"（Quiet Life，QL）假说。"安逸生活"假说认为，一些已经拥有高市场份额的大金融机构倾向于利用已有的市场力量来获得或维持其市场势力，然后通过价格的制定来增加收益；然而对于这种维持并利用自身市场势力获取支配力的方式会削弱金融机构对自身的效率的关注，使得其效率水平低下。所以市场结构与效率之间存在负相关关系，而非效率结构假说所认为的正相关关系。因对于"安逸生活"假说的检验，需在$\partial P/\partial CR > 0$或$\partial P/\partial MS > 0$成立前提下，继续检验回归方程

$$XE_{it} = h(CR_t, MS_{it}, Z_{it}) + \epsilon_{it} \qquad (7.6)$$

中$\partial XE/\partial CR < 0, \partial XE/\partial MS < 0$是否显著。

对于"效率结构"（ES）假说的判断，不仅需要依据$\partial P/\partial XE$显著大于0是否成立，还需要判断金融机构效率是否影响市场结构。具体地，构建方程：

$$MS_{it} = g_1(XE_{it}, Z_{it}) + u_{it} \qquad (7.7)$$

$$CR_t = g_2(XE_{it}, Z_{it}) + v_{it} \qquad (7.8)$$

这两个附加条件用以说明金融机构效率与市场结构之间的关系。如果 $\partial P/\partial XE > 0$ 且显著，且 $\partial MS/\partial XE$、$\partial CR/\partial XE$ 均显著大于 0，那么"效率结构"（ES）假说成立，这意味着效率更高的金融机构会获取更高的收益，同时，高效率会导致更大的市场份额与更高的市场集中度（傅昌銮、朱西湖，2015）。

二　模型变量设定

在相关研究中，资产收益率（ROA）、净资产收益率（ROE）、净利差（NIM）、非利息收益率（NIR）均可以被用于衡量金融机构的经营绩效；其中，ROA 和 ROE 是较为常用的绩效指标。由于所获得的浙江省农村中小金融机构的数据中小额贷款公司的净资产数据缺失，因此本节中不将 ROE 作为金融机构绩效的衡量指标。净利差是利息收入减去利息支出后的差值与总资产之比，衡量的是金融机构的定价能力。但小额贷款公司作为"只贷不存"的金融机构，并没有净利差这一指标，因此也不能作为衡量绩效的指标。对于我国金融机构，特别是农村中小金融机构，存贷款业务依然是主营业务，因此衡量金融机构非利息收入的指标非利息收益率也不能很好地测度其绩效水平。综上所述，本节中我们选择 ROA 作为农村中小金融机构绩效的衡量指标。

衡量市场集中度的指标主要有 CRk 和 HHI。现有文献中，由于 CRk 指标未能包括整个市场中机构的规模信息，因此，在相关模型的实证分析中很少使用 CRk 指标，而主要以 HHI 来衡量市场集中度水平；本书中我们也采用农村中小金融机构所在的贷款市场 HHI 指数作为市场集中度的衡量指标。对于市场结构的另一衡量指标，我们选择农村中小金融机构各自在贷款市场中所占的份额（MS）。本书中农村中小金融机构的效率采用 7.2 节所计算的各机构的 X-效率因子（X_EFF）来衡量。

对于其他的内、外部控制变量，首先我们选择控制农村中小金融机构内部风险管理水平的变量。贷款资产比（贷款余额/总资产，LA）指标说明了在财务杠杆作用方面，金融机构的运营及风险情况，贷款比重越高，说明资金被更多地用于经营以获取更多的利润，但可能会导致资金不足的风险。由于资本充足的金融机构可以降低预期破产的成本，预示着较低的负债和融资成本，从而风险低，更有可能获得较高的收益，因此权益资产比（所有者权益/总资产，EA）也被用来衡量金融机构的风险管理水平。贷款损失准备金率（贷款损失准备金/贷款余额，RL）指标通常被用来反映贷款的质量，贷款损失准备率越高表明贷款质量越差；另外，较高的贷款损失准备率意味着杠杆效应的低下，预期收益较低。本书将贷款损失准备率指标也引入模型，衡量金融机构的风险。

贷款总量（Loan）反映了整个贷款市场的发展规模，贷款市场规模越大，意味着金融资源也就越大，规模经济的存在会导致整个市场收益的增加。我们将贷款总量的自然对数 lnLoan 纳入回归模型以控制贷款市场的容量。另外，金融机构的绩效和市场结构还会受到经济结构的影响。由于本书探讨的是农村中小金融机构的绩效，而农村中小金融机构的主要服务对象是"涉农涉小"的企业或个人，因此农村中小金融机构所处地区的第一产业所占比重（PIP）可能对金融机构的绩效水平产生一定的影响。通货膨胀会降低金融机构的实际利息支出（Huybens and Smith，1999），从而影响金融机构的收益，而 GDP 增长率与通货膨胀率之间存在很高的相关性；另外，GDP 增长率作为衡量国民收入增长高低的指标可以反映影响资金供给的因素，因此我们选择县域 GDP 增长率（gGDP）作为宏观经济层面的控制因素。

综上所述，我们可以得到分析浙江省农村中小金融机构经营绩效的具体回归模型，为：

$$ROA = \alpha + \beta_1 HHI + \beta_2 MS + \beta_3 X\_EFF + \beta_4 LA + \beta_5 EA + \beta_6 RL +$$
$$\beta_7 lnLoan + \beta_8 PIP + \beta_9 gGDP + \varepsilon \qquad (7.9)$$

表 7.3 给出了各变量的统计性描述。

表 7.3　模型变量与统计描述

变量名	变量描述	均值	标准差
资产收益率（ROA）	净利润/总资产	4.90	4.75
赫芬达尔指数（HHI）	所在地区贷款市场集中度	0.15	0.05
贷款市场份额（MS）	机构所在地区贷款市场份额	0.04	0.07
效率因子（X_EFF）	机构的 X-效率值	0.52	0.11
贷款资产比（LA）	贷款余额/总资产	85.15	22.80
权益资产比（EA）	所有者权益/总资产	53.35	35.81
贷款损失准备金率（RL）	贷款损失准备金/贷款余额	3.11	5.43
贷款总量（Loan）	机构所在县域贷款总额	526.49	505.06
第一产业比重（PIP）	机构所在县域第一产业比重	6.87	4.15
GDP 增长率（gGDP）	机构所在县域 GDP 增长率	14.74	6.17

数据来源：根据调研数据计算所得。

第四节 实证分析结果与讨论

尽管本章使用的数据是不平衡的面板数据，然而其时间跨度并不长，只有三年；同时，所讨论的农村中小金融机构数目远远大于时间长度。因此，可以认为时间趋势在所考察的样本数据中并不重要。另外，面板数据通常需要处理不可观察的和机构相关的异质性问题，但是各金融机构的效率因子主要也就是考虑机构间不可观察的异质性问题，因此当控制效率因子后，异质性问题不再是主要问题（徐忠等，2009）。于是，我们选用普通的最小二乘回归法估计浙江省农村中小金融机构经营绩效的决定。

一 基本回归结果

为了考察不同类型的农村中小金融机构绩效的决定是否有显著的差异，我们将表征不同类型金融机构的虚拟变量引入回归方程中。分别以 $OType\_rb = 1$、$OType\_nxs = 1$、$OType\_cb = 1$ 代表农村银行、农信社、村镇银行，小额贷款公司作为基本组。同时为了考虑地域因素对农村中小金融机构绩效的影响，还将代表区域的虚拟变量 $Region$ 纳入回归模型中，$Region = 1$ 代表浙东北区域，$Region = 0$ 代表浙西南地区。

表 7.4 给出了对浙江省农村中小金融机构经营绩效回归的基本结果。其中，作为对照，回归方程 1 中不考虑金融机构类型和区域因素，回归方程 2 仅考虑金融机构类型，回归方程 3 仅考虑区域因素；回归方程 4 将金融机构类型和区域因素均纳入回归模型。

表 7.4   对浙江省农村中小金融机构经营绩效回归的基本结果

	回归方程 1	回归方程 2	回归方程 3	回归方程 4
HHI	-3.2438 (2.5843)	-2.4901 (2.2833)	0.8717 (3.6867)	3.6023 (3.2823)
MS	-2.4006 (2.2742)	-0.4791 (1.0773)	-2.6680 (2.2767)	-0.8295 (1.1061)
X_EFF	-0.2626 (3.8832)	2.7766 (2.7953)	-0.2117 (3.8989)	2.8847 (2.8092)
LA	0.0370 (0.0308)	-0.0133 (0.0261)	0.0376 (0.0310)	-0.0132 (0.0262)
EA	0.0475 *** (0.0115)	-0.0649 *** (0.0178)	0.0471 *** (0.0116)	-0.0667 *** (0.0178)

续表

	回归方程 1	回归方程 2	回归方程 3	回归方程 4
RL	−0.0500 * (0.0278)	−0.0613 * (0.0329)	−0.0481 * (0.0272)	−0.0586 * (0.0319)
lnLoan	0.5708 ** (0.2232)	0.4145 * (0.2238)	0.6218 *** (0.2293)	0.4873 ** (0.2302)
PIP	0.0498 (0.0575)	0.0903 (0.0598)	0.0510 (0.0574)	0.0926 (0.0600)
gGDP	0.0408 ** (0.0194)	0.0734 *** (0.0216)	0.0431 ** (0.0196)	0.0771 *** (0.0219)
OType_rb		−10.4477 *** (1.7942)		−10.5726 *** (1.7900)
OType_nxs		−10.6163 *** (1.8796)		−10.7506 *** (1.8751)
OType_cb		−10.4982 *** (1.8796)		−10.6155 *** (1.5777)
Region			−0.5999 (0.3963)	−0.8873 ** (0.3665)
_cons	−4.1530 (1.6395)	8.7696 *** (2.9369)	−4.8732 *** (1.7567)	7.8631 *** (2.9893)
R−squared	0.3839	0.5023	0.3858	0.5064

注：*** 、** 、* 分别表示 1%、5%、10%水平下显著；括号内为标准差。

　　根据回归结果，我们发现无论是刻画市场结构的变量 HHI 与 MS，还是金融机构的效率变量 X_EFF 均不显著，并且随着类型虚拟变量和区域虚拟变量的加入，其系数符号也发生了改变。另外，由回归方程 4 的结果发现，金融机构类型虚拟变量以及区域虚拟变量非常显著，各类金融机构的经营绩效之间的差异大部分被类型虚拟变量和区域虚拟变量解释。上述两个方面的结果暗示我们不同类型、不同区域的农村中小金融机构经营绩效的决定具有显著的差异性。为了解它们之间具体差异表现在哪些方面，需要进一步分析。这也就是本节的分类型回归结果所需要做的内容。

　　对于浙江省农村中小金融机构整体而言，影响其经营绩效的主要因素是自身内部的风险管理水平以及贷款市场的规模与当地县域经济的增长率。其中，权益资产比（EA）与绩效水平（ROA）呈负相关关系，可能的解释是农村中小金融机构在寻求扩张的过程中，资本补充过多，权益资产扩张过快；贷款损失准备金比率（RL）与 ROA 的负向影响，说明金融机构的贷款损失准备金比率指标越高，则越削弱其绩效，这是因为高贷款损失准备金比率意味着该机构贷款质量的低下，这对金融机构的绩效具有负向冲击；市场贷款总额（Loan）对金融机构的作用为正向，说明贷款市场的扩大会导致机构绩效的提高；同样，良好的经济增长水平也能促进机构绩效的提高。贷款资产比（LA）与第一产业比重（PIP）均未能对资产回报率产生显著的影响。

二 分类型回归结果

我们将农村中小金融机构分为农村银行、农信社、村镇银行与小额贷款公司四类，表 7.5 分别给出了它们各自经营绩效决定模型的回归结果。

表 7.5　　　　　　　分类型农村中小金融机构经营绩效回归结果

	农村银行	农信社	村镇银行	小额贷款公司
HHI	1.6462 **	−1.1268	0.7123	7.6783
	(0.8115)	(1.0122)	(3.7480)	(5.6018)
MS	0.4804	−0.6379	2.0543	72.0550 **
	(0.4205)	(0.7052)	(8.5230)	(36.5914)
X_EFF	1.6292 ***	1.8702 ***	1.4870	4.5909
	(0.3721)	(0.5194)	(1.3922)	(3.8168)
LA	0.0392 ***	0.0137	0.0246	−0.0211
	(0.0103)	(0.0148)	(0.0174)	(0.0272)
EA	0.1032 ***	0.1519 ***	−0.0577 ***	−0.0814 ***
	(0.0236)	(0.0240)	(0.0128)	(0.0192)
RL	−0.0361 **	−0.0523 **	0.0874	−0.0558 *
	(0.0174)	(0.0242)	(0.0826)	(0.0329)
$lnLoan$	0.0017	0.1011 *	0.7659 ***	0.4257
	(0.0557)	(0.0520)	(0.2866)	(0.3921)
PIP	0.0131	−0.0015	0.1142 **	0.0586
	(0.0180)	(0.0089)	(0.0501)	(0.1082)
$gGDP$	−0.0082 *	0.0010	0.0125	0.1596 ***
	(0.0045)	(0.0054)	(0.0191)	(0.0368)
$Region$	0.1319 *	0.0800	0.4070	−1.5459 **
	(0.0764)	(0.1302)	(0.3633)	(0.6098)
$\_cons$	−0.6501	0.2564	−5.9925 ***	7.8128 **
	(0.7266)	(0.9837)	(1.9905)	(3.6181)
观测值	121	95	82	447
$R\text{-}squared$	0.4901	0.5039	0.5560	0.1326

注：***、**、*分别表示 1%、5%、10%水平下显著；括号内为标准差。

如前文所述，四类不同的农村中小金融机构经营绩效的决定具有明显的差异性，四类机构的绩效决定因素各不相同且有各自的特点。对于农村银行，X-效率（X_EFF）以及市场集中度（HHI）对其经营绩效（ROA）

均有显著的促进的正向作用，但市场份额（*MS*）的影响并不明显。农村银行内部的风险管理水平对银行的绩效水平作用明显，具体地，较高的贷款资产比（*LA*）能促进银行绩效的提高；权益资产比（*EA*）对农村银行的绩效也有显著的促进作用；贷款损失准备金率（*RL*）与绩效 *ROA* 则呈负相关关系。这三个风险管理指标的符号说明对于农村银行，良好的风险管理水平是高绩效水平的保证。当地县域经济的高增长率并不是绩效的一个好表征，尽管高经济增长率通常意味着较多的投资机会，但过快的经济增长，会由于投资机会质量的下降而导致资产回报率的下降。区域虚拟变量 Region 显著大于 0 表明浙东北地区的农村银行绩效水平明显高于浙西南地区。

不同于农村银行，市场集中度并不是影响农信社的主要指标，但农信社的 X-效率、市场份额对绩效的影响方向与农村银行是一致的：较高的X-效率水平也意味着良好的经营绩效，市场份额的影响力却并不明显。农信社内部风险管理水平对其绩效的影响主要表现在权益资产比（*EA*）与贷款损失准备金率（*RL*）上，两者对农信社绩效的作用方向与农村银行一致；而贷款资本比（*LA*）的影响并不明显。另外，所在县域贷款市场的规模（Loan）对农信社的绩效水平有着显著的影响，贷款总量越大，绩效水平越高，这表明农村贷款市场的扩张对于农信社来说是利好的。由于农信社指的是原农村信用合作社改革过程中发展水平较低地区的效率较低的农信社机构，因此区域虚拟变量（*Region*）并不显著。外部经济结构以及经济增长率对农信社也均没有明显的影响。

村镇银行作为新型农村金融机构，仍处于发展的初期阶段，其经营绩效的决定还没有达到均衡的状态，这表现在无论是衡量市场结构的市场集中度指标（*HHI*）与市场份额指标（*MS*），还是测度自身经营水平的效率指标 *X_EFF*，均不能显著地影响村镇银行的经营绩效；衡量村镇银行风险管理水平的指标 *LA* 与 *RL* 对村镇银行经营绩效也缺乏解释力。另外，由于村镇银行资金来源不足，导致其对权益资产投入过多，使得权益资产比（*EA*）与绩效呈现负相关关系。但另一方面，作为新型农村金融机构，农村贷款市场的扩张可以促进村镇银行经营绩效水平的提高，说明村镇银行在农村贷款的增加中扮演了重要的角色。村镇银行主要针对农户发放小额贷款的业务方向，也使得其绩效水平与当地第一产业比重（*PIP*）具有显著的正向关系。然而，是否处于浙东北区域与当地经济增长率对村镇银行影响不明显。

小额贷款公司经营绩效的主要影响因素有市场份额（*MS*）、权益资产比（*EA*）、贷款损失准备金率（*RL*）、当地经济增长率（*gGDP*）以及区域变量（*Region*）。在农村贷款市场中，具有较高市场份额的小额贷款公司的绩效水平也较高。与村镇银行一样，小额贷款公司的权益资产比与绩效呈反向关系，这与小额贷款公司的经营模式是相一致的——"只贷不存"必然使得小额贷款公司只能通过增加权益资产来增加可贷资金。贷款损失准备金率作为衡量贷款质量的指标，高贷款损失准备金率意味着低质量的贷款，从而导致较低的绩效水平。高经济增长率对于小额贷款公司而言，意味着更多的投资机会，能带来更多的收益。区域变量（*Region*）的系数显著为负，说明浙西南地区的小额贷款公司较浙东北地区更具有经营绩效水平。

四类不同的农村中小金融机构绩效决定模式的差异也意味着它们"市场—效率—绩效"之间的关系存在不同。对于各类金融机构，其"市场—效率—绩效"之间的关系是"结构—行为—绩效"（SCP）假说、"相对市场力量"（RMP）假说，还是"效率结构"（ES）假说，抑或是"安逸生活"（QL）假说？我们需要做进一步的实证检验。

三　对各类假说的检验

为了具体确定各类农村中小金融机构"市场—效率—绩效"之间的关系，我们将依照各类假说的条件对金融机构的 X-效率与市场集中度、市场份额的关系进行相关的检验。

由上一节的回归结果，可以初步判断各类金融机构可能满足的假说。由于市场集中度指标（*HHI*）对农村银行的绩效有显著影响，因此"结构—行为—绩效"（SCP）假说对于农村银行来说是成立的；而市场份额（*MS*）与小额贷款公司的经营绩效之间呈显著正向关系，而这是"相对市场力量"（RMP）假说成立满足的条件；金融机构的 X-效率（X_EFF）对农村银行与农信社的绩效均有明显的促进作用，所以"效率结构"（ES）假说可能成立。进一步地，满足"市场力量"（MP）假说的农村银行与小额贷款公司，是否符合"安逸生活"（QL）假说？这同样需要更精确的实证检验。而对于村镇银行，尽管并不符合以上假说的前提条件，但仍需检验其"市场—效率—绩效"之间是否具有一定的关系。

具体的检验结果如表 7.6 所示。为避免繁赘，只给出 *X_EFF*、*HHI*、*MS* 三者之间的关系；其他控制变量均省略。

表 7.6 对各类假说的检验

	需检验的假说	X_EFF	HHI	MS
农村银行	QL 假说检验	被解释变量	−0.2685*	0.0626
			(0.1622)	(0.0817)
	ES 假说检验	−0.0690	被解释变量	—
		(0.0474)		
		0.0190	—	被解释变量
		(0.1111)		
农信社	ES 假说检验	0.0791*	被解释变量	—
		(0.0491)		
		0.0023*	—	被解释变量
		(0.0014)		
村镇银行	QL 假说检验	被解释变量	0.1089	−0.8301
			(0.4034)	(0.9273)
	ES 假说检验	0.0113	被解释变量	—
		(0.0441)		
		−0.0095	—	被解释变量
		(0.0118)		
小额贷款公司	QL 假说检验	被解释变量	−0.2971	0.2801
			(0.2387)	(0.8886)

注：***、**、*分别表示1%、5%、10%水平下显著；括号内为标准差。

由检验结果可以发现：①农村银行的"市场—效率—绩效"之间的关系不能通过 ES 假说的检验，但部分符合 QL 假说，因此我们认为农村银行绩效的决定因素主要是市场集中度与 X-效率。对于农村银行来说，由于市场势力的存在，市场集中度影响市场绩效，具有较高效率的企业的盈利能力较高，但市场份额对绩效的影响并不明显。另外，农村银行会依赖于其所拥有的市场支配力，而忽视机构的效率，这主要体现在 HHI 与 X_EFF 之间的负相关关系。②农信社的"市场—效率—绩效"之间的关系则符合 ES 假说，即农信社的绩效的提升主要是由于其效率的提高，而效率的提高会促使市场集中度的提升以及市场占有份额的增加。③村镇银行的"市场—效率—绩效"之间并没有具体的关系可循，三者两两之间的相关性均不显著。这可能意味着村镇银行的发展仍然处于不稳定的非均衡状态。④小额贷款公司的"市场—效率—绩效"之间的关系并没有通过 QL 假说的检验，这表明影响小额贷款公司绩效的主要因素只是其拥有的市场份额，属于典型的"相对市场力量"假说。占据较大市场份额的小额贷款公司能获得市场支配力而得到较高的利润。

第五节　本章小结

衡量金融机构绩效是农村金融产业组织理论研究的主要问题之一。本章主要是从金融机构的营利性出发分析和评价浙江省农村中小金融机构的经营绩效。

本章首先利用自由分布法（DFA）对浙江省农村中小金融机构（包括农村银行、农信社、村镇银行和小额贷款公司）的 X-效率进行了测度。四类金融机构中，小额贷款公司的平均 X-效率最高，其次是农村银行和村镇银行，农信社的平均效率最低。对此的可能解释是：由于小额贷款公司只从事贷款业务，而本书所考察的就是贷款业务方面的效率，而经营存款的业务并没有被考虑在内，这弱化了其他三类金融机构的经营效率，因此小额贷款公司的经营效率是最高的；而农信社则由于本身为原本效率不高的农村信用合作社，其经营效率最低；村镇银行尚处于起步发展阶段，还没有形成较强的竞争力，效率较之农村银行要低。而对浙东北与浙西南分区域的考察表明：效率因子的分布基本上满足经济较发达地区的农村中小金融机构效率比较高的估计。整体上，浙东北的平均效率水平高于浙西南地区。另外，浙东北地区的农村中小金融机构发展较平稳，经营效率波动水平小于浙西南地区。

对浙江省农村中小金融机构经营绩效决定的实证分析结果表明，不同类型、不同区域的农村中小金融机构经营绩效的决定具有显著的差异性。①对于农村银行而言，其市场—效率—绩效之间的关系偏向于"安逸生活"假说，X-效率以及市场集中度对其经营绩效均有显著的促进的正向作用，但市场份额影响并不明显；农村银行内部的风险管理水平对其绩效水平作用明显，良好的风险管理水平是高绩效水平的保证；当地县域经济的高增长率并不能促使农村银行绩效提升；另外，浙东北地区的农村银行绩效水平明显高于浙西南地区。②农信社绩效的提升主要是由于其效率的提高，而效率的提高会促使市场集中度的提升以及市场占有份额的增加，即其市场—效率—绩效之间的关系符合"效率结构"假说；农信社内部的风险管理水平对其绩效水平作用更多的是体现在权益资产比与贷款损失准备金率上；县域贷款市场的规模（Loan）对绩效水平的显著影响，表明农村贷款市场的扩张对于农信社来说是利好的。③村镇银行作为新型农村金融机构，由于仍处于发展的初期阶段，其经营绩效的决定还处于非稳定的状态，其市场—效率—绩效之间并没有具体的关系可循；农村贷款市场的扩张可以促进村镇银行经营绩效水平的提高，说明村镇银行在农村贷款的增加中扮演了重要的角色；而村镇银行主要面向农户发放小额贷款的业务方向，也使得其绩效水平与当地第一产业比重具有显著的正向关系。④小额贷款公司的市场—效率—绩效之间的关系属于典型的"相对市场力量"假说，影响小额贷款公司绩效的主要因素是其拥有的市场份额，占据较大市场份额的小额贷款公司能获得市场势力而得到较高的利润；小额贷款公司"只贷不存"的经营模式导致权益资产比与绩效呈反向关系；浙西南地区的小额贷款公司较浙东北更具有绩效。

　　本章通过对2010—2012年浙江省农村中小金融机构的调研数据分析，发现不同类型的农村中小金融机构经营绩效的决定具有显著的差异性。农村银行的X-效率以及市场集中度对其经营绩效均有显著的促进的正向作用，但市场份额影响并不明显；然而过高的市场集中度会降低农村银行的效率，即在农村银行中存在一定的"安逸生活"假说现象。农信社绩效的提升则主要是由于其效率的提高，同时效率的提高会促使市场集中度的提升以及市场占有份额的增加，"效率结构"假说在农信社中得到很好的验证。村镇银行作为新型农村金融机构，由于仍处于发展的初期阶段，其经营绩效的决定还处于非稳定的状态，其市场—效率—绩效之间并没有具体的关系可循。另外，小额贷款公司的市场—效率—绩效之间的关系属于典型的"相对市场力量"假说，影响小额贷款公司绩效的主要因素是其拥有的市场份额，占据较大市场份额的小额贷款公司能获得市场势力而得到较高的利润。

　　本章的研究结果也为促进县域中小金融机构的发展提供了一定的政策启示。其中最主要的是将四种类型的农村中小金融机构分开来对待。从研究结果来看，农村银行由于是从资质最优的农信社改制而来，在当地信贷市场本身就已经具有非常好的市场地位，这导致其过多地依赖已有的市场势力而忽视自身经营效率的提高。因此，加强农村信贷市场中民间资本的引入，提升市场竞争程度不仅有利于新型金融机构的发展，同时也将减弱农村银行因贪图安逸而损失经营绩效，有益于传统农村金融机构的再提高。此外，应更多地鼓励社会资本进入村镇银行与小额贷款公司，这可以提高这些金融机构的权益资产比，为经营绩效的提升奠定资本基础；扶持村镇银行、小额贷款公司，亦将加强农村金融市场的竞争程度，促进农村信贷市场的良好发展。同时，鉴于农村地区经济和金融发展水平存在较大差异，需要因地制宜地制定区域性的金融扶持政策。例如，在经济较发达的地区，传统农村金融机构发展较好，新型农村金融机构难以有所作为；而经济欠发达地区则相反，信贷市场空间较大。因此，降低经济欠发达地区的市场门槛，增加农村信贷市场的金融服务数量；提高经济发达地区的市场门槛，提升农村信贷市场的质量，将更加有的放矢。总之，无论是从农村中小金融机构类别，还是县域经济发展程度出发；均需根据各自的特点，制定相应的扶持措施，而非采取"一刀切"式的无差异政策。

农村中小金融机构除了注重自身的经营绩效以外，因为其最主要的职能是"支农支小"，因此，我们必须对其社会绩效进行重点研究。这正是下一章要通过实证研究的重点内容。

第八章 农村中小金融机构社会绩效分析

第一节 引言

对于传统的投入—产出模式下的企业，经营绩效即为企业的经济效益。然而企业作为社会成员中的一分子，必然不能完全脱离社会而存在，而必须承担相应的社会责任；这就涉及对企业社会绩效（Corporate Social Performance）的评价。作为一种以扶贫减困为社会使命的信贷创新，小微型金融机构的社会绩效被定义为将小微型金融机构社会使命向实际行动、正确的措施和结果转化的过程（张正平、何广文、梁毅菲，2012）。对于农村中小金融机构而言，其扶贫减困的社会使命更多的是体现在它们的"支农支小"经营特性上。因此，在本章中，我们将从涉农信贷分析农村中小金融机构的社会绩效。

另外，作为社会资金的主要配置者，金融机构对经济的影响面非常大。自"金融功能观"被提出以来，对于金融系统的基本功能，现有的研究认为主要体现在配置资源、资金动员和分散风险三个方面［莱文（Levine），1997；林毅夫，2003］。本西文加和史密斯（Bencivenga and Smith，1991）、金和莱文（King and Levine，1993a）、莱文（1997）、莱文和泽尔沃（Levine and Zervos，1998）、贝克等（2000）等的研究表明"一个好的金融体系可以减少信息以及交易成本，有利于储蓄率的增加以及储蓄向投资的有效转化，从而推动资本积累、技术进步以及经济的长期增长"（潘文卿、张伟，2003）。作为农村范围内资金融通和交易的场所，县域农村金融市场的健康发展也就体现在其金融功能的实现上。根据利益相关者理论，企业的社会绩效包括经济绩效，即对经济产生的影响；因此，从功能视角来说，金融机构对经济增长的促进作用也是其社会绩效的一个体现。

综述所述，在本章中，我们将从经济增长以及涉农信贷两个方面探讨农村中小金融机构的社会绩效。[①]

第二节　农村金融结构与经济增长

一　文献回顾与理论假说

1. 文献回顾

关于金融发展与经济增长之间的关系历来是金融发展理论所关注的热点问题，最早可以追溯至戈德史密斯（Goldsmith，1969），他认为金融结构及其发展对经济增长的影响是金融领域的一个重要问题。此后，学术界对金融结构与经济增长之间的关系进行了大量的研究。已有研究（Demirgü-Kunt et al.，1999）发现，一个经济体的人均收入水平越高，金融体系的发展水平也越高。对于金融体系与经济增长之间的这一关系，现有文献主要从 3 个角度加以分析探讨，包括：市场主导型或银行主导型、银行业结构以及最优金融结构理论。

市场主导型的观点强调了银行的缺点对经济增长的负面影响，如银行机构天生的谨慎倾向性不利于企业的创新，降低了企业获得高回报的能力（拉詹，1992）。因此，股票市场更能发挥推动经济的发展的作用［马克西莫维奇（Maksimovic）等，2000］。银行主导型的观点则强调了银行在资源配置、市场监督等方面优于金融市场。即便是在法律体系与会计制度欠缺的情况下，银行也可以依靠自身对企业的监督而促进经济发展（拉詹等，1998）；并且银行在为企业提供长期而有保障的资金方面也比金融市场更可信。然而，相关的实证研究（贝克等，2002；Demirgü-Kunt 等，2002）并不支持上述观点，而是认为良好的法律体系利于金融体系发挥功能，金融体系的整体功能才是促进经济增长的更重要的因素。

关于银行业结构对经济的影响，大量的实证研究（金等，1993；贝克等，2004）发现，银行业的发展对于经济增长有着显著的促进作用。现有文献大多从银行业的市场结构角度探讨银行业的发展与经济增长之间的关系，但已有研究并没有得到一致的结论。彼得森等（Petersen et al.，1995）认为垄断性较高的银行在信息收集、市场监督方面具有更强的激

---

① 本部分是在笔者博士学位论文及发表文章等基础上扩展而成。

励作用，并且能够与企业达成长期的关系，促进投资项目的信贷可获得性提高；而基于传统的产业组织理论的研究则认为其更容易导致信贷配给，会对经济产生消极影响，较低的银行业集中度将更有利于经济增长［切托雷利（Cetorelli）等，2006］。

上述两个方面的文献从不同角度探讨了金融结构对经济增长的影响，或者说都是从不同金融制度安排分析了两者之间的关系。然而，对于金融结构是否能促进经济增长均没有得到一致的结论。林毅夫等（2008、2009），则另辟蹊径，提出"最优金融结构理论"，从金融体系与实体经济是否相匹配的角度分析了银行业发展对经济增长的影响。林毅夫等认为，一个经济体在发展的不同阶段具有不一样的要素禀赋结构与要素价格，进而决定了最适合的产业结构。只有当金融结构符合经济发展所需要，才能最有效地发挥金融体系对经济增长的促进作用。具体而言，"对现代的发展中国家，其最优的银行业结构应当把区域性的中小银行作为主体；而在现代的发达经济中，大银行以及金融市场应当在金融体系中发挥主导作用"。

对于农村的金融发展与经济增长之间的关系，姚耀军（2004）对中国农村1978—2002年数据的研究表明，农村金融与农村经济增长存在长期均衡关系，并且农村金融发展状况影响农村经济增长；冉光和等（2008）利用1981—2005年山东省的数据也得出了相近的结论。刘洁（2008）认为农村金融发展对农村经济并没有显著的促进作用；相反，农村经济的增长才是农村信贷规模扩张的原因。邓莉等（2005）与曹协合（2008）的研究进一步细分了农业贷款与乡镇企业贷款与农村经济增长之间的关系。其研究表明，乡镇企业贷款能够促进农村经济的发展，但农业贷款的作用不明显。

从现有文献来看，尽管针对农村金融发展与农村经济增长之间关系的研究从不同模型、变量对此进行了分析探究，但却没有从农村金融结构的角度加以考察。本书将基于林毅夫等提出的"最优金融结构理论"，以浙江省的数据为依托，对农村金融结构与经济增长之间的关系进行分析。

2. 理论假说

对于不同经济发展阶段的经济体而言，要素禀赋结构的差异决定了产业结构的不同。对于不同的产业而言，其市场信息必然具有明显的差异，导致所面临的金融需求与金融风险也大不相同。因此，对于金融服务的需求，不同发展阶段的经济是不同的。对于处于中低收入水平的经济体，林毅夫（2002）认为劳动密集型产业具有比较优势，而劳动密集型企业通常规模较小。相对于大企业来说，中小企业具有信息不透明、融资规模较小的特质，这使得其所在区域的小银行在为其提供金融服务方面具有优势。这就是通常所说的"小银行优势"。

中小银行之所以在向中小企业提供贷款服务中具有"小银行优势"主要体现在，小银行为中小企业提供融资服务时信息成本较之大银行要低。通常银行需要根据企业的财务报表、信用记录以及可抵押的资产状况等来决策是否对企业发放贷款。而中小企业由于存在时间短、受到财务约束等原因，常常不具有完整的、规范审计过的财务报表，以及可抵押资产不足。因此，在对中小企业贷款与否的决策中，银行所依据的更多的是企业所有者的个人特质等主观信息（例如，管理能力、道德品质等）。对于小银行来说，其内部的决策管理阶层与客户直接的信息链条短，这使得管理层能很好地利用企业所有者个人特质等主观信息做出决策；而大银行相对地信息链条较长，很难利用非客观信息来做决策。另外，小银行为中小企业提供融资服务时，发放贷款的审批环节少、审批链条短，这使得单位资金的交易成本相对较低。上述两个方面的原因使得大银行在为中小企业提供金融服务时处于相对劣势地位。

就县域农村经济而言，资本稀缺，相对地劳动丰裕，劳动密集型中小企业构成了县域农村经济的主体。浙江县域经济目前的产业分布也集中于传统的劳动密集型产业（袁涌波，2013）。2011 年浙江省规模以上小企业数为 28698 家，占全省规模以上企业数的 83.56%；规模以下企业数更是达到 85.71 万家[①]。因此，根据林毅夫等提出的"最优金融结构理论"，较为适合农村经济的金融结构应当以区域性的中小金融机构为主体。另外，据此，我们可以提出本书所要检验的假说。

假说：对于县域农村经济，农村中小金融机构在所有金融机构中所占份额的上升，将促进县域经济的增长。

二 模型设定与数据说明

借鉴林毅夫、孙希芳（2008），我们把金融机构变量纳入传统的经济增长分析模型，以考察农村中小金融机构份额对县域经济增长的影响，具体计量模型为：

$$g = f(BS, Z) + \varepsilon \tag{8.1}$$

其中，被解释变量 g 度量的是县域经济的增长；BS 表示县域经济的

金融结构；Z 为控制变量，包括影响经济增长绩效的其他变量；ε 为误差项。

具体地，在数据中用各县域的 GDP 增长率 g_gdp 来表示经济的增长；选择农村中小金融机构贷款占县域总贷款余额的比重 sf_loan 衡量县域金融结构；控制变量初步包括：使用县域总贷款余额与 GDP 的比例 loan_gdp 刻画金融深化程度；内资企业工业总产值占工业总产值的比重 iie_gip，衡量所有制结构对经济增长的影响；外商直接投资与 GDP 比重 fdi_gdp，表征外资对经济的影响；出口总额占 GDP 比 ex_gdp，衡量对外贸易的促进作用；劳动力增长率 g_labor，刻画劳动力对经济发展的提升作用；固定资本形成总额占 GDP 比重 fa_gdp，衡量的是资本对经济增长的影响；财政支出与 GDP 比 fexp_gdp，表征政府支出对经济的影响；以及教育支出占 GDP 的比重 edu_gdp，说明的是人力资本对经济增长的影响。在后文中，我们依据回归结果将考虑其他可能的控制变量。

因此，本书中具体的实证分析模型被设定为：

$$g\_gdp_{ti} = \beta BS_{ti} + \Phi^t Z_{ti} + \gamma_i + \mu_{ti} \tag{8.2}$$

其中，下标 t 和 i 分别表征时间和地区；γ_i 用于地区的个体效应；μ_{ti} 为随机扰动项；Φ 为控制变量向量 Z 的系数向量。本书最为关注的是县域经济金融结构 BS 的系数 β。如果 $\beta>0$，则说明金融结构对县域经济具有显著的促进作用，这就意味着前文所提出的假说成立。

2008 年是浙江省新型农村金融机构开始试点的元年，因此本节使用浙江省（不包含宁波地区）2008—2011 年各县域的相关数据对县域农村金融结构与经济增长之间的关系进行探讨。为了避免与县域经济发展差异较大的市区数据对回归估计的影响，剔除了各市区的数据。其中，新型农村金融机构的有关数据来自对浙江省银监局的调研，其他数据来自浙江省历年统计年鉴。表 8.1 给出了各变量的描述性统计结果。

表 8.1　　　　　　　　　各变量描述性统计

Variable	Mean	Std. Dev.	Min	Max	Obs
g_gdp	14.6498	6.1788	−3.75	26.67	212
sf_loan	24.8027	7.1611	10.46	51.72	212
loan_gdp	95.3676	25.6670	39.19	175.92	212
iie_gip	86.6413	11.6833	44.70	100.00	212
fdi_gdp	1.6307	1.8713	0.00	10.52	212
ex_gdp	27.1534	19.5639	0.00	110.02	212

续表

Variable	Mean	Std. Dev.	Min	Max	Obs
g_labor	−0.2644	7.2523	−35.88	22.15	212
fa_gdp	49.6674	21.2514	19.90	180.03	212
fexp_gdp	13.3118	8.2672	5.59	52.18	212
edu_gdp	2.95076	1.4648	1.01	8.62	212

数据来源：根据调研数据整理所得，浙江省历年统计年鉴。

三　估计结果讨论与分析

1. 估计结果

由于本书使用的数据时间跨度只有 4 年，时间维度远小于截面维度（53 个县域），属于典型的"短面板"[①]数据。图 8.1 给出的是县域农村经济 GDP 的增长率与农村金融结构之间的关系，表明金融结构指标越大，即中小金融机构所占贷款市场份额越高，县域农村的经济增长也就越快；两者之间存在着正相关关系，相关系数为 0.15。

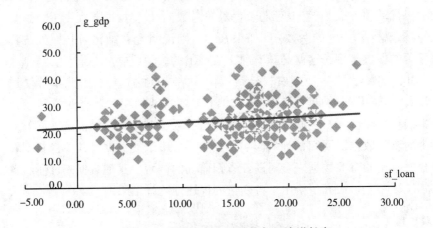

图 8.1　县域农村金融结构与经济增长率

关于回归方法的选择，在固定效应模型中对于个体效应检验的 F 值等于 1.11，p 值为 0.3033，不能拒绝个体效应不存在的原假设，说明固

---

① 相对地将时间维度小于截面维度的面板数据称为"长面板"。对于长面板数据，通常还需讨论扰动项的自相关问题；对于短面板数据，由于时间维度较小而一般直接假设扰动项独立同分布。

定效应模型并不优于混合 OLS 模型；而对随机效应模型与混合 OLS 模型孰优孰劣的 LM 检验中，p 值等于 0.4269，说明随机效应模型也不比混合 OLS 模型更有效。因此，对于回归方法，我们采用混合 OLS 模型。为了检验模型是否稳健，我们依次做如下回归分析：首先，解释变量只包括金融结构指标 sf_loan；其次，将不包括金融深化程度的其他控制变量添加至回归方程；最后，加入金融深化程度指标 loan_gdp。所有估计模型均使用聚类稳健的标准差，以处理可能的异方差问题。回归结果依次分别列在表 8.2 的第 2—4 列。

表 8.2　　　　　　　　　　　　固定效应回归结果

			解释变量：g_gdp		
变量	回归 1	回归 2	回归 3	回归 4	回归 5
sf_loan	0.1282 **	0.1731 **	0.1776 **	0.8065 **	0.1411 **
sf_loan-squared				−0.0112 *	−0.0012
loan_gdp			0.0022	0.0109	0.0016
iie_gip		−0.0045	−0.0039	−0.0139	0.0290
fdi_gdp		−0.3034	−0.3007	−0.4450	0.0829
ex_gdp		0.0481 *	0.0478 *	0.0515 *	0.0016
g_labor		−0.1399 **	−0.1400 **	−0.1434 **	1.2494 ***
g_eff					0.8839 ***
fa_gdp		−0.0042	−0.0040	0.0006	−0.0044
fexp_gdp		−0.0408	−0.0399	−0.0819	−0.0089
edu_gdp		0.0629	0.0440	0.2861	−0.0987
constant	11.4695 ***	10.4585 *	10.1349	1.7779	−3.9082 *
R-squared	0.0221	0.0699	0.0700	0.0851	0.9158
Obs	212	212	212	212	212

注：*、**、***分别表示在10%、5%、1%水平下显著。

　　尽管从 R^2 的值来看，上述解释变量对县域农村经济的增长解释力度低；但在三个回归方程中，sf_loan 的系数均显著为正，这意味着农村中小金融机构的贷款市场份额上升将有利于经济增长。另外，由于大型金融机构资产庞大，可以通过资产配置来减少风险；而中小金融机构的资产较少，限制了它分散风险的能力（林毅夫、李永军，2001）。因此，对于中小金融机构所占份额过高的县域经济体而言，可能面对的是更高的金融风险；过高的金融风险通常会抑制金融行业的发展，进而影响经济的增长。

为了进一步地分析金融机构对经济增长的影响，我们将金融机构指标 sf_ loan 的平方项纳入实证模型，回归结果如表 8.2 第 5 列所示。从回归结果来看，sf_loan 的平方项 sf_loan-squared 的系数显著小于 0，同时 sf_loan 的系数仍然显著为正，说明对于县域经济而言，金融结构对经济增长的影响具有倒"U"形的特征，即在一定范围之内，中小金融机构的市场份额越大，对县域经济的促进作用越大；而一旦超过该范围，中小金融机构的发展反而会抑制经济的增长。

对于其他变量，添加金融结构平方项至回归方程中，并没有改变解释变量的系数符号以及显著性。值得注意的是，回归结果表明劳动增长率的提高并没有促进经济的增长，反而是具有负面影响，对此我们认为是劳动力更多的是通过生产效率的提高来对经济增长施加影响。为此，将生产率水平（=GDP/劳动力数量）的增长率指标 g_eff 纳入实证模型，回归结果置于表 8.2 第 6 列。由估计结果我们发现，随着生产率水平变动指标的加入，模型的 R^2 由不到 0.1 急剧增加至 0.9158，显示了对县域经济增长的非常好的拟合，这也意味着县域经济的增长在很大程度上是依赖于生产效率的提高。对回归 6 的方程与固定效应模型以及随机效应模型重新进行比较发现，后两者仍不优于混合 OLS 模型。因此，我们认为回归 6 的结果具有较好的可信度。

从解释变量的系数来看，金融结构变量 sf_loan 的系数在所有回归方程中均显著大于 0，表明农村中小金融机构的市场份额的增加有助于县域经济的增长，与前文的假说相一致；而其平方项的系数虽然仍小于 0，但不再显著，说明金融结构对经济增长的倒"U"形影响并不明显。生产率的提高对经济增长的影响非常显著，生产效率提高得越快，县域经济的增长越迅速。而随着 g_eff 指标纳入回归方程，劳动力增长对经济增长的影响由负面转变为显著促进作用，这与经济理论以及相关的文献是一致的。其他解释变量的系数并不显著，这可能意味着 FDI、投资以及对外贸易等在县域经济中并没有得到很好的利用，从而未能显著促进经济的增长；或者县域经济的增长模式并不和更宏观的省际或国家层面的增长模式相同。对此，需要后续的更进一步的研究加以分析与解释。

2. 结论与分析

本章使用浙江省 2008—2011 年的县域经济的相关样本数据，利用林毅夫等提出的"最优金融结构"理论，分析了农村金融结构，即中小金融机构的市场份额对县域经济增长的影响。根据"最优金融结构"理论，我们认为以农村中小金融机构为主的金融结构由于具有小银行优势，更适合于向县域经济中的中小企业提供贷款，能够提高资金配置效率，从而更有利于县域经济的增长。回归结果证实了农村中小金融机构市场份额的提高确实会促进县域经济的增长。另外，尽管已有的研究表明金融深化程度在经济发展中扮演着重要的角色，但对于县域经济而言，其作用并不显著（傅昌銮，2014）。本书另一个有趣的发现是，生产效率的提高能够很大程度上解释县域经济的增长，而其他诸如对外出口、FDI、固定投资等促进经济增长的因素，并没有很显著地促进县域经济的增长；这或许意味着县域经济增长模式与更宏观的省际或国家经济增长模式具有较大的差异性。

第三节　小额贷款公司双重目标的权衡

一　文献回顾与理论假说

1. 文献回顾

在农村金融市场上，通常而言，农户、小微企业的收入水平较低，对于贷款的需求也以小微型贷款为主。而过小的贷款额会增加金融机构的放贷成本，因此涉农、涉小贷款的发放很难带来较高的收益，一般商业性金融机构并不愿意提供涉农、涉小贷款。而对于定位于农户与小微企业的小额贷款公司而言，由于对当地农户和企业的信息比较了解，地域性优势使其具有明显的成本优势——无论是拓展市场，还是监督客户均优于其他商业银行；另外，金融机构对于涉农、涉小贷款主要以"关系型贷款"为主（伯杰和乌德尔，1995）。因此，在县域农村金融市场上，包括小额贷款公司在内的农村中小金融机构是涉农、涉小贷款的主要提供者。

对于我国的农村金融市场，随着 2006 年降低农村金融市场准入限制政策①的实施，农村金融改革由"机构"层面转向全面市场化改革。2008年发布的《关于小额贷款公司试点的指导意见》，以及 2010 年"中央一号"文件对大力发展村镇银行等新型农村金融机构的强调，让我国县域农村形成以农村商业银行、农村合作银行、农村信用社、村镇银行、小额贷款公司等机构为主体的中小金融机构体系，并积极支持和引导境内外银

---

① 《关于调整放宽农村地区银行业金融机构准入政策　更好支持社会主义新农村建设的若干意见》（银监发〔2006〕90 号），中国银行业监督管理委员会。

行资本、产业资本和民间资本到农村地区为当地农户以及小微企业提供金融服务。然而，对于小额贷款公司支持"三农"和小微企业发展的能力，现有研究争议颇多，究其原因在于对小额信贷是否能够兼顾覆盖弱势群体与财务可持续双重目标的争论①。事实上，小额信贷自 20 世纪 70 年代由穆罕默德·尤努斯（M. Yunus）创立孟加拉乡村银行以来，虽然成功地在全球范围迅速发展，并为农村低收入者以及小微型企业提供金融服务，但随着商业化逐渐成为小额信贷发展的主流趋势，越来越多的微型金融机构开始向商业银行融资来改善其财务状况，以增强其可持续经营能力。鲁德曼和莫杜什（Roodman and Morduch, 2014）发现对财务可持续性的追求容易导致小额信贷机构将资金大量信贷放给较为富裕的客户，产生"目标偏移"的现象，罗森伯格（Rosenberg, 2010）认为这让小额信贷是否能实现其降低贫困、促进发展、改善不平等的社会目标备受质疑。

对利益的追逐是商业化下企业的天性，这也导致了商业化发展的小额信贷机构目标群体偏移问题的发生不可避免（科帕斯塔克，2007），而不同目标群体之间交易成本的差异，是诱发目标偏移的主要原因［阿姆达里兹和斯扎法兹（Armendáriz and Szafarz），2011；何剑伟，2012］。尽管小额信贷的实际瞄准目标已由低收入户、中等偏下收入户上移到中等收入户和中等偏上收入户，甚至高收入户（刘西川等，2007）。但是，小额信贷仍然为中国的扶贫做出了积极贡献［程恩江、艾哈迈德（Ahmed），2008］，将金融服务对象由原来的富裕农户扩展到比较富裕的农户，并且有效缓解了农户所面临的正规信贷配给问题（程恩江、刘西川，2010）。可以说，正是由于小额信贷在农村金融市场的快速发展，一定程度上满足了农村金融需求，形成了农村金融服务的有效供给。

目前，国内文献关于小额贷款公司双重目标问题的讨论与研究存在不同的观点。徐淑芳等（2013）认为微型金融机构如果追求高的经营可持续性会降低其对贫困人口和低收入群体的覆盖深度，从而导致使命偏移。张正平等（2013）认为机构类型、风险水平还有经营年限等是导致使命偏移的主要因素。唐柳洁（2013）通过调查发现，农村信用社、中国邮政储蓄银行和小额贷款公司的平均贷款规模都较大，富有人群挤出贫困农民的"使命偏移"现象非常普遍。董晓林等（2014）通过对江苏省227家农村小额贷款公司的实证结果证明了小额贷款公司财务可持续目标与支

---

① 关于小额信贷机构双重目标之间的权衡问题，张正平（2011）做了详细的文献梳理工作。

农目标之间存在替代关系。卢亚娟、孟德锋（2012）以小额信贷公司为研究对象，认为民间资本进入农村金融服务业可以达到盈利和支农的双赢；杨虎锋、何广文（2012）亦认为小额贷款公司的业务发展能够惠及农户和小微企业。张丹（2013）通过实例分析认为机构在覆盖深度上有所上移但保持在低水平上，使命偏移情况并未出现。有关小额贷款公司使命偏移现象或者双重目标是否存在共生性方面的相关文献还有很多，结论也不尽相同。但是很多研究由于缺乏对小额贷款公司本身特点尤其是经营效率的刻画，其结论可能是有偏的。金融机构的经营效率是其在业务活动中投入—产出或成本—收益之间关系的一种体现，反映的是金融机构对其资源的有效配置能力。涉农、涉小贷款作为小额贷款公司配置资源的方式，势必受经营效率的影响。本书将基于 2010—2012 年浙江省小额贷款公司的调研数据，从分析小额贷款公司涉农、涉小贷款的角度出发，探讨小额贷款公司财务可持续与社会目标实现之间的权衡问题。

2. 理论假说

资金是否得到有效配置对于经济的发展具有重要的影响，因此，被用以配置资金的金融机构的经营效率会直接影响资金配置的有效性；另外，金融市场的结构又会影响金融机构的效率。因此金融市场结构与资金配置之间具有紧密的关系。通常而言，垄断市场下的金融市场的信贷配给会导致效率的损失。随着 2006 年底农村金融市场准入限制的降低，以及新型农村金融机构进驻农村金融市场，农村金融市场的竞争程度和金融机构的经营效率得到了一定程度的提升（傅昌銮，2016）。农村金融市场竞争的增强，对于涉农贷款将会产生怎样的影响？这是本章讨论的主要问题。

假设农村金融机构的贷款业务包括涉农贷款与企业贷款两部分。对于农村企业贷款，金融机构面临的贷款需求曲线为：

$$r = \delta_e - \beta_e l \tag{8.3}$$

涉农贷款的需求曲线为：

$$r = \delta_a - \beta_a l \tag{8.4}$$

其中，r、l 分别表示贷款利率与贷款额。涉农贷款主要为农业所用，而由于耕种时节的存在，使得农业用款的价格需求弹性小于企业，所以 $\beta_a > \beta_e$。记：

$$\beta_a = \lambda \beta_e, \quad \lambda > 1 \tag{8.5}$$

金融机构能贷给企业或农户的贷款相等，均为金融机构的可贷金额，所以：

$$\frac{\delta_a}{\beta_a} = \frac{\delta_e}{\beta_e}, \quad \delta_a = \lambda \, \delta_e \qquad (8.6)$$

在企业贷款市场中，金融机构的收益为：

$$R = r \cdot l = (\delta_e - \beta_e l) l \qquad (8.7)$$

边际收益为：

$$MR = \delta_e - 2\beta_e l \qquad (8.8)$$

假定金融机构发放贷款的单位成本为 c，由 $MR = MC$ 可得金融机构最优的企业贷款规模为：

$$l_e = \frac{\delta_e - c}{2\beta_e} \qquad (8.9)$$

同样地，可得金融机构最优的涉农贷款规模为：

$$l_a = \frac{\delta_a - c}{2\beta_a} = \frac{\lambda \, \delta_e - c}{2\lambda \, \beta_e} \qquad (8.10)$$

于是金融机构中涉农贷款的比重 ALP 为：

$$ALP = \frac{l_a}{l_a + l_e} = \frac{\lambda\delta_e - c}{2\lambda\delta_e - (\lambda + 1)c} \qquad (8.11)$$

对 ALP 关于 δ_e 求偏导得：

$$\frac{\partial \, ALP}{\partial \, \delta_e} = \frac{(1 - \lambda)c}{[2\lambda\delta_e - (\lambda + 1)c]^2} < 0 \qquad (8.12)$$

随着金融市场竞争程度的加剧，对于任一金融机构，其所面临的贷款需求曲线将会向左下移动，这意味着 δ_e 与 δ_a 的减小。

《关于小额贷款公司试点的指导意见》将小额贷款公司定位于"坚持为农民、农业和农村经济发展服务"，为农户和微型企业提供信贷服务。小额贷款公司以其自有资本以及自身的银行贷款作为放贷资金，这种"只贷不存"的经营模式，必然要求小额贷款公司必须首先追求财务的可持续发展——只有在现金流持续得到保障的前提下，小额贷款公司才能进一步开展业务。同时，依据《关于小额贷款公司试点的指导意见》，小额贷款公司可以按照市场化原则经营，在国家规定的基准利率的 0.9—4 倍自主决定利率水平。正如前文所述，这种商业化的经营模式是影响小额贷款公司实现其"扶持三农"这一社会目标的重要因素。

随着 2010 年《关于鼓励和引导民间投资健康发展的若干意见》的颁布，民间资本可以参与现有金融机构产权改造，或者设立新型金融机构。实践中，进入农村金融服务业的民间资本更多偏向于设立新型机构的投资方式，兴办小额贷款公司是其主要选择（卢亚娟、孟德锋，2012）。这与农村金融市场中原有的中小金融机构，如农信社、村镇银行等在小额贷款市场中形成竞争关系。竞争的加剧将让小额贷款公司更加注重自身效率的提高，以便处于较好的竞争地位［赫耳墨斯等（Hermes et al.，2008）］。也就是说，对财务可持续的追求，让小额贷款公司更加注重尽可能地降低放贷成本，以提升经营效率。而涉农、涉小贷款由于数额较小，通常具有较高的放贷成本，包括筛选、监督、管理等成本［康宁，1999；拉彭努和泽勒（Lapenu and Zeller），2002］，从而导致小额贷款公司在追求效率时上移目标群体，更偏向于较为优质的借贷者。于是，本章提出第一个假说。

假说1：对效率的追求，将导致小额贷款公司目标群体的偏移，进而减少涉农、涉小贷款的供给。

小额贷款公司的财务可持续，关键在于能够获得持续的盈利；而贷款作为金融机构的产品，贷款利率是其是否具有盈利能力和保证财务持续的关键。贝斯利（Besley，1995）认为对于农村金融市场而言，农户或者小微企业通常由于缺乏抵押资产，导致信息不对称问题的广泛存在，这将导致一部分贷款面临成为坏账的风险。因此，在面对信息不对称和缺乏抵押品的借款者时，出于弥补可能的贷款风险所引致的风险成本考虑，小额贷款公司往往会倾向于提高贷款利率。一方面，较高的贷款利率水平，可以增加小额贷款公司的收益水平，有利于财务的可持续；另一方面，较高的价格水平门槛，还能够将部分不具有偿还能力的借贷者排除在市场之外。提高利率的结果即是目标群体的上移。尽管提高贷款利率水平，或许会强化可能存在的逆向选择问题，导致只有预期不会还款的低质量借款者才会去借款，从而导致不良贷款增加、收益水平下降。目前浙江省小额贷款公司的平均贷款利率约为20%，考虑到利率水平只有达到60%以上的水平，才会侵蚀收益［卡尔等（Cull et al.，2007）］，本章提出第二个需要验证的假说。

假说2：对收益的追逐，将导致小额贷款公司倾向于提高利率水平，减少涉农、涉小贷款的发放。

二　实证模型与变量说明

借鉴伯杰等（2007）的方法，构建式8.13所示的方程分析浙江省农村金融信贷市场有关小额贷款公司在财务可持续与"支农支小"双重目标之间的权衡：

$$Outreach = f(Efficiency,\ Interest,\ Z) + \varepsilon \qquad (8.13)$$

其中，*Outreach* 为衡量小额贷款公司在农村信贷市场中实现社会目标程度的相关指标，*Efficiency* 为小额贷款公司的经营效率指标，*Interest* 为贷款利率水平指标，*Z* 为其他控制变量，ε 为误差项。

本书选择小额贷款公司报表中的"种养殖业及 100 万元以下贷款"在其总贷款余额中所占的比重 *ALP* 作为被解释变量，这部分贷款主要就是涉农、涉小贷款，可以用来测度小额贷款公司实现其支持"三农"、扶持小微企业等社会目标的程度；小额贷款公司的经营效率，本书以其 X-效率[①]变量 *X_EFF* 来衡量；贷款利率水平则用平均年利率[②] LIR 来代表。对于其他控制变量的选取参考前文提及文献以及借鉴伯杰、罗森（Rosen）和乌德尔（2007）的变量选取，还有考虑我国小额贷款公司经营的实际情况，本书主要从内、外因素两个方面来选择。一方面，小额贷款公司的放贷意愿、业务拓展、风险管理等内部因素会对小额贷款公司的经营产生影响；另一方面，小额贷款公司的业务发展必然受所在地的经济状况、金融市场环境等外部因素的影响。

贷款资产比（贷款余额/总资产，*LA*）反映了金融机构将资金用于经营的比例，可以衡量金融机构提供贷款的程度，本书将其纳入模型测度小额贷款公司的放贷意愿。小额贷款公司可以从银行融资，通过负债提高杠杆、增加可贷资产；在债务资本成本（融资成本）低于债务资本报酬（放贷利率）的情况下，这意味着小额贷款公司在积极拓展业务，必然影响其中的涉农、涉小贷款业务。因此，本书采用权益资产比（所有者权益/总资产，*EA*）衡量小额贷款公司的业务拓展——权益资产比越高，业务拓展越不积极。贷款损失准备金率（贷款损失准备金/贷款余额，*RL*）指标通常被用来反映贷款的质量，贷款损失准备率越高表明贷款质量越差，本书将贷款损失准备率指标也引入模型，衡量金融机构的风险管理水平。

对于影响小额贷款公司的外部因素，本书主要从农村金融市场结构、所处区域经济结构以及经济增长状况等方面考虑。市场竞争程度会从供需

[①]　X-效率是对金融机构管理技术、人力资源等因素影响生产程度的衡量，测度的是所研究金融机构与最优的金融机构在管理水平、技术水平上的差距（Frei et al.，2000），能够很好地反映金融机构的管理能力、经营水平（Berger and Humphrey，1997）。

[②]　尽管这一利率还包括非涉农和涉小贷款的利率，但作为面向农村金融市场的小额贷款公司，其业务主要仍以涉农、涉小贷款为主，所以在很大程度上仍可以反映小额贷款公司提供给农户和小微企业贷款的利率水平。

两头影响小额贷款公司贷款的发放；以支持"三农"为目的的小额贷款公司必然受当地第一产业的发展水平所影响；经济增长速度也直接影响借贷的需求。本书分别采用当地县域金融信贷市场的集中度 HHI 指标、县域贷款市场规模变量 lnLoan，以及经济结构变量第一产业比重 PIP 和经济增长速度 gGDP 来控制影响小额贷款公司的外部因素。

具体的回归模型为：

$$ALP_{it} = \alpha + \beta_1 X\_EFF_{it} + \beta_2 LIR_{it} + \beta_3 LA_{it} + \beta_4 EA_{it} + \beta_5 RL_{it} +$$

$$\beta_6 HHI_{it} + \beta_7 \ln Loan_{it} + \beta_8 PIP_{it} + \beta_9 gGDP_{it} + \varepsilon_{it} \tag{8.14}$$

其中，下标 i、t 表示小额贷款公司 i 与时期 t。

本书中小额贷款公司的 X-效率利用通过自由分布法（Distribution-Free Approach，DFA）所计算的各公司的 X-效率因子来衡量。限于篇幅，本书不提供 DFA 的具体计算方法，详细介绍可参阅徐忠等（2009）。集中度指标则采用文献中通常使用的赫芬达尔指数[①]。本书使用的数据为 2010—2012 年浙江省（不包括宁波市）210 家小额贷款公司的财务数据。表 8.3 为模型各变量的初步统计特征。

表 8.3　　　　　　　　模型变量与统计描述

变量名	变量描述	均值	最小值	最大值	标准差
涉农涉小贷款比重（ALP）	种养殖业及 100 万元以下贷款余额/总贷款余额	76.07	23.69	100.00	11.58
X-效率（X_EFF）	机构的 X-效率值	0.53	0.10	1.00	0.11
贷款利率（LIR）	平均年利率	19.24	10.48	30.39	2.44
贷款资产比（LA）	贷款余额/总资产	99.23	0.00	163.45	16.17
权益资产比（EA）	所有者权益/总资产	80.84	28.17	100.00	13.04
贷款损失准备金率（RL）	贷款损失准备金/贷款余额	2.60	0.00	100.00	6.86
赫芬达尔指数（HHI）	所在地区贷款市场集中度	0.15	0.08	0.29	0.05

[①] 市场集中度指标一般形式为：$CI = \sum_{i=1}^{n} s_i w_i$，其中，n 为市场中金融机构的数量，$s_i$ 为金融机构 i 的市场份额，w_i 是相对应的权重。如果令各金融机构的权重等于其市场份额，即赫芬达尔指数 $HHI = \sum_{i=1}^{n} s_i^2$。

续表

变量名	变量描述	均值	最小值	最大值	标准差
贷款市场规模（*lnLoan*）	机构所在县域贷款总额对数	6.05	3.08	7.54	1.02
第一产业比重（*PIP*）	机构所在县域第一产业比重	6.02	0.83	25.17	3.88
GDP增长率（*gGDP*）	机构所在县域GDP增长率	14.80	-3.75	28.36	5.76

注：数据来源根据调研数据计算所得。

三　回归结果与讨论

尽管本书使用的数据是不平衡的面板数据，然而其时间跨度并不长，只有三年；另外，所讨论的小额贷款公司数目远远大于时间长度。因此，可以认为时间趋势在所考察的样本数据中并不重要。另外，面板数据通常需要处理不可观察的和机构相关的异质性问题，但是各金融机构的效率因子主要也就是考虑机构间不可观察的异质性问题，因此当控制效率因子后，异质性问题不再是主要问题（徐忠等，2009）。于是，本书选用普通的最小二乘法估计方程模型8.14。

为了检验模型的稳健，本书依次做如下回归分析：①解释变量只包括效率指标 X_EFF；②解释变量只包括利率指标 LIR；③解释变量同时包括效率指标 X_EFF 和利率指标 LIR；④将内部因素指标贷款资产比 LA、权益资产比 EA 和贷款损失准备金率 RL 加入回归分析（3）中；⑤将外部因素指标集中度指标 HHI、贷款市场规模指标 $lnLoan$、第一产业比重 PIP 和县域经济增速 $gGDP$ 加入回归分析（3）中；⑥解释变量包括所有指标。所有估计模型均使用聚类稳健的标准差，以处理可能的异方差问题。回归结果依次列在表8.4的第2—7列。

表8.4　　　　　　　模型回归结果（被解释变量：ALP）

解释变量	回归方程					
	(1)	(2)	(3)	(4)	(5)	(6)
X_EFF	-11.556**		-11.910**	-16.611***	-15.428***	-18.679***
LIR		-0.740***	-0.752***	-0.654***	-0.501**	-0.445**
LA				0.088**		0.074**
EA				-0.083**		-0.074*
RL				0.043		0.032

续表

解释变量	回归方程					
	（1）	（2）	（3）	（4）	（5）	（6）
HHI					-12.066	-10.261
lnLoan					-1.934*	-1.855*
PIP					0.546**	0.558**
gGDP					-0.193**	-0.151
Constant	82.195***	90.313***	96.843***	95.252***	106.976***	104.816***
R-Squared	0.012	0.024	0.037	0.060	0.164	0.181
Obs.	447	447	447	447	447	447

注：***、**、*分别表示1%、5%、10%水平下显著。

回归结果表明，X-效率变量的系数在所有回归方程中均显著为负值，说明经营效率对小额贷款公司实现其社会目标有显著影响。从回归结果来看，小额贷款公司X-效率对其发放涉农、涉小贷款具有负向作用。也就是说，较高的经营效率反而会抑制小额贷款公司对涉农、涉小贷款的发放。正如假说1所描述的，小额贷款公司对效率的追求将导致目标群体的上移，这就可能减少相关的涉农、涉小贷款，对其社会目标的实现产生负面影响。这表明，尽管肩负着扶持"三农"、支持小微企业的"使命"，但在实际经营过程中，小额贷款公司仍然会对其财务目标和社会目标有所权衡。在追求财务目标的过程中，盈利能力是小额贷款公司关注的焦点，这主要体现在小额贷款公司对较高贷款利率水平的追求。回归结果中利率水平与涉农、涉小贷款占比之间显著的负向关系反映的正是这一结论。利率指标 LIR 显著为负的系数，表明小额贷款公司在追求利润的动机下，会减少涉农、涉小贷款发放。假说2所描述的故事也已发生。因此，对于小额贷款公司而言，财务目标与社会目标两者之间存在共生性的情况很难，小额贷款公司是有所取舍的权衡选择。

对于其他变量，贷款资产比 LA 显著为正的系数表明，随着小额贷款公司贷款意愿的增强，涉农、涉小贷款占比也会增加；而权益资产比 EA 对涉农、涉小贷款占比的负向影响，也说明小额贷款公司在积极拓展业务的过程中，是愿意增加涉农、涉小贷款，承担起"扶贫支小"的社会责任的，而非一味地追求财务目标。正的贷款损失准备金率指标 RL 系数尽管并不显著，但也在一定程度上说明涉农、涉小贷款往往意味着风险的增加。第一产业比重 PIP 指标系数显著为正，说明第一产业比重较高的区域，涉农、涉小贷款的需求也更加旺盛；但由于第一产业对经济增长推动力有限，经济增速较快的地区通常是工业较为发达的区域，涉农、涉小贷款需求较低，这反映为 gGDP 与 ALP 之间的负向关系。另外，贷款市场的增长并没有导致涉农、涉小贷款份额的增加，说明市场中贷款的增加更多的是流向其他质量更高的借贷群体，而非农户和小微企业中，这表现为指标 lnLoan 的系数显著为负。而农村金融市场的竞争程度对涉农、涉小贷款影响并不显著，这可能与效率指标 X_EFF 已考虑市场竞争有关。

四 结论分析

本章利用 2010—2012 年浙江省小额贷款公司的数据，分析了小额贷款公司财务与社会双重目标之间的权衡问题。研究表明，尽管小额贷款公司开展业务，愿意为所需要贷款的农户和小微企业提供资助，但在追求财务可持续性的经营过程中，市场竞争会导致小额贷款公司存在提高经营效率，以获取较高收益的动力。因为小额贷款公司不是法定的金融机构，而被定性为"只贷不存"的一般性经营公司，其资金主要来自股东资金与银行信贷资金。另外，小额贷款公司虽然定位为服务"三农"的商业公司，但是在国家补贴政策、税收优惠政策等方面都不能享受足够的与其他农村金融机构一样的待遇，因而导致其税负较重。由于这些原因，也为了保持其经营的可持续性以及使股东效益达到最大化，小额贷款公司就会上移其目标群体，减少涉农、涉小贷款的投放力度（傅昌銮，2016）。因此，在没有外部因素干预与政策影响下，小额贷款公司在财务目标与社会目标两者之间存在有所取舍的权衡选择。

第四节 本章小结

在本章中，我们从经济增长以及涉农信贷两个方面探讨农村中小金融机构的社会绩效。

根据"最优金融结构"理论，我们认为以农村中小金融机构为主的金融结构由于具有小银行优势，更适合于向县域经济中的中小企业提供贷款，能够提高资金配置效率，从而更有利于县域经济的增长。本章的研究结果也为县域经济的发展提供了一定的政策参考信息。首先，对于县域经济，金融结构在衡量金融系统对经济的影响作用中，可能是更优于金融规模的指标；以农村中小金融机构为主的农村金融结构才更适合于县域经济发展。其次，目前浙江省县域经济发展过程中，FDI、投资以及对外贸易并没有产生显著的促进作用，其深层次原因可能是资源错置而导致利用效率不高；在资源利用上可能需要更进一步的提高。

利用小额贷款公司的数据，我们还分析了农村金融市场结构的变化对涉农贷款的可获得性以及贷款利率的影响。实证结果表明：随着农村信贷市场竞争程度的加剧，将促使小额贷款公司涉农贷款的增加，涉农贷款的可获得性上升；另外，由于农户的较低收入水平，且信贷资金需求额度小，而导致涉农贷款的效率并不高，反映为小额贷款公司 X-效率变量与涉农信贷可获得性之间的负相关关系；农村信贷市场中贷款的增加并没有导致小额贷款公司涉农贷款的增加，这意味着农村贷款增加的部分只有较小的比重为涉农贷款，这对于农村金融市场的支农作用并不是一个好的信号；对于贷款利率与市场机构的实证分析表明，随着农村信贷市场竞争程度的增强，会导致小额贷款公司的贷款利率的下降。本章的研究结论也为小额贷款公司的发展提供了一定的政策参考信息。就"支农支小"的定位而言，针对小额贷款公司在社会目标与财务目标之间所存在的冲突，应该采取相应的有效措施，以实现双重目标之间的权衡。本书建议：第一，在小额贷款公司的设立方面可以适当降低其准入门槛，提高其融资杠杆比例，以此扩大小额贷款公司的资金来源，增强其放贷能力。第二，小额贷款公司作为"只贷不存"的商业公司，追求盈利是无可厚非的。为此，政府应根据业务与"三农"和小微的关系，加大对其税收等政策优惠的力度并细化相关规则，以此激励其更好地在县域范围内向下延伸金融服务。第三，社会目标与财务目标二者之间存在冲突的另一原因在于小额贷款公司内部治理结构不完善及风险管理能力有限，因此，完善内部治理并提升风险管理能力，有助于同时实现财务可持续性与社会双目标。第四，小额贷款公司的监管部门要对其支农的义务和责任有明确的量化要求，并对一些评判指标进一步细化，以便更明确地判断小额贷款公司的"支农支小"的效果，另外也要积极建立针对小额贷款公司的社会绩效评估和管理体系。第五，从需求方面来讲，小额贷款公司在县域范围"支农支小"，无法避免风险大、交易成本高等问题的困扰，因此，非常需要改善县域范围的投资环境和投资机会，增强农业和小微企业的盈利能力。

第三篇

案例分析：国内外农村中小金融机构创新实践

第九章　国内外农村金融创新实践

第一节　引言

随着经济的发展和农村金融改革的推进，发达国家纷纷建立起相对完善的农村金融市场体系，为农业的发展提供了资金保障，这也是发达国家农村经济快速发展、农业产业日趋完善的关键所在；发展中国家则根据各自特有国情，发展出有效增加信贷供给的金融产品，为农村经济及贫困群体发展提供资金支持。借鉴这些国家的成功经验，必然会对我国农村金融创新提供借鉴和指导。

农村金融创新也是我国政府重要的农村发展政策。2017 年中央一号文件《中共中央、国务院关于深入推进农业供给侧结构性改革加快培育农业农村发展新动能的若干意见》将"加快推进农村金融创新，增加对农业经营主体的信贷供给和融资服务"作为农村金融供给侧结构性改革的主要方向，这也是今后我国农村金融创新的主要方向。具体措施有：鼓励金融机构积极利用互联网技术，为农业经营主体提供小额存贷款、支付结算和保险等金融服务；鼓励金融机构发行"三农"专项金融债；支持金融机构开展适合新型农业经营主体的订单融资和应收账款融资业务；深入推进承包土地的经营权和农民住房财产权抵押贷款试点，探索开展大型农机具、农业生产设施抵押贷款业务。2018 年中央一号文件提出要全面推进新时代乡村振兴，与往年相比，对农村金融领域更强调的是"多样性供给，差异化管理"。要强化金融服务方式创新，加大对乡村振兴中长期信贷支持，普惠金融重点要放在乡村。要推动农村信用社省联社改革，保持农村信用社县域法人地位和数量总体稳定，完善村镇银行准入条件，地方法人金融机构要服务好乡村振兴。

中央一号文件关于农村金融创新的论述凝结了近年来各地实践取得的

经验成果，是今后金融创新的主推方向。近些年，国内不少地区结合自身产业特点，进行了大量农村金融创新实践，总结出很多值得借鉴的典型经验，我们选取了一些比较有代表性的进行介绍。

第二节　国外农村金融创新的经验

一　发达国家农村金融体系构成及其启示

以美国为代表的发达国家，农村金融体系建设走在世界前列，形成了功能完善的、政府主导的农村政策性金融体系、农村合作金融体系以及农村商业性金融体系三大体系（孟杨，2015），这成为农村经济发展的有力保障。

1. 美国农村金融体系（李明贤，2003；华东，2014；华东、何巍，2012）

美国的农业生产水平世界领先，是世界上最大的粮食生产国和出口国，其农业的高度发展与其发达、完备的农村金融体系是有很大关系的。美国农村金融体系的确立经历了一个长期的发展过程，是伴随着美国经济，特别是农业、农村经济的发展与变革逐步建立和完善起来的。从形式上来看，美国的农村金融体系不是一个单一的信贷模式，而是一种政府主导的复合式的信用型模式，即合作性金融机构、商业性金融机构和政策性金融机构并存发展的多元化金融体系。

（1）合作金融体系。美国的农村合作金融体系包含三大独立系统，即联邦土地银行系统、联邦中期信用银行系统和合作社银行系统。最初，这三个系统都是以自上而下的方式由政府出资组建的，但后来政府资金逐步退出，目前已经成为完全由农场主所拥有的真正意义上的合作金融组织（胡玥，2013），并由联邦政府的独立机构——农业信贷管理局领导、管理和监督［哈桑等（Hassan et al.），2011］。从数量上看，美国共有12个农业信贷区，而且每个农业信贷区都设有一个联邦土地银行、联邦中期信用银行以及合作社银行。第一，联邦土地银行系统。美国起初并没有设立专门的农村金融机构，农业信贷资金主要依靠私营机构和个人提供，这在一定程度上限制了农业的发展；为改变这一局面，政府出资组建联邦土地银行，后来逐渐向私有化过渡，其资金主要来源于会员缴纳的股金以及通过发行联邦农业债券筹集的资金。联邦土地银行有许多联邦土地银行合作社，每一个都由许多农场主出资组成。联邦银行合作社必须向联邦土地银行支付一定比例的股金，以便有资格成为会员和借款。联邦土地银行向农民个人提供长期房地产贷款，而合作社则帮助上级联邦土地银行贷款。第二，联邦中期信用银行系统。类似于联邦土地银行系统，联邦中期信用银行系统由12个联邦中期信用银行及其下设的生产信用合作社组成。但区别在于，联邦中期信用银行只向其下设的生产信用社提供贷款，而不直接向农民和农场主提供贷款，而是由生产信用社向个体农民提供贷款。此外，生产信用社和联邦土地银行之间的贷款期限也有很大不同。生产者信用社提供短期贷款和中期贷款（1—7年），贷款期限相对灵活，主要用于农场主短期资金周转，而联邦土地银行提供的是长期贷款（5—40年），多数用于不动产投资。第三，合作社银行系统。类似于银行的前两类，联邦中期信用银行系统也是在12个农业信用区分别设立一个合作银行，合作银行体系最重要的特征是它有一个中央合作银行。中央合作银行主要为经营范围超过一个农业信用区的大型专业生产合作社提供金融服务。

（2）农业保险体系。美国农业保险体系是一种由保险公司和代理人等组成的多元化保险体系，主要包括联邦农作物保险公司、私营保险公司、保险代理人和保险查勘人。联邦农作物保险公司相当于政府管理部门，不直接参与保险业务的经营，主要负责规则制定、风险控制以及监督稽查等；私营保险公司则直接经营农作物的保险业务，然而，它们需要由联邦农作物保险公司指导和监督（华东、何巍，2012）。保险代理人、保险查勘人作为保险公司的从业人员或者独立人员，负责农作物保险业务的具体工作。在上述多个农业保险体系中，政府在四个方面起主导作用：一是法律支持。《联邦作物保险法》是政府颁布的农业保险领域的基本法，为农业保险业务的发展提供了法律依据和保障。二是补贴支持。美国政府对农业保险的补贴主要指私人保险公司，它们不仅提供保险补贴和商业补贴，而且为农业保险的推广和教育提供大量的资金。三是再保险支持。作为准政府机构，联邦作物保险公司向私人保险公司提供再保险和超额损失再保险。四是税收支持。美国政府为农业保险提供了强有力的税收支持，并免除了来自农作物保险的所有税收［沙赫巴兹等（Shahbaz et al.），2011］。

（3）政策金融体系。美国的政策和金融体系由政府主导，一般由农村电气化管理局、商品信贷公司和小企业管理局组成。政策性金融体系的功能是为农业生产及相关经济活动提供金融服务，但重点是通过金融手段调控农业发展。这是因为，农业生产及其他农业经济活动本身就存在巨大风险，同时也因为农村金融是一个风险大、收益小的领域，逐利性的商业银行都不愿意涉足农业金融业务，此时就要靠政策金融体系加以调节。比如，为鼓励商业银行进入农村市场、防止农村资金外逃，政府为涉农贷款占贷款总额的25%以上的商业机构提供税收优惠、为涉农贷款的利率提供补贴。

2. 日本农村金融体系（秦秀红，2008；华东，2014）

从自然条件和自然资源角度来看，日本可以说是农业生产条件不够理想的国家，但是日本却通过建立较为完善的农村金融体系为其农业发展提供了强大的动力与支持。从构成来看，日本的农村金融体系主要包括合作性金融体系和政策性金融体系两个部分，前者占主导地位，后者则作为补充。

（1）合作性金融体系。日本农村合作性金融体系由自上而下的三级组织构成，最高层是中央政府所管理的农林金库，中间层是信用农业协同联合会（以下简称信农联），最低层是基层农协。三个层次之间是逐级入股关系，而不是行政隶属关系，完全独立核算、自主经营，中央农林金库由信农联入股组成，信农联又由基层农协入股组成，基层农协再由农户入股参加，上级组织虽然不具备领导下级组织的职能，但可以通过经济手段来指导下级组织的运营。第一，中央农林金库相当于合作性金融系统的总行，其主要职能是为信农联提供咨询指导和协调各地信农联的资金活动，主要方式是提供高于普通存款的利率或奖励金来支持信农联的发展，或者向农业相关企业发放贷款；其资金主要来源于各地信农联的上存资金、其他农业团体的上存资金以及通过发行农村债券而获得的资金。第二，信农联是都道县一级的农业协同联合会中经营信用业务的专门机构。其主要职能是连接中央农林金库和基层农协的纽带，起着承上启下的作用；其资金主要来源于基层农协及其他社会农业团体的入股和存款；其资金用途主要是满足基层农协以及相关农、林、渔业的团体的资金需求（洪正，2011）。第三，基层农协由农户和其他居民及团体入股成立并向农户直接提供信贷服务，以及农村保险、农产品供销等其他涉农业务。其经营目标不以营利为目的，但会要求农户把农产品的销售款及从农协分到的其中一部分利润存入农协；其贷款产品最初多为短期贷款，但随着农村经济的发展，长期贷款比例也呈上升趋势。

（2）政策性金融体系。在日本，政策性金融体系一般与农业保险相结合而形成一种复合体系。日本农村的政策性金融职能主要由农林渔公库承担，是由政府全额出资创立。其主要职能是为普通金融机构不愿涉足的农业基础设施建设等方面提供长期的低息贷款；其资金来源主要包括政府投入的资本金、政府补贴和借款。日本农业保险类似一种政策性保障制度，是由政府为农户提供保险补贴，补贴额度大约占保险费的50%。

3. 德国农村金融体系（余子鹏，2006；许桂红、肖亮，2009）

德国农业金融制度是在政府倡导下并由农民自发组织力量建立起来的，是一种自上而下的制度安排，主要包括土地抵押信用社与合作银行系统。其特点是组织体系完整、层次分明，既保持了相对独立性，又发挥了联合的作用。

（1）土地抵押信用社（长期信用机构）。德国的土地抵押信用社相当于政府所设的土地银行，创始于18世纪下半期，发展初期由政府强制组建，并受政府的监督和监管。除了土地抵押信用合作社及其联合银行外，德国各地还有许多公营的土地银行及土地改良银行，这些银行的主要职能是为农民购买土地及进行水利建设等提供信贷服务。另外，公营的土地银行和土地抵押信用合作社之间互相配合，这构成了全国完整的一个长期农业信用网，这些措施有助于德国的农地改革及农业的发展和进步（余子鹏，2006）。

（2）合作银行系统（短期和中期农业信用机构）。合作银行系统应该说是德国金融业的主要支柱之一，其由基层合作银行（与信用合作社）、地区合作银行与中央合作银行组成（辛秀，2012）。基层合作银行与信用合作社是德国的信用合作基础，其运行模式以"雷发巽及舒尔茨式"的信用合作社为主，二者在信贷产品上有较为明显的区别。其中，"雷发巽"式的农村信用合作社主要为农民提供生产用途的短期和中期贷款；而"舒尔茨"式的农村信用合作社则只提供短期信用贷款，如透支及贴现放款之类的业务。地区性的合作银行是由地区性的信用合作社经营管理机构组成，地区性合作银行与基层合作银行存在如下关系：第一，基层行既是地区行的股东，也是地区行的客户；第二，地区行为基层行提供存款准备金，同时充当基层行与中央金库或其他融资机构的中介。中央合作银行作为全国性的合作银行，其最重要的职能是统率全国的城乡各种合作银行；其主要任务是维护信用合作的共同利益，并且开展同其他国家政府及其他金融机构的联系和国际间的业务往来（李明贤，2003）。

4. 发达国家农村金融体系对我国农村金融创新的启示

（1）构建职责明晰、分工协作的农村金融体系。比如美国的合作性金融、商业性金融和政策性金融共同构成的三大金融体系各司其职、互相配合、层次合理、分工明确，基本实现了体系内部机构业务的无交叉，专款专用。这样就较好地满足了农村经济发展过程中各个层次的资金需要。从美国的成功经验来看，我国农村金融体系改革与发展的方向应该是商业性金融、政策性金融和合作性金融实现共生、共存、共赢。各种类型的金融机构之间必须实现合理分工和适当竞争，各种类型的金融体系之间也要竞争（牟健宇，2011）。

（2）构建多样化的融资渠道。政府必须采取多种措施支持农村金融发展，各个农村金融机构也要充分利用各个资金渠道，采用多种融资手段，以需求为导向不断丰富相应的金融产品。为了保证农村金融体系的正常运作，美国政府采取了一些举措：首先是通过官方政策性金融机构提供一定的贷款资金；其次是进行针对性补贴，进而增加农村信贷资金来源渠道，比如对商业银行的涉农贷款资金进行市场利率的利差补贴；此外，政府针对农村金融组织制定了一系列优惠政策，比如对农村金融机构予以照顾，实行差别存款准备金和税收优惠，给予农村合作性金融机构发行农贷债券创造条件等。这些措施一方面有力地保证了农村资金真正用于农业；另一方面在这样的政策环境下，农村地区也对城市的、其他非农产业的资金产生了一定的吸引力（牟健宇，2011）。

（3）建设完整的农村合作金融体系。以发达国家的经验做法为参照，较为系统的农村合作金融体系是农村金融创新发展的主要方向。比如德国由基层合作银行、（中间层）地区合作银行和（最高层）中央合作银行组成的"金字塔"式金融体系，三者互为补充、互相配合，基层直接运营，上层负责指导与监督管理，中间层居中协调（孟杨，2016）。从世界各个国家和地区的农村发展历程来看，合作性金融表现出的制度优越性以及发挥的积极作用是很多其他类型的金融机构所不能取代的。目前我国的合作性金融组织存在着产权不明晰、缺乏法律保障等一系列问题，因此，如何建立一个真正有效的合作性金融体系是我国农村金融体系构建的重要课题。

二　发展中国家农村金融创新经验

发展中国家农村金融创新的实践主要集中于市场化金融体系的构建、产品创新、抵押担保方式创新以及金融监管的创新等方面，与我国农村金融改革的主题没有太大的差别。比如赞比亚第三方信贷担保融资模式、印度的小组贷款等。

1. 创新抵押方式：巴西"可交易票据"融资模式（中国人民银行合肥中心支行金融研究处和宣传群工部，2014）

巴西的金融系统是在国家货币委员会授权下建立的监管机关，负责颁布货币和信贷政策，目的是保持货币稳定以及国家经济和社会发展。根据政府政策指令，国家货币委员会和巴西中央银行采取了不同的手段来促进低收入人群使用这一金融系统，主要基于三大支柱：信用合作社、小额贷款和非银行往来业务。巴西中央银行为了应对农产品市场上的价格风险，不断深化农村金融市场改革，于20世纪90年代中后期推出了"可交易票据"融资模式（CPR）（中国人民银行合肥中心支行金融研究处和宣传群工部，2014）。该模式运行机制主要包括两个方面：第一，抵押产品、发行债券。这种模式允许农产品生产商与农民协会（农民专业合作社）以未来丰收的农作物作为抵押，在市场上发行一种融资票据。第二，产品销售、票据交割。等票据发行方收获农作物后，再在指定时间和地点交割给票据投资者。这种模式从风险收益角度来看，票据发行方可以提前收到货款并锁定了农产品价格，从而规避了农产品价格风险；另外投资方在为农作物生产提供资金支持的同时，也能获得一定的投资收益。巴西购买CPR票据的投资者不但包括银行业金融机构，还包括其他投资者。

巴西CPR票据到期后，其交割方式有三种：第一种是通过实物交割CPR，即投资方实际交割票据发行方的农产品，这种方式的弊端是非常明显的，即它不利于提高票据市场流动性以及市场规模。第二种是金融CPR，投资方可自由选择实物交割与票据对冲，但后者要求票据必须能在巴西商品交易所挂牌交易。第三种是指数化CPR，也就是农产品票据发行价格不能由发行方自行决定，而应该依据第三方提供的价格来确定（如芝加哥商品交易所价格）。指数化方式使相同农产品票据交易可直接归并、交易和交割，从而增加了市场流动性与交易规模。

2. 创新金融模式：印度小组贷款（Group Lending）微贷技术（赵冬青、李子奈、刘玲玲，2008）

印度农村金融体系市场化改革的一个重要议题，就是发展非正规金融。其根本原因在于，印度正规金融部门的信贷服务无法覆盖到很多贫困地区的农村人口，特别是少地农民、无地农民、小商人和手工艺人等社会和经济地位低下的阶层，发展非正规金融是满足这部分群体的首要选择。为帮助广大低收入人群获得正规金融服务，RBI、NABARD和大量的非政府组织（NGO）探索非正规金融服务模式，通过开展SHG-银行联结项目（SHG-Bank Linkage Program），为贫困人口提供微型金融服务，发展生产，提高收入水平和生活水平。

印度微型金融最大的特色就是互助组（Self Help Group，SHG）以及

SHG 与银行的关系，在这一模式下，小组借贷（Group Lending）的理念被作为基本信贷机制并广为应用。SHG 是由 10—20 个经济社会背景相似且面临同样困难的低收入群体组成的非正式互助小组，SHG 首先要求成员自愿储蓄，建立小组资金，并以小组的名义建立银行存款账户，之后再将小组资金以小额贷款的形式贷给有需要的成员。此外，SHG 成立 6 个月后，符合条件的还可以获得银行无抵押贷款，贷款的利率完全由银行自行决定，SHG 再将贷款贷给成员。

根据帮助成立 SHG 的机构以及向 SHG 提供贷款的机构的不同，印度 SHG 与银行的关系有三种模式：① 银行自身培育并组建 SHG，并为 SHG 开设存款账户直接提供贷款；② 银行直接向由 NGO 和其他机构组建的 SHG 提供贷款，该模式的 SHG-银行关系是目前印度微型金融活动的主流；③ NGO 等作为金融中介，银行间接提供贷款。该模式在一些正规金融机构的微贷业务受限地区较为常见，NGO 自身从银行获得批发贷款，再作为 MFI 向 SHG 提供小额贷款。这种模式具体操作方式有多种，有的地区存在大量的由银行分支机构提供贷款的 SHG，或者其他一些中介机构如 SHG 联盟等，这些中介机构都是充当银行和成员 SHG 中间的纽带。

3. 创新担保方式：赞比亚第三方信贷担保融资模式（董晓林、傅进，2007）

有些发展中国家为了缓解农户信贷缺乏抵押担保的问题，创新发展出多种担保融资模式。比如赞比亚通过建立第三方信贷担保增加了农户信贷资金的可获得性。这种模式的优越性在于它从根本上改变了过去那种正规金融机构拒绝认定动产为信贷抵押的情况，使原来农户和中小企业没有可申请贷款的抵押品的困境得到改变。在第三方信贷担保体系成立后，农户不需要直接向金融机构提供担保，他们只需要与第三方信贷担保方以保险合同的形式来防范违约风险。"企业发展计划"（Enterprise Development Project）是赞比亚第三方担保融资模式的典型案例，它是旨在促进赞比亚农村地区及更广范围内中小企业信贷可获得性的一个第三方的信贷担保组织，该组织与赞比亚银行合作，通过对赞比亚银行所发放的农户贷款进行监管，从而以市场利率成功地实现了第三方信贷担保组织与银行的双赢。

4. 创新金融监管模式：玻利维亚小额信贷的监管与发展模式

玻利维亚被认为是世界上小额信贷市场发展最好的地区之一，原因不仅仅是其小额信贷机构的服务范围和数量，更主要是因为其监督机构和体系发展。玻利维亚1993年创建的银行和金融实体监管体系标志着微型金融业的一个转折点：非银行金融机构被纳入到新的法规里面。在小额信贷的银行业监管上，金融监管机构为小额信贷导向的金融机构指定了特殊的规则。尽管有专门的准备金制度，但是监管部门会根据政策、发放行为及程序、贷款管理以及贷款风险控制的评估而要求相应的准备金。2008年玻利维亚监管机构又颁布了新的小额信贷机构准备金准则，规定除了专门的准备金外，还需要设置循环准备金，为那些未经确认的损失提供相应的保证金。为了鼓励服务的地域扩张，政府已大大简化了开设提供小额信贷服务的代理机构和分支的程序，另外还增加了提供移动服务的专门条款。自金融体系重建后，玻利维亚的金融系统就以民营或私营银行的存在为其主要特征，小额信贷市场也遵循了这一特征，因此，政府就成为小额信贷产业的间接参与者。

5. 发展中国家农村金融创新对我国的启示

（1）抵押、担保方式的创新要勇于突破。除现有政策框架下旨在放活农村产权抵押贷款外，还应探索其他抵押担保方式。2008年中国人民银行和银监会下发《关于加快推进农村金融产品和服务方式创新的意见》，提出"创新贷款担保方式，扩大有效担保品范围"试验试点，拉开了我国开办农村土地承包经营权抵押融资试验的序幕（罗剑朝、曹燕子、曹璨，2015；陈东、付雨鑫，2018）。除土地产权外，基于集体林权制度改革的金融发展创新也应运而生。2009年中国人民银行、财政部、银监会、保监会、林业局颁布《关于做好集体林权制度改革与林业发展金融服务工作的指导意见》，提出在加快完善集体林权制度改革配套制度建设的基础上，全面推进林权抵押贷款业务，探索多种贷款偿还方式，加快涉林信贷产品的开发研究（凌峰，2011）。2013年，国务院办公厅《关于金融支持经济结构调整和转型升级的指导意见》明确提出，鼓励银行业金融机构扩大林权抵押贷款，积极探索开展大型农机具、农村土地承包经营权和宅基地抵押贷款试点（王昌林，2014）。不难发现，我国在产权抵押担保方面探索逐渐加深，也取得了不错的成效，但不容忽视的是，产权抵押有不易变现等弊端，还应该尝试其他更加灵活的抵押担保方式。

（2）贫困群体对金融产品的创新有特殊要求。印度的农村金融改革，以实现市场的资源配置为中心，充分发挥其经营的自主性与积极性，使农村金融机构走向正常的市场化的发展道路（张坚、吴蕾，2014）。非正规金融机构正是在这一背景下得以发展的。印度的小组贷款模式是为贫困群体量身定制的金融产品，从印度的实践看，正规金融并不是为农村地区贫困人口提供金融服务的主力；相反，半正规的机构却发挥了重要作用。就我国目前的情况看，正规金融机构在贫困农村地区的信贷市场上所发挥的作用也是有限的。非正规金融，包括亲友间的借贷、公司对农户的借贷、项目融资和非正规的地下钱庄等，是农户资金来源的主要渠道。因此，针对贫困地区的贫困人口，应肯定非正规金融的作用，并以此为前提，创新适用的金融产品，为提升广大贫困群体发展能力提供融资服务。

（3）小额信贷的金融监管方式要有所突破。第一，针对不同的小额信贷机构设置不同的监管方式。在实施相应的金融业务监管措施时，应适当区分审慎和非审慎监管两种情况。对于那些以 NGO 形式运营以及非存款类小额信贷机构，建议可以采用非审慎监管原则，并逐步完善相关的行业管理政策；而对于那些规模较大的信用合作社、存款类小额信贷机构则应采用审慎监管的原则，结合我国实际情况进行适度管理。第二，完善小额信贷行业的监管框架。该框架应该能有效鼓励和引导不同类型的小额信贷机构共同发展，同时针对不同类型的小额信贷机构的属性和风险特征，实施有针对性并且协调一致的监管框架。同时，在监管工具上，应该对存款准备金、资本充足率、小额贷款资产权重等做出调整。政府应该通过各项公共政策为小额信贷机构营造一个公平且宽松的市场环境，鼓励各类小额信贷机构和商业银行等金融机构在公平竞争的环境下从事小额信贷服务。

第三节　我国农村金融创新的实践

一　服务于新型经营主体的金融创新模式

龙头企业、农民专业合作社、家庭农场、专业大户、农村小微企业等是农业规模化经营的新型主体，是农村金融创新的主要服务对象。从需求角度来讲，金融机构应结合农村金融这一服务需求特点，大力创新"量体裁衣"式的金融产品，开发应用微贷管理等技术，扩大信贷覆盖面；围绕地方支柱产业、特色产业，开发适用于新型经营主体的贷款产品，同时也发挥经营主体在信贷管理中的联结作用。

案例9.1　安徽安庆"统贷直放"模式①

近年来，安庆市农民合作社发展迅速，为有效满足农民专业合作社信贷需求，进一步引导金融机构持续加大对农村经济发展的支持力度，2012年8月，人民银行安庆市中心支行联合安庆市农委创新推出"统贷直放"信贷服务。"统贷直放"是指农民专业合作社统一组织有相同性质信贷需求的社员向商业银行申请贷款，由商业银行直接放款给社员，同时由合作社设立一定额度风险基金，充分发挥合作社在放贷、收贷以及风险控制过程中的积极作用的一种金融创新模式。

（1）主要创新点。"统贷直放"信贷服务有以下几个特点：①统一组织办理。"统贷直放"信贷服务申请是由农民专业合作社牵头，收集合作社社员的信贷需求，将社员相同性质的信贷需求集合起来并向金融机构统一申报，再由金融机构进行集中统一审查，批量处理。②直接发放社员。在金融机构与社员签订贷款协议后，金融机构按约定将审查通过的贷款直接发放给社员，不再由合作社从中介入，由承贷社员履行还款义务。贷款金额一般控制在5万元以下，采取一次授信，循环使用，余额控制，随用随贷方式。③协同监督管理。农民专业合作社有义务配合金融机构进行协同监管，主要是做好贷前、贷中、贷后的各项管理工作（刘西德，2015）。④完善风险控制。"统贷直放"信贷服务在高度重视第一还款来源的基础上，采取互保小组和风险基金两种方式防范信贷风险。首先，农民专业合作社是根据社员的实际生产需要组织社员申请贷款，并监督贷款使用，保证了贷款的生产性和可靠的第一还款来源。其次，在申请贷款时根据自愿原则成立互助小组，提高社员的信用能力。最后，设立一定金额的风险基金，以应对可能出现的风险。风险基金由财政支持、社员统筹、合作社运营利润等构成。

（2）实施效果。自推出以来，"统贷直放"信贷服务有效改善了合作社社员的融资需求，降低了贷款利息、信贷交易成本，有效控制了信贷风险。①优化了贷款程序。由于农民专业合作社介入，农村金融机构采用批量方式处理农民贷款，简化了贷款程序，提高了贷款效率。②发挥了牵引作用。合作社联结广大农户，熟悉农民信贷需求和信用状况，由合作社配合金融机构对贷款进行管理、监督，不仅较好地发挥了农村经济合作组织

---

① 案例资料来源：中国人民银行农村金融服务研究小组：《中国农村金融服务创新案例》，中国金融出版社2014年版。

的信息优势，还大幅度降低了信贷支农的交易成本。③有利于信用体系建设。合作社积极加强对社员的诚信意识教育和征信知识宣传，及时督促社员按时结息，到期还款，保持与金融机构良好合作。合作社的信用联结作用，有效促进了农村信用体系的建设。

二　扩大抵押范围的金融创新模式

农村金融供给不足问题往往反映在农户"融资难、抵押难、担保难"，而农村产权资本功能的实现是解决这一问题的创新方向。即发挥农村产权的资本功能，实现农户产权的可抵押性，提高农村金融市场配置效率、促进农村金融供求均衡。土地承包经营权抵押和集体林权抵押都是农村产权抵押贷款的金融创新模式，在全国多个地区都取得了不错的试点成效，证明了盘活并合理利用农村产权是金融创新的可行路径。江苏省泗洪农商行在农村产权抵押贷款方面积极探索、大胆创新，推出了农房抵押贷款新产品，不但解决了农户贷款缺乏抵押担保的困境，还实现了农户沉睡资本的有效激活，同时也盘活了农村经济资源，为农村产权改革的推进方向提供了可资借鉴的经验做法。

案例9.2　江苏泗洪农商行农房抵押贷款模式①

泗洪县是江苏省唯一同时入选国家级农村承包土地经营权、农民住房财产权抵押贷款试点的地区，在产权抵押贷款创新方面是先行区域。泗洪农商行于2011年出台《泗洪农村商业银行农村乡镇街道门面房（商用房）抵押贷款管理暂行办法》，在房屋抵押贷款方面进行了创新探索，并先行在农村乡镇街道门面房进行试点（王昌林，2015）。2013年初，进一步扩大农民房屋抵押范围，将集中居住区农民房屋住房纳入其中，实现农村农民房屋抵押贷款的全覆盖，彻底解决了农户贷款抵押担保问题。基于

---

① 案例资料来源：江苏省信用合作社联合社网站：《泗洪农商行："小产权"抵押激活农村产权一池春水》（http://www.jsnx.net/html/jingyingguan/jingyanjieshao/7345.html）；中国农村金融杂志社网站：《农房抵押唤醒"沉睡"资本》（http://www.zgncjr.com.cn/content/200000227/DE62C570C30941B5A6B1ED3C338CCDFC/1.html）；新华报业网：《泗洪唤醒"沉睡资本"农房抵押 农民贷款8.21亿》（http://js.xhby.net/system/2014/06/27/021273860.shtml）；微信公众号"搜土地社"：《农房抵押贷款的泗洪模式》（http://mp.weixin.qq.com/s?__biz=MzA3MDUyOTcxNA==&mid=207854777&idx=1&sn=aee0e63ebe47749445bfb0bc8ef5ae82#rd）。王昌林（泗洪农商行董事长）：《创新农房抵押贷款的实践与思考》，《江苏经济报》2015年12月5日。

此，打造了一个贷款手续便捷、担保空间广阔、融资成本低廉的融资平台。

（1）主要创新点。泗洪农商行农房抵押贷款的实施过程中，在政策保障、交易成本、风险控制等方面有所创新：①打通政策障碍。在法律保障上，为取得农房抵押合法性，泗洪农商行与地方法院沟通协调，地方法院允许农民房屋在有限范围内抵押转让，这为农民房屋抵押工作开展提供了法律上的保障。在执行机构上，地方政府成立新农村建设办公室（简称新农办），以此作为农民房屋抵押登记机构，并以此为核心搭建农民房屋抵押创新工作平台。在政策保障上，由新农办牵头下发了《关于做好镇村集中居住区农户贷款工作的通知》，最终形成由村建办办理产权发放、新农办从事农民房屋抵押登记、农商行解决贷款发放工作等多方共同参与的运行机制，这种创新运行机制为农民房屋抵押贷款提供了政策保障。②降低交易成本。在房屋价值评估上，泗洪农商行对已经购买农民集中区房屋的农户实行免评估，由泗洪农商行参照房屋购置价值出具简易"房屋价值评估审批表"，新农办按购房票据登记的价值或"房屋价值评估审批表"登记即可，切实减轻了农户委托评估公司对房屋进行评估所带来的负担。③减低资金成本。为了减轻购房农户一次性还款负担，泗洪农商行在农民房屋抵押贷款期限上，根据农户贷款用途和收入实现的实际时间确定，最长贷款期限可达5年；在还款方式上，可以选择实行整贷零偿形式，逐年归还贷款本金，从而减轻农户由于集中还款带来的压力。在贷款利率上，农民房屋抵押贷款利率全部执行普通抵押贷款利率，有效降低农户融资成本。④风险控制。第一，司法手段。借款合同规定农民房屋贷款抵押在借款合同约定发生纠纷时，借贷双方可以协商解决，协商不成的，可向人民法院起诉，由法院查封变卖。第二，担保手段。在抵押机制创新上，构建"四方协议+担保公司"合作模式，一方面明确贷款人、出租人、借款人、监督人的权利责任，同时引入担保公司为借款人提供贷款担保。在处置机制创新上，泗洪农商行采取了通过追加保证方式，规避处置资产时可能遇到的问题，有效降低小抵贷风险贷款的处置难度。第三，资产评估。通过制定不同的价值评估公式和采用成本法、比较法进行评估。第四，财政补偿。在完善风险补偿机制上，县财政分别设立风险补偿基金各1000万元，对抵押贷款的净损失部分给予一定比例的补偿。

（2）实施效果。泗洪农村商业银行将农民房屋抵押贷款与阳光信贷有机结合，并且将全县集中居住区住房的农户和列入拆迁范围的农户均纳入农民房屋抵押授信范围，并逐户上门收集授信资料，填制农户授信调查

表，实行阳光信贷"预授信"，按照购房发票、合同等有效证件价格的
50%进行授信，农户在购房后可直接到支行办理提款手续。截至 2014 年
10 月末，泗洪农商行已累计发放农民房屋抵押贷款 5230 笔、金额 8.3 亿
元，帮助 4865 户农户解决创业、消费等资金需求。

三　服务下沉型金融创新模式

相比于城市，广大农村地区仍存在金融服务能力不足、渠道单一等问
题，是制约农村经济、小微企业发展的瓶颈。金融机构覆盖不足、涉入不
深、服务不全是导致农村地区金融供给排斥的重要原因（朱晓哲，
2015）。为了解决这一问题，金融创新的方向是加快金融基础设施建设，
开展服务下沉，疏通通往基层的"毛细血管"，全方位、多层次提升对弱
势群体的金融服务水平。也就是针对服务对象，设计专门的信贷产品，将
服务下沉到基层，切实解决基层客户信贷约束难题。

案例 9.3　江苏民丰农商行"信贷工厂"小微企业贷款模式①

江苏宿迁小微企业普遍面临着土地供应紧张、资金矛盾加剧、生产成
本增加、劳动力缺口等问题。由于小微企业缺乏健全的财务报表、不能提
供有效抵押物，加之贷款额小、分散、风险大、成本高等原因，银行对小
微企业贷款意愿不强。基于此，江苏民丰农商行引入德国"信贷工厂"
模式（IPC 技术），实施微贷业务转型升级，探索出了一个有效服务小微
企业的贷款模式。

（1）主要创新点。IPC 模式主要特点是将标准化的流程运用到贷款管
理的各个环节，在市场营销、申请受理、贷前准备、实地调查、审查审
批、合同签订及贷款发放等阶段实行固式可量化的操作。①营销主动化。
江苏民丰农商行设立小微贷款专营中心，对客户进行地毯式上门营销，使
贷款模式深入人心。②贷款调查程式化。一是贷款调查流程标准化，二是
贷款调查检验技术规范化。③贷款处理高效化。江苏民丰农商行从贷款受
理申请到发放整个流程控制在 3 个工作日内，对每个阶段进行量化。④贷
后管理标准化。江苏民丰农商行制定标准化的贷后监控操作规范和逾期处
理流程，对客户经理首次贷后和日常贷后作出明确规范。⑤产品体系化。
江苏民丰农商行成立小微信贷产品研发小组，研发适合小微企业特点的系

---

① 案例资料来源：中国人民银行农村金融服务研究小组：《中国农村金融服务创新案例》，
中国金融出版社 2014 年版。

列信贷产品。

（2）实施效果。江苏民丰农商行通过引进 IPC 技术，并结合宿迁地方特色进行改进和完善，形成具有当地特色的微贷模式。①助推小微企业发展上规模。IPC 模式使那些原本被拒绝在银行大门之外的小微企业客户群体享受到金融服务的机会，让小微企业能顺利融资，扩大生产。2011年至 2013 年，三年间累计支持小微企业 4426 户，发放贷款总额 8.5 亿元。②助推全民创业热潮。IPC 模式有效解决了小微企业抵押难、担保难问题，降低了贷款门槛，在一定程度上为全民创业创造了良好的融资环境。

四　加强风险控制型金融创新模式

由于农产品生产经营中面临着较高的市场风险和自然风险，这就决定了涉农信贷的高风险性。以往，金融机构一直将信贷风险控制的注意力放在农户、涉农企业的抵押担保能力上，但是由于多种因素的制约，农户、涉农企业的抵押、担保物缺失，而且真正发生风险事件时，抵押物处置成本高、变现率低。这方面的创新要从源头上做文章，主要是农村信用体系的建立，提高农民信用意识，改善信用环境。

案例9.4　山西太谷"四项机制"创建农村信用体系模式①

太谷县根据省、市政府印发的《关于加强金融生态环境建设的意见》，结合人民银行太原中心支行制定的《关于推进农村信用体系建设的指导意见》等文件精神，创新思路、精心策划、科学实施，积极打造"信用宣传、档案建立、信用评价、产品创新、信贷支持"的"五位一体"农村信用体系，通过建立"四项机制"，有效提高了农村信用水平，促进了区域金融发展和创新。

（1）主要创新点。太谷县创建农村信用体系的主要做法是：①建立信用信息征集机制。按照因地制宜、科学合理的原则，并结合当地农村经济特点，设计农户信用信息指标体系，涵盖农户基本信息、经济状况、健康状况、生产经营、主要收入来源、住房结构等，并建立网络化管理的农户电子信用档案。②建立信用评价机制。成立由人民银行、涉农金融机构、乡政府、村委会和农户组成的评定小组，依托信用档案信息，从贷款

①　案例资料来源：中国人民银行农村金融服务研究小组：《中国农村金融服务创新案例》，中国金融出版社 2014 年版。

人的个人品质、银行信用、承债能力等方面进行量化分析，按四个等级评定授信额度。③建立信用奖惩机制。出台《太谷县金融机构支持地方经济发展绩效考评奖惩办法》，设立专项奖励基金 50 万元，对改善区域金融生态环境的金融机构进行奖励。同时，涉农金融机构对信用等级高、信誉好的农户也实行信贷优惠。④建立信用服务机制。太谷县政府要求涉农金融机构贯彻执行人民银行印发的《太谷县创新农村金融产品和金融服务方式实施意见》，积极创新农村金融产品和金融服务方式，扩大涉农信贷投放。各涉农金融机构依托当地相对完善的农村信用体系，锐意改革、大胆创新，推出一系列信贷产品，不但满足了农户生产、生活资金需求，也为农村企业提供了一条低成本的融资渠道。

（2）实施效果。太谷县建立农村信用体系，有效促进了"金融资源与农业发展""信用环境与信贷投放"的对接，逐渐形成了农村经济、农民收入和农村金融机构"和谐共赢发展"的良好局面。①改善了农村金融生态，信贷支持三农取得新成果。2010 年至 2013 年 6 月，累计投放支农贷款 65.8 亿元，向 19287 户农户提供金融服务，无逾期、无拖欠，有力地支持了"三农"经济发展。②防范了信贷风险。通过出台《太谷县农户信贷管理办法》，规范信贷合同文本、信贷业务基本操作流程；建立农民客户经理风险提示奖惩制度，帮助信贷员掌握了解更多贷款客户信息，有效防范了信贷风险。

五 农村"互联网+金融"创新模式

目前，农村"互联网+金融"的农村金融创新有四类主体：第一类是电商平台带动型。这类创新主体进入农村市场初期，是将金融作为整体战略布局的一个部分，在发展过程中相继发展出农村电子支付、小额信贷、财富管理等多项业务，如阿里巴巴、京东等。第二类是 P2P 平台带动型。P2P 平台通过线上平台整合资金和项目、线下网点（或代理商）开发客户的方式，将农村资金需求端与供给端有效对接起来，如宜信、翼龙贷等。第三类是大型农企带动型。龙头企业凭借自身的信用优势和业务信息优势，成立专门的金融部门，以帮助农业产业链上的农户、小微企业解决融资难题，发展出卓有成效的农业产业链融资模式。这种模式以产融结合的方式切入产业链金融，将金融服务与产品服务融为一体（何广文、王立恒，2016）。比如，以大北农、新希望为代表的大型农业企业，对农村市场较为熟悉，通过建立经营养殖信息系统和开拓网上农资商城，在掌握大量农户和农业企业有关数据和资源的基础上，向其提供农资贷款。第四

类是传统银行机构。主要包括了农村信用社、中国农业银行与中国邮政储
蓄银行等金融机构。近年来，这些传统银行机构纷纷加大对农村互联网金
融的投入，通过推广电话银行、手机银行、网上银行等方式为农民拓宽融
资渠道，为农村居民提供更为便捷的金融服务（阙方平，2015）。

案例9.5　大北农"农业产业链+互联网"金融创新模式①

大北农集团是我国"互联网+农业"建设的龙头企业，产业涵盖畜牧
科技与服务、种植科技与服务、农业互联网三大领域。2010年，大北农
集团在深圳证券交易所挂牌上市，成为中国农牧行业上市公司中市值最高
的农业高科技企业之一（方广露，2018）。大北农"农业产业链+互联网"
金融创新模式主要有两个创新点：

（1）以互联网为基础构建产业链。为了帮助养殖户提高养殖效率，
大北农提出"智慧大北农"战略，力求全面推动传统农牧业生产方式的
转变，将"互联网+"的新技术、新理念渗透到农业生产的各个环节。在
此基础上，构建养猪人快乐生态圈——猪联网，猪联网不仅为猪场管理提
供支持，更是以互联网为核心，把生猪产业链资源连接起来的平台。通过
猪管理、猪交易、猪金融三大模块有机结合，整合生猪相关的战略资源，
以猪联网为核心形成闭环，变外部产业链为内部生态链。在销售环节，大
北农为方便农户销售产品，专门搭建起线上交易的平台，为注册认证用户
提供生猪的销售服务。在农资采购上，大北农的农信商城为农户们购买自
己需要的饲料或其他商品提供便捷和低成本的服务。在信息发布上，行情
宝通过农产品市场价格形势分析和农产品供求动态监测，为各类生产经营
的农户提供实时精确的市场信息。

（2）以自有大数据为基础拓展金融服务。得益于互联网技术的应用，
大北农在实现网上购物、支付、转账结算的同时，还针对农户储蓄、兑
现、贷款、理财等金融需求，推出了"农信金融"服务，用以满足农户
日常金融需求。依托平台交易数据和大数据分析技术，大北农深入了解养

---

①　案例资料来源：金融界网站：《薛素文谈：大北农如何给猪插上互联网的翅膀》
（http://finance.jrj.com.cn/2015/06/26140719404717.shtml）；农博网：《汪洋调研"互
联网+"现代农业发展　视察大北农旗下农信互联公司》（http://news.aweb.com.cn/
20150915/601899948.shtml）；大北农集团官网（http://www.dbn.com.cn/）；吴珊：
《互联网+农业的行业发展研究——基于"大北农"案例分析》，《西部皮革》2016年
5月。

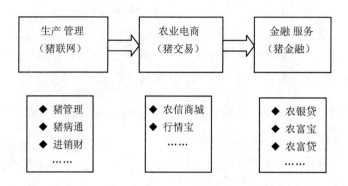

图 9.1　大北农互联网产业架构

殖户和经销商的信用情况，并以此为基础搭建农村信用网，将之作为大北农的资信管理平台，为建立以信用为核心的普惠制农村互联网金融服务体系奠定了基础（中国人民银行哈尔滨中心支行课题组，2017）。农信网以猪联网的数据为基础，向上下游伙伴提供小贷、P2P 等金融服务。农信网具体嫁接了农富贷、农银贷、农富宝、扶持金等服务板块。从功能上讲，农银贷主要为银行放贷提供信用数据，农富贷主要为生产者与经销商提供小额贷款，扶持金主要为生产者提供赊销服务，农富宝主要为农户提供理财服务。总之，大北农基于自有的大数据资源，提供基于互联网的农村金融解决方案，不仅服务了客户，而且还延伸产业链服务。

案例 9.6　京东"京农贷"农村金融创新模式①

2016 年 9 月，京东金融凭借京东在渠道下沉、电子商务、互联网金融的巨大优势，系统定义了其农村金融发展战略，将紧扣以"农产品进城""电商下乡"为核心的农村经济闭环，创新发展具有京东特色的农村金融新模式。在农业生产环节，提供覆盖农户从农资采购一直到农产品种植等环节，再到加工、销售的全产业链金融服务；在农村消费生活环节，完整地向农民提供支付、理财、众筹、信贷、保险等全产品链金融服务（胡璐、丁雅雯，2016）。其中，"京农贷"是京东农村金融的核心品牌，"京农贷"一方面着眼于解决农民的资金需求问题；另一方面，"京农贷"更加关注农村经济内生动力的激发和培育，以此推动农村经济实现可持续

---

① 案例资料来源：农博网：《落实一号文件 京东金融"京农贷"推进农业供给侧改革》（http：//news. aweb. com. cn/20170228/629871408. shtml）；《京东金融"先锋京农贷"正式落地 解决农资信贷需求》，《齐鲁晚报》2015 年 10 月 12 日。

发展。

（1）主要创新点。"京农贷"是基于地方产业特色基础上的信贷产品创新。①基于地方优势创新信贷产品。以平顶山为例，自2014年起，平顶山市开始探索循环农业及产业链闭环经营模式，并以此为基础进行信贷产品创新。首先，建立了覆盖全市80%耕地、76%乡镇的100%无污染的现代生态循环农业试验区，其中以平顶山现代养殖合作总社为核心，组织社员建立的"千头线"是其生态循环农业的典型代表。其次，基于平顶山地区的农业现状和产业发展特色，"京农贷"联合中华联合保险，设计出独具特色的"互联网+保险+信贷"农贷保新型网络融资模式。该模式通过平顶山现代养殖专业合作总社拓展线下渠道，通过中华联合保险为农户增信，通过京农贷大数据优势进行风险管控，为平顶山农户提供"互联网+金融"服务。②"京农贷"四大优点：第一，期限长。"京农贷"为农户提供长达9个月的融资贷款，农户可先拿种子，丰收后再还款。第二，利息低。第三，额度高。最高额度达30万元，满足农户和种植大户在生产中的资金需求。第四，贷款申请快速便捷，最快可以当天放款，所有贷款无抵押无担保。③风险控制。京东金融利用杜邦先锋及其经销商的数据了解农户信用，并将之纳入农户现代担保体系，先锋种业与其经销商分别作为农户农资信贷的二级担保和一级担保（王刚贞、江光辉，2017）。

（2）实施效果。"京农贷"在满足农民信贷需求方面显示出不错的成效。从2016年3月到12月9个月间，"京农贷"项目已经为平顶山现代养殖合作总社近200名社员提供授信规模达2亿元的信贷服务。同时"京农贷"还有效整合京东物流、电商及金融生态，充分利用互联网思维，为平顶山生态循环农业提供全产业链服务，帮助平顶山种养循环模式的进一步升级迭代，推动形成"农林牧相结合，种养家一体化，保贷担相配套"的新型农业发展模式。"京农贷"在平顶山的成功实践也被全国各地学习和借鉴，并且在发展中不断创新，成为助推农村经济发展的有效载体。截至2016年11月，京东农村金融已经在全国超1700个县、30万个行政村开展了各类农村金融业务。

第四节　本章小结

当前，我国农村金融资源非农化趋势加剧，国有商业银行在发展思路、资源配置、机构设置和业务方向上都向城市地区倾斜，且这种远离农村的趋势持续加强，致使农村金融业务相对萎缩（郭旭红，2013）。在这种情况下，农村金融创新具有更加深远的意义，不但是增加农村信贷资金有效投放的内在要求，也是合理配置城乡金融供给，构建科学完善农村金融体系的必然选择。我国农村市场广阔，同时发展极为不均衡，这种特征决定了农村金融需求的多层次性，单一金融机构无法满足这种多样化的金融需求。应充分发挥政策性、商业性、合作性及新型金融机构在农村信贷供给方面的优势，构建全方位、多层次的农村金融市场，在不同层次、不同方面满足农村金融的信贷需求（杜婕、万宣辰，2016）。因此，当前农村金融创新的基本思路也是根据不同地区经济条件和产业特色，发展不同的创新模式。可喜的是，在不断的创新实践中，地方政府、金融机构、农业企业、互联网公司等通力协作，发展出了各具特色的农村金融创新模式，涉及抵押、担保、风险控制以及贷款产品等方方面面，将我国农村金融发展实践推向了一个新的高度。

第十章 浙江农村金融创新与实践

第一节 引言

2012 年 3 月 28 日，国务院常务会议决定设立温州市金融综合改革试验区，批准实施《浙江省温州市金融综合改革试验区总体方案》，引导民间融资规范发展，提升金融服务实体经济能力，为全国金融改革提供经验。这是国家给予浙江的一大支持政策。另外，2012 年 3 月 30 日，为了推进农村金融产品和服务方式创新，探索农村金融服务的新途径和新模式，加大对"三农"支持力度，中国人民银行、浙江省人民政府联合印发《关于在浙江省丽水市开展农村金融改革试点工作的通知》，决定在浙江省丽水市开展农村金融改革试点工作，并同意实施《丽水市农村金融改革试点总体方案》。2015 年 12 月 2 日，国务院常务会议上决定建设台州市小微企业金融服务改革创新试验区[①]，旨在通过发展专营化金融机构和互联网金融服务新模式、支持小微企业在境内外直接融资、完善信用体系等举措，探索缓解小微企业融资难题。这是继温州之后，浙江第二个国家级金融改革示范区。通知指出，加快推进农村合作金融机构股份制改革，支持优质民营企业参与增资扩股。扩大村镇银行、贷款公司、农村资金互助社和小额贷款公司的覆盖面。引导小额贷款公司规范发展，鼓励优质小额贷款公司拓宽资金渠道（浙江省金融工作办公室课题组，2017）。温州、台州、丽水等地近几年金融改革的运行取得了可喜的成就，农村金融普惠力度不断深入，农村金融改革的实践与启示受到了越来越广泛的关

[①] 中国人民银行、发展改革委、财政部、银监会、证监会、保监会、外汇局联合印发《浙江省台州市小微企业金融服务改革创新试验区总体方案》的通知。央行网站，2015 年 12 月 11 日。

注。农村中小金融机构服务三农的模式与产品创新对我国其他省份的农村金融改革具有一定的借鉴意义。本章从浙江农村中小金融体系、浙江农村金融创新模式与经验以及不同区域与不同类型农村中小金融机构的实践案例来进行总结。

第二节　浙江省农村中小金融机构体系

浙江省作为我国农村现代化推进最快的省份之一，县域农村地区经济发达，中小民营企业众多。农村经济发展促使农村信贷市场的急剧扩张；数据显示①，2000—2009 年，浙江农业贷款和乡镇企业贷款年均增速分别达到 29.4%和 13.0%。然而，由于传统的农村金融机构的贷款方式主要为信用贷款、抵押贷款，农户和乡镇中小企业很难获得贷款，导致贷款难的问题突出。对于浙江省农村中小金融机构体系的探讨，将有助于了解浙江省农村金融的发展现状，以寻求解决农村金融与农村经济发展不协调之道。②

一　农村银行（农村合作银行、农村商业银行）与农信社

2003 年末，浙江全省 1011 家乡镇农村信用社和 81 家县联社营业部中，640 家资不抵债；全省农村信用社账面不良贷款额 154.3 亿元，不良率 8.56%，实际不良贷款远远高于账面额。与其他省份农村信用社一样，浙江省农村信用社也面临着大量复杂的矛盾和问题，亟待改革。2003 年 6 月，国务院下发《关于印发农村信用社改革试点方案的通知》，将农村信用社管理权下放给省级政府，省级政府授权省级联社行使对全省农村信用社的行业管理，银监会依法行使对农村信用社的监管职能。自此，农村信用社新一轮的改革开始。

浙江省政府于 2004 年 4 月组建了浙江省农信联社，在省政府授权下履行对全辖成员行社的管理、指导、协调、服务职能。省农信联社既是根据合作制原则由基层行社出资组成的省级合作金融机构，同时也是一家可以经营部分资金、清算业务的独立金融企业法人。省农信联社的改革目标

---

① 吴红卫、刘小宁：《浙江农村金融问题调查解析——基于百户种植大户和百户养殖大户问卷调查》，《调研世界》2012 年第 12 期。

② 本部分内容是在笔者博士学位论文部分内容基础上扩展而成。

是，采取产权制度改革一次到位、组织形式改革分阶段实施的办法，逐渐形成以农村合作银行为主体、一级法人为补充的股份合作制金融体系。通过以农村合作银行、县级统一法人联社、暂时保留两级法人联社三种组成形式，省农信联社对全省各县级农村信用社顺利完成了清产核资、清理老股金、增资扩股等工作，完成了第一阶段的改革。因为数据的可得性，本书数据统计截至 2012 年末，浙江省农信联社已组建农村商业银行 7 家、农村合作银行 38 家、县级统一法人联社 36 家，正逐渐过渡到形成以农村合作银行占主导地位的股份合作制金融体系的阶段。

表 10.1　　　浙江农信社（农村银行）经营状况（2003—2011 年）

	2003 年	2007 年	2011 年
全部金融机构存款余额（亿元）	14758.15	29030.33	59727.91
省农信联社存款余额（亿元）	2399.63	4339.98	8934.00
省农信联社存款占总存款比重（%）	16.26	14.95	14.96
全部金融机构贷款余额（亿元）	12014.28	24939.89	51276.64
省农信联社贷款余额（亿元）	1802.87	3199.68	6410.35
省农信联社贷款占总存款比重（%）	15.01	12.83	12.50
省农信联社农户贷款余额（亿元）	548.57	1337.70	2161.24
省农信联社农户贷款余额占比（%）	30.43	41.81	33.71
净利润（亿元）	12.25	74.36	165.70
不良贷款率（%）	8.55	1.89	1.27

数据来源:《浙江省统计年鉴》（历年）、根据调研数据整理所得。

表 10.1 给出了浙江省农村信用联社（农村信用合作社）2003 年、2007 年与 2011 年的经营状况比较。从表中可以看出，省农信联社的经营规模（存贷款总额）稳步增长：2003—2007 年年均增长率为 19.16%；2007—2011 年年均增长率稍提高为 19.76%。省农信联社的存、贷款占全省金融机构存、贷款余额的比重逐步下降，稳定至 15%、12.5% 左右。农户贷款余额则呈现了先升后降的趋势，由 2003 年的 30.43% 上升为 2007 年的 41.81%，随后下降至 2011 年的 33.71%。而省农信联社的盈利能力则逐渐减弱，从 2003—2007 年均高达 56.96% 的净利润增长率下降至 2007—2011 年间的 22.18%。省农信联社的不良贷款率由 2003 年的 8.55% 大幅下降至 2011 年的 1.27%。

这几年，农村信用社的股份制改造速度加快，截至 2016 年末，浙江农信系统各项存款余额 16429.8 亿元，各项贷款余额 10954.3 亿元，存贷款总量居全省银行业第一。到 2017 年 3 月，浙江省农信联社已有农村合作银行 6 家，农村信用社 26 家，农村商业银行 49 家。

二　新型农村中小金融机构

新型农村中小金融机构包括村镇银行、小额贷款公司、农村资金互助社以及贷款公司。由于浙江省目前只有 1 家贷款公司，不具有分析意义，因此在本章中我们只介绍另外三类农村新型金融机构（傅昌銮，2013）。

1. 村镇银行

2006 年 12 月 22 日，中国银监会发布《调整放宽农村地区银行业金融机构准入政策的若干意见》，该政策敞开了农村金融市场的大门，在四川、青海、甘肃、内蒙古、吉林、湖北六省（区）进行试点，新设三类新型农村金融机构即村镇银行、农村资金互助社和贷款公司。在三类新型农村金融机构中，村镇银行是最重要的组成部分，是最活跃的组成单位。村镇银行是"经中国银行业监督管理委员会依据有关法律、法规批准，由境内外金融机构、境内非金融机构企业法人、境内自然人出资，在农村地区设立的主要为当地农民、农业和农村经济发展提供金融服务的银行业金融机构"[①]。村镇银行同其他银行金融机构一样，通过吸收公众存款，发放贷款以及提供相关金融服务。

浙江省是新型农村金融机构的第二批试点省份，自 2008 年 5 月第一家村镇银行——长兴联合村镇银行成立以来，浙江省村镇银行发展迅速。截至 2012 年末，全省共成立了 50 家村镇银行，其中宁波地区 11 家。为了促进新型农村金融机构的发展，银监会对于村镇银行的设立采取了"低门槛"的原则："在县（市）设立的村镇银行，其注册资本不得低于人民币 300 万元；在乡（镇）设立的村镇银行，其注册资本不得低于人民币 100 万元。"[②] 尽管村镇银行的设立门槛较低，但是浙江省内的村镇银行的注册资金达到了 1.22 亿元的均值，甚至高于城市商业银行的注册资本最低限额。

村镇银行一般都偏向于选择在县级行政区设立，其营业范围覆盖在县级行政区及其以下的基层区域。《村镇银行暂行管理规定》明确村镇银行是在农村地区设立为当地"三农"服务的金融机构，不得异地经营。这一经营范围的规定使得村镇银行以经营面向小企业与农户发放小额贷款为

---

① 《村镇银行管理暂行规定》，中国银行业监督管理委员会。
② 同上。

主。截至 2012 年末，浙江省村镇银行存款余额 294.97 亿元，贷款余额 332.56 亿元，其中不良贷款 2.66 亿元，不良贷款率为 0.80%。2012 年，浙江省（不含宁波地区）村镇银行贷款户数 50394 家，其中农户贷款 40382 家，占比 80.1%；农户贷款余额占比 45.9%；涉农贷款 269.17 亿元，占总贷款余额的 90.8%。小微企业贷款余额为 38.67 亿元，占贷款总数的 43.5%。2016 年，辖内村镇银行共新设分支机构 36 家，年末平均涉农贷款占比 88.6%，农户和小微企业贷款余额占比 95.95%，500 万元以下贷款余额占比 89.51%，均较年初有所上升。户均贷款 34 万元，比年初下降 5 万元。截至 2017 年 3 月，浙江省全省已有村镇银行 73 家，存款余额达到 610.95 亿元。①

2. 小额贷款公司

为改善农村地区金融服务，促进"三农"经济发展，2008 年 5 月，中国人民银行、中国银监会联合发布了《关于小额贷款公司试点的指导意见》（以下简称《指导意见》），这一对民间金融疏堵并举的政策转变迅速点燃了民间资本的热情。在地方政府推动下，小额贷款公司在全国各地纷纷设立，对进一步改善农村地区金融服务环境，规范和引导民间融资行为，缓解小企业融资难问题起到了积极的促进作用。

浙江省自 2008 年 9 月第一家小额贷款公司——海宁宏达小额贷款公司成立。截至 2012 年末，浙江省已开业小额贷款公司共 277 家，覆盖全省 11 个地市。除丽水庆元县之外，全省其他县（市、区）均已成立小额贷款公司，其中杭州萧山区、绍兴诸暨市等 10 个县（市、区）超过 5 家。全省已开业小额贷款公司注册资本合计 576.02 亿元，平均单个小额贷款公司 2.08 亿元。截至 2018 年 9 月末，浙江省已开业小额贷款公司 332 家（含宁波 47 家，不含杭州阿里巴巴）；注册资本金总额为 586.52 亿元；所有者权益总计 653.51 亿元；融资余额 39.02 亿元（其中银行融资 14.82 亿元）；可贷资金规模 692.03 亿元；全省小贷公司贷款余额为 691.01 亿元，共计贷款 19.37 万笔，客户数为 17.32 万户，户均贷款余额 39.89 万元；其中支农支小贷款余额 288.95 亿元，共计贷款 17.68 万笔，客户数为 16.33 万户。② 由于数据的可得性，本书数据统计截至 2012 年 12 月 31 日，全省注册资金最大的是 8 亿元，有 2 家；其次是 6 亿元，有 5 家；最低的为 2000 万元。具体分布情况如图 10.1 所示。

① 根据浙江银监局数据整理所得。
② 根据浙江省金融办与浙江小额贷款公司协会数据整理所得。

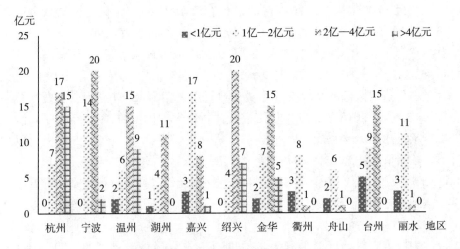

图 10.1　小额贷款公司注册资金分布

数据来源：根据调研数据整理所得。

小额贷款公司业务呈现"抵押担保方式为主、期限短、贷款利率高"的特点。2012 年全省（包括宁波地区）小额贷款公司全年贷款累放2548981 笔，贷款余额总计 2557.72 亿元，截至 2012 年底，全省小额贷款公司贷款 105398 笔，贷款余额 746.54 亿元。在各项贷款中，种养殖业及100 万元以下小额贷款 99271 笔，贷款余额 528.23 亿元，占比 70.76%，支持了当地"三农"和小企业的发展。逾期贷款 4.74 亿元，不良贷款6.16 亿元，不良贷款率 0.825%，拨备计提余额 25.75 亿元，经营较为平稳。2012 年，全省小额贷款公司年平均贷款利率为 19.16%，共实现收入117.72 亿元，净利润 62.15 亿元。

根据国务院建立"双层监管"的精神，浙江省在建立小贷监管体系、培养监管队伍等方面作了一些积极探索。浙江省金融办在全国率先单独设立"小额贷款公司管理处"，现全省金融办系统初步建立近 200 人的小贷公司监管员队伍，行业的引领作用也进一步发挥。在制度建设上，近年来连续出台了《小额贷款公司监管试行办法》《小额贷款公司非现场与现场检查工作指引》等 30 多个政策和操作办法，构建了监管制度框架。2016年下半年，又明确提出"四项隔离""四个不得"的监管要求，并下发《关于进一步做好小额贷款公司风险处置工作的通知》，督促各地进一步帮助指导小贷公司做好风险化解和不良资产处置工作，增强其抵御风险能力和发展后劲。截至 2016 年末，全省小贷公司小微企业和农户贷款余额为 595 亿元，惠及以"低资信"群体为主的逾 30 万客户，实现了"开正道、补急需、促创业"。浙江积极支持小额贷款公司充分发挥地缘、人缘、血缘优势，构成金融服务的"毛细血管"。①

3. 农村资金互助社

农村资金互助社是指"经银行业监督管理机构批准，由乡（镇）、行政村农民和农村小企业自愿入股组成，为社员提供存款、贷款、结算等业务的社区互助性银行业金融机构"②。因为农村资金互助社一般以乡镇或行政村为发起方式，所以其规模往往较小。农村资金互助社作为单纯为资金互助社的成员服务的微型金融机构，其具有相对灵活方便的特点，它的存在主要为农户提供小额信贷，使得资源能够渗透至最深层处的农村地区，这在一定程度上填补了农村金融信贷市场的空白。

因为数据的可得性，本书数据统计截至 2012 年末，浙江省（不含宁波地区）已成立了 7 家农村资金互助社，平均注册资本 449 万元。2012年这 7 家农村资金互助社的经营情况如表 10.2 所示。

表 10.2　　　浙江省农村资金互助社经营情况（2012 年）　单位：万元、户

	注册资本	贷款余额	贷款户数	户均贷款	净利润
临海忘不了	350	1059	68	15.6	57
温岭玉麟	380	2414	66	36.6	39
缙云欣禾	369	3063	191	16.0	97
德清德农	500	3660	114	32.1	64
建德桑盈	391	3424	132	25.9	6
瑞安汇民	500	2486	153	16.3	79
平湖当湖	500	1887	143	13.2	50

数据来源：根据调研数据整理所得。

三　农村中小金融机构的市场定位

如果将农村金融市场划分为高端、中端与低端三等市场，那么高端市场被面向农村大中型企业的中国农业银行和面向政府有关部门的农业发展银行所占据；中端市场则主要由农村银行和农信社占据；而新型金融机构

---

① 根据浙江金融办数据整理所得。
② 《农村资金互助社管理暂行规定》，中国银行业监督管理委员会。

则处于低端市场中。表 10.3 给出了县域农村金融市场中各类金融机构的业务类型和服务对象。

表 10.3　　　　　　　农村中小金融机构业务类型与服务对象

金融机构类型	主要金融业务	目标客户群体
农村银行	吸收存款、农村工商业贷款	农村中小型企业、农户
农信社	吸收存款、农村工商业贷款、小额信用贷款	农村中小型企业、县域居民、农户
村镇银行	吸收存款、农村工商业贷款	农村中小型企业、县域居民、部分农户
小额贷款公司	农村小额贷款	农村小微型企业、农户
农村资金互助社	农户间的小额贷款	互助组织内的农户

资料来源：何广文：《中国农村金融发展与制度变迁》，中国财政出版社 2005 年版。

　　农村银行和农信社在经过一些改革之后，无论在管理效率还是经营实力方面均得到了较大的提升，使它们从一个地方性与政策性的金融机构逐步转变为自主经营及自负盈亏的金融企业。因为农村银行和农信社凭借着其乡镇以下网点的高覆盖率以及人员本土化，并掌握着农村金融市场中的大量"软信息"，所以其在县域农村金融市场中处于主导地位，另外，其面向的客户也是农村经济中相对较优质的中小型企业与农户。

　　村镇银行相对于其他新型农村中小金融机构而言，在设立、管理以及治理与监管方面都有着更严格的规定。《村镇银行暂行管理规定》要求"村镇银行发放贷款应坚持小额、分散的原则"，而且村镇银行的注册资金相对较小，这遏制了村镇银行发放高额贷款；另外，由于村镇银行的严格规定让村镇银行拥有满足农村中小企业贷款需求的服务水平。因此，村镇银行的市场定位是面向中小企业与农户的小额贷款，其属于中间型的农村金融机构。

　　小额贷款公司被要求"坚持小额贷款的经营取向，切实为小企业和'三农'服务"，以及为贫困或中低收入群体提供合适的金融产品服务。对于县域经济内那些资信低以及规模小的小微企业，因为它们缺乏合格的抵押资产，所以很难从正规金融机构获得贷款；另外，《关于小额贷款公司试点的指导意见》也"鼓励小额贷款公司面向农户和微型企业提供信贷服务"。而小额贷款公司"小额、分散"的放贷原则与小微企业贷款需求的小额、短期的特点相一致。因此，小额贷款公司的市场定位是面向小微企业以及需要多样化生产的农户。

　　农村资金互助社通常规模较小，是由自愿入股的农户和农村中小企业自发建立起来的。而且都是在一个村里。这些性质即决定了其面向的服务对象是互助组织内的农户。

第三节 浙江农村金融创新模式与经验

一 浙江"三权"抵押贷款模式创新

2006 年,浙江丽水率先开展林权制度改革,推进林权抵押贷款,并逐步在全省范围内铺开,走在全国前列。另外,浙江温州、丽水等地的农房抵押贷款模式以及农村股权质押贷款模式也是对农村金融的一些创新。

(一) 浙江"三权"抵押贷款模式①的实施措施

2015 年底,全国人大授权浙江省部分县市开展农村承包土地经营权抵押贷款试点和农房抵押贷款试点。截至 2016 年末,浙江辖内涉农银行机构林权、农民住房财产权和农村承包土地经营权抵押贷款共计 172 亿元,比年初增加 14.4 亿元。浙江"三权"抵押贷款探索出了一套具有浙江特色的模式,采取的主要措施如下。

(1) 健全相关试点配套政策和制度。①加快推进确权登记颁证。试点地区的农业、国土等部门积极探索有效的确权颁证方式,让当地农民"有证可抵、有权可用"。在农房和宅基地确权方面,开展不动产统一登记试点。如温州乐清市就以不动产统一登记为契机,建立了以"户为单位、信息到人到地到房"的产权信息数字化管理系统,宅基地使用权确权颁证率达95%,农房确权颁证率达68%。在农地确权方面,开展了农村土地承包权确权登记颁证工作,海盐、龙泉、缙云等7个试点地区的农地确权颁证率达到90%。林权方面,经过10年的持续推进,浙江林权的确权、登记、发证等配套建设逐步完善,如丽水确权率达到90%。②积极搭建农村产权交易流转平台。全省共建成市县农村产权流转交易市场93 个、乡镇产权流转服务平台979 个,农村土地承包经营权和宅基地使用权抵押贷款14 个试点县(市、区)已全部建立了产权流转交易平台;有效促进了农村产权要素的顺畅流动。③多方建立风险缓释机制。主要包括风险补偿、财政贴息、担保增信以及财政奖励等方式。在风险补偿方面,比如丽水市财政按照上年度林权抵押贷款余额的千分之五逐年提取建

---

① 资料来自浙江省银监局、中国人民银行丽水市中心支行、浙江省金融办等部门。

立风险补偿资金，并且设立专户用于补偿林权抵押贷款出现的损失，实行专款专用。在财政贴息方面，比如青田县财政对用于生产经营的农房抵押贷款，按基准利率的 50% 给予财政贴息。在担保增信方面，比如海盐县设立风险基金 3000 万元，一旦农村承包土地经营权抵押贷款发生不良，基金与银行按照 3∶7 的比例分担损失。在财政奖励方面，比如长兴县对银行直接经办"三权"抵押贷款业务的客户经理，按贷款余额的一定比例给予奖励。④建立健全抵押物市场化处置渠道。比如乐清市、瑞安市政府出台了抵押农房司法处置暂行规定，鼓励金融机构采取减额续贷、协议转让、司法拍卖等多种方式处置抵押物。试点以来，温州市已成功处置农房抵押不良贷款 140 笔、金额 9674 万元，平均受偿率达 80%。

（2）积极推动农村金融机构参与。①出台业务操作细则。比如海盐农商行制定了《"农钻通"村流转土地经营权抵押专项贷款管理办法》。②优化信贷管理机制。通过建立专营机制、优化贷款流程、提高贷款额度、科学匹配期限利率以及强化考核激励等措施来优化信贷管理。③创新抵押贷款摸式。试点地区金融机构围绕当地"三农"需求，创新推出了四种比较有代表性的抵押贷款模式。第一种是"直接抵押"模式，比如温州乐清农商行对 30 万元以下的农户小额信贷，可以农房直接抵押，无须再额外提供担保，而且农户办理抵押后可循环使用、随借随还。第二种是"抵押+小额贷款保证保险"模式。比如丽水青田县推出农房抵押贷款小额保证保险业务，保险公司按贷款本金收取 1% 的保费，若出现不良银行与保险公司按 70% 与 30% 的比例分担损失。第三种是"林权+互助担保"模式。即村集体成立具备法人资格的村级互助担保组织，负责林权等农村产权价值评估、贷款担保、抵押物处置，由村集体出资、会员出资、政府引导资金等组成担保基金池，银行按放大 10 倍给予授信，并根据其出具的担保承诺函向农户发放小额贷款。第四种是"抵押+按揭贷款"模式。比如湖州长兴县推出了农村承包土地经营权抵押按揭贷款业务，贷款期限最长的可以达到 10 年，农户在贷款期限内可以分期偿还本息，这能够有效解决农户大额、长期的资金需求。

（二）温州农房抵押贷款模式创新①

（1）建立较为完善的农房抵押贷款配套政策体系。①加快推进确权登记颁证，为试点创造基础条件。比如：乐清出台《乐清市农村宅基地确权登记规定》，对农村宅基地确权登记范围、流程等作出具体规定，全

---

① 　资料来自浙江金融办、温州金融办、中国人民银行温州市中心支行等部门。

面推进农村宅基地确权登记颁证工作。针对宅基地历史遗留问题，在坚持"一户一宅、建新拆旧、法定面积"的前提下，妥善处理违章等问题。②规范农房抵押权登记，简化业务办理流程。比如：乐清出台《乐清市集体土地范围内的房屋登记办法》，对农房抵押权的登记机构、登记条件和业务流程等予以明确和规范；温州瑞安市政府以会议纪要的形式明确办理农房抵押登记手续时不再要求提交抵押人具备两处以上的住所或抵押房产变卖处置后仍有安居之地的承诺书，而且不再要求提交抵押权人自担风险的承诺书。另外还加大惠农力度，对办理农房抵押登记手续的农户免收登记费。③构建多层次风险补偿机制，为试点工作保驾护航。比如：市级层面，中国人民银行温州中心支行申请了75万元金融综合改革经费，专项用于农房抵押贷款风险补偿和业务奖励；温州乐清市财政和金融机构共同设立了"信联信惠农贷"风险保障金，如果发生贷款不良，那么风险保障金按照40%的比例予以风险补偿。

（2）形成了较为成熟的农房抵押贷款模式。①建立完备的产品体系，满足多层次、多元化融资需求。比如：温州乐清、瑞安共17家金融机构制定了农房抵押贷款管理办法，结合当地农村经济发展实际和区域产业特点，有针对性地开发农房抵押专属信贷产品，建立了丰富的金融产品体系。第一是灵活的期限结构。比如：乐清农商行"农房贷"，授信期限3年；温州瑞安农商行"农房抵押循环贷款"，实行一次授信、随借随还、循环使用，有效降低农户转贷成本。第二是多元化担保方式。目前主要有"农房抵押+个人担保""农房抵押+小额保证保险""农房抵押+担保公司担保"等多种担保方式。第三是合理的贷款额度。比如：乐清农商行农房抵押贷款最高额度为300万元，满足农业产业化、规模化经营的大额资金需求。第四是多样化还款方式。②形成完善的金融服务体系，实现业务无障碍办理。第一是便捷业务受理。依托"助农服务点+"建设，在传统的助农服务点基础上加载信贷服务功能，受理农房抵押贷款业务资料，方便偏远农村和金融空白点的农户办理业务。第二是优化审批流程。比如：乐清农商行将贷款权限下放至支行。第三是灵活评估方式。比如：乐清农商行对200万元以下的农房抵押贷款，自行协商确定抵押房产价值。第四是降低融资成本。比如：乐清农商行利用支农再贷款资金发放农房抵押贷款利率最高不超过5.75%，利用自有资金发放的利率则一般比保证类贷款低3个百分点，同时对一般小额贷款实行免专业机构评估、免担保以及免保险等"三免"政策，农户每户可以减少贷款评估费用500元到750元。第五是放宽准入条件。③构筑良好的风险防控体系，保持较低的不良水平。全市金融机构基本形成了"重视第一还款源、差别对待第二还款源"的风险管理思路，根据农户家庭营业收入、生产经营收入和农房所处地段以及优质程度，实施差别化风险管理措施。将农房按照主要城镇与非主要城镇分成一般房产与优质房产，根据评估价值、流转难度、商业价值等实行准入及利率差别化管理；根据房产变现能力，实行差异化的抵押率，主要城镇房产视同国有房产，抵押率为70%，而农村一般房产抵押率为50%—60%；实施差异化担保方式，对于那些地处偏远农村或变现能力相对较差的农房抵押贷款，要求追加第三人连带责任保证，对那些抵押房产地处自然灾害较多或者易发生火灾区域的则要求借款人追加房产保险，以降低贷款的意外风险。

（3）率先突破农房抵押物处置瓶颈。在保障农户基本住房权利的基本前提下，温州通过扩大受让对象、创新处置方式与落实住房保障等措施，不断完善农房抵押物处置机制，率先突破农房抵押物处置瓶颈。主要做法有：①扩大受让对象范围。温州乐清出台了《乐清市抵押农房司法处置暂行规定》，明确对进入执行程序的农房在不改变房屋农村集体建设用地、宅基地性质的前提下，由本市农业户口人员受让。温州瑞安调整了司法处置农房抵押物的受理范围，受让对象拓宽至瑞安市域内户籍改革前为农业户口的人员、持有浙江省临时居住证或居住证满2年的新居民以及原籍为瑞安市农业户口的归国华侨或港澳台同胞（周智、陈斌杰、杜鑫星，2018）。②创新处置方式和程序。积极引导辖内金融机构不断创新处置方式，采取多渠道救济措施。当发生不良贷款后，金融机构及时向借款人及保证人（农房抵押追加第三人担保的）进行催收，积极采取平移、转贷、展期、债务重组、减额续贷等内部化解手段。当内部手段无法化解后，则采取司法诉讼方式进行催收，对那些到期无法偿还的农房抵押物通过淘宝网等网络平台进行司法拍卖（徐晓艳，2017）。③落实住房保障。试点地区的金融机构注重对农房抵押人住房保障能力的调查，确保抵押人即使抵押财产被抵债处置，仍可依靠自身条件解决家庭住房保障问题，这样可以控制抵押物的处置风险（李峰、谢丽芳，2015）。当贷款出现风险时，要严格落实"先安置、后处置"的原则，切实保障农户基本住房权益。对被执行人仅有一处住房的，则采取货币安置为主的方式安置被执行人和所扶养家属，货币安置款按照安置面积乘以被处置房屋所在区域较偏僻地段每平方米的单价计算，总额最高不超过9万元，安置款从房屋变现款中予以扣除，在落实住房保障的同时，提高了判决执行的效率（徐晓艳，2017；周智、陈斌杰、杜鑫星，2018）。

（三）丽水云和农村股权质押贷款模式①

1. 丽水云和农村股权质押贷款模式成果

所谓农村股权就是建立在农村股份经济合作社改革基础上，为本股份经济合作社股东持有的村股份经济合作社股权，并取得村股份经济合作社核发的股权证书。丽水云和县作为 2013—2017 年全国扶贫改革实验先行县，在丽水市率先全面完成了农村集体产权股份制改造，目前所辖 168 个村已全部完成村经济合作社股份制改革，占比达 98.82%，印发社员证 504 本、股权证 13835 本；县农村产权流转交易服务平台和产权担保机构已经成立，实现农村产权公开交易 183 宗，为开展农村股权质押贷款业务奠定了坚实基础。该县 168 个行政村 3 万多名村民将变成股东，实施村级股份合作社股权质押贷款将为全县 3 万多名村级合作社成员盘活 6 亿元的沉睡资本。目前，云和县共建成农村股权质押担保基金 9 家，累计服务农户 1350 余户，授信金额达 2400 万元，贷款余额为 647 万元。新模式的成功试点深化了林权抵押贷款工作，能有效缓解林农生产资金短缺的局面，为"三农"经济发展提供新的融资保障。

2. 丽水云和农村股权质押贷款模式比较分析

（1）下武村模式。2014 年 7 月，云和县安溪乡下武村股份经济合作社成功创建股权质押基金，专为经济合作社股份所有者小额贷款融资提供担保服务，受到了当地农民的广泛好评。截至 2014 年 12 月底，云和联合村镇银行为股权质押基金 63 户农户授信 500 万元，发放股权质押贷款 299 万元。全县共建成 6 家股权质押担保基金，累计提供担保 394 万元。具体做法如下：①建立机制，扎实推进试点工作。云和县农村金融改革试点工作领导小组和云和县农村集体产权制度改革工作领导小组联合制定出台了《农村股权质押贷款管理暂行办法》，云和县农村金融改革试点工作领导小组制度出台了《农村股权质押基金担保贷款办法》，合作金融机构——云和联合村镇银行（以下简称村镇银行）制定了《贷款操作流程》。对农村股权质押贷款及股权质押基金担保贷款的对象、条件、发放程序及合作方式进行了明确规定，试点工作扎实有效推进。②竞争入围，确定质押基金试点村。根据前期调查摸底，申报成立基金试点村名单，选择的试点村必须是整体信用状况较好，资金需求较大，已全面完成村集体产权制度改革，并且具备有一个坚强的村级班子，对试点工作积极性高。根据以上条件，由县农村金融改革试点工作领导小组办公室和村镇银行对

---

① 资料来源于浙江银监局、中国人民银行丽水云和支行等部门。

重点村进行考察筛选，对符合条件的村进行宣传发动，由村、乡（镇）向县农村金融改革试点工作领导小组提出申请，县试点工作领导小组根据候选村实施条件和农户信用程度等情况确定试点村。③信用评定，签订合作协议。一是信用等级评定。中国人民银行云和县支行、农办、安溪畲族乡政府、村镇银行多方立足丽水市农户信用信息系统，在村干部的积极配合下对安溪畲族乡下武村农户进行了地毯式的信用信息采集，对农户信用信息进行了全面更新，最终更新评定 AAA 级农户 15 户，AA 级农户 3 户，A 级农户 8 户，非信用户 5 户。二是签订合作协议。村镇银行与云和兴农融资担保公司签订合作协议，对安溪乡股权质押贷款提供担保，合作协议的签订保证了村级股权质押贷款的顺利进行。④自愿入股，组建质押担保基金。一是安溪畲族乡下武村股份经济合作社与云和县兴农融资性担保有限公司联合成立安溪乡下武村股权质押基金，该股权抵押贷款担保总额度为 500 万元。二是成立安溪畲族乡下武村股权质押基金担保审批小组，负责本村村民（社员）股权抵押基金担保贷款初审工作。小组的成员是由村民委员会主任、股份经济合作社董事长以及股份经济合作社监事长组成①。⑤上下联动，规范贷款操作。一是确定贷款额度。股权质押基金担保贷款额度根据该户集体资产股份数和信用状况确定，超过股权担保贷款额度部分需提供其他担保方式。具体计算方式为：股权评估价值（2 万元）×集体资产股权数×信用等级系数＝股权担保贷款额度。信用等级系数为：AAA 信用等级系数为 120%，AA 信用等级系数为 100%，其他系数为 80%。二是操作流程。农户向所在村担保基金提出担保贷款申请→质押基金审批小组会议→担保公司复审→金融机构审查、审批→发放贷款。

（2）梓枋村模式。2015 年 5 月，云和县紧水滩镇梓枋村股份经济合作社浙江省首创村集体生态公益林未来补偿金质押基金贷款模式。该模式以村集体生态公益林未来 5 年补偿金收益 50 万元为基数，与融资性担保公司合作成立梓枋村集体生态公益林未来补偿金质押担保基金，该基金担保总额度为 500 万元。具体如下：①建立机制，扎实推进试点工作。云和县农村金融改革试点工作领导小组制定出台了《云和县村集体公益林未来补偿收益权质押基金贷款管理暂行办法》，云和信用联社制定了《贷款操作流程》，对村集体公益林补偿金质押基金贷款的对象、条件、发放程序及合作方式进行了明确规定，试点工作扎实有效推进②。②充分调查，

---

① 　钟根清：《农村金改助力社会管理创新的探索实践》，《丽水日报》2015 年 12 月 3 日。

② 　同上。

确定质押基金试点村。中国人民银行云和县支行会同财政、林业、农办、相关金融机构等部门深入紧水滩镇、崇头镇、赤石乡进行前期调查摸底，依照试点村必须满足"整体信用状况较好，资金需求较大，林业资源相对丰富，并且具备有一个坚强的村级班子，对试点工作积极性高"的标准，对重点村进行考察筛选，选定4个村为候选试点单位，最终确定云和县梓枋村为试点村。云和县梓枋村位于云和县西南部，丽水市级信用村，全村73户，230人，拥有山林面积10840亩，其中生态公益林7206亩，集体公益林面积4930亩，占比达68.42%。③未来收益入股，组建质押担保基金。一是紧水滩镇梓枋村股份经济合作社以村集体生态公益林未来5年补偿金收益55万元为基数与云和县兴农融资性担保有限公司联合成立梓枋村集体公益林未来补偿收益权质押基金，该基金担保总额度为500万元。二是成立村集体公益林未来补偿收益质押基金担保审批小组，其负责本村村民（社员）公益林未来收益权质押基金担保贷款初审工作。这个小组成员由村民委员会主任、股份经济合作社董事长以及股份经济合作社监事长组成。三是县财政、融资性担保公司、村集体股份经济合作社三方签订合作承诺书；村具体股份经济合作社双方签订担保协议；借款人必须向公益林未来收益权质押基金提供农村产权证，并取得股权所在集体经济组织同意借款人进行质押，在债务到期未清偿时同意在本县农村股份经济合作社产权所有者间进行流转处置的书面承诺证明①。④上下联动，规范贷款操作。一是确定贷款额度。村集体公益林未来收益权质押基金担保贷款额度根据该户信用状况及实际贷款需求综合确定，每户贷款额度控制在5万—30万元，超过基金担保贷款额度部分需提供其他担保方式。二是明确操作流程。林户向所在村集体公益林未来收益权质押基金提出担保贷款申请→基金审批小组会议→担保公司复审→金融机构审查、审批→发放贷款。⑤加强合作，多部门联合防范风险。当不良贷款达到10%时，相关部门将启动处置程序。一是暂停融资性担保公司为其提供担保业务。二是融资性担保公司先垫付归还银行贷款本息。三是云和县财政局将每年的公益林补偿金划入该村基金户，由融资性担保公司扣划，直至扣完不良贷款本息为止。四是村集体股份基金合作社配合共同处置贷款人质押资产。

二 浙江台州小微企业金融服务改革创新试验区经验

2012年12月，浙江省政府批复同意台州建设浙江省小微企业金融服

---

① 钟根清：《农村金改助力社会管理创新的探索实践》，《丽水日报》2015年12月3日。

务改革创新试验区；2015 年 12 月 2 日，国务院常务会议决定，建设浙江省台州市小微企业金融服务改革创新试验区。要求通过三至五年的努力，显著提高小微企业融资覆盖率，降低融资成本，扩大融资规模，提升金融服务质量，优化金融生态环境，并且要积极打造融资便捷、服务高效、创新活跃、惠及民生的小微金融服务体系，并及时总结评估、适时复制推广，为全国小微企业金融服务改革创新探索新途径、积累新经验①。

（1）台州改革试点背景。①基于台州民营经济发展的内生要求。台州是民营经济大市，是我国股份合作制经济的发祥地和中国民营经济创新示范区，民营经济创造了全市 90% 以上的生产总值，贡献了 70% 以上的财政收入，解决了 80% 的就业。在经济新常态下，小微企业需要寻求金融的支持，加快创新和转型的步伐，迎接市场挑战。②基于台州良好的小微金融服务基础。台州金融业立足自身独特优势和良好基础，经过近 30 年的市场历练，已逐步形成了与以民营经济为主导、小微企业为主体的实体经济相匹配的金融服务体系，创出了以 "两小金融" 为鲜明特征的 "台州小微金融品牌"，构建了多元化、多层次、差异化的小微金融服务格局（徐虔，2016）。③基于破解小微企业融资难的现实需求。小微企业融资过程中存在着信息不对称、缺乏抵押品且增信不足、信用体系不完善、小微金融组织体系与量大面广的小微企业不能有效匹配、小法人金融机构资金来源不足、民间融资缺乏阳光化等问题。

（2）主要做法。①设立持续良性运作的信用信息共享平台，着力破解信息不对称问题。针对小微企业管理不规范，银行与企业间信息不对称，且大量市场主体的信用信息分散在各部门，银行缺乏有效渠道获取小微企业信息等问题，2014 年 7 月，台州下大决心、花大力气建立了金融服务信用信息共享平台，整合各部门的信息资源，实现信用信息共享。该平台在吸取各地信息平台经验教训的基础上，在理念设计、功能构建、技术应用、数据整合等方面领先全国，是国内为数不多可持续、良性运作的平台之一。具有覆盖面广、功能强大以及数据实时更新的特点，实现信息自动采集、更新，无须手工录入，避免因依靠手工报送而导致信息更新不可持续的弊端。②设立大陆首个小微企业信用保证基金，着力破解信用增进难问题。针对小微企业有效抵押物不足，特别是金融危机以后，企业因互保联保导致 "担保链" "资金链" 问题持续暴露，亟须通过有效手段来防范和化解。2014 年 11 月，台州学习借鉴台湾地区的成功经验，设立大

---

① 资料来自浙江省银监局、中国人民银行台州市中心支行、浙江省金融办等部门。

陆地区首个小微企业信用保证基金，以"政府引导、市区联动、市场运作、风险共担"为原则，与地方法人金融机构合作，为小微企业提供增信担保，且无须提供抵押或第三方担保。信保基金实行风险共担机制，突出银行主体责任，由银行向信保基金运行中心推荐贷款担保对象，出现风险后，信保基金和贷款银行按照8∶2比例承担风险（台州市委政研室，2016）。同时，进一步扩大区域覆盖面，在下辖的临海、温岭、玉环等县（市、区）设立分中心并开展实体化运作；将合作银行扩至市域所有银行。同时，在经济下行背景下，通过提高容忍度，将保费从年1%降到年0.75%，实现逆周期调节作用，为破解小微企业"融资难、融资贵""增信难、担保难"等问题，开展了积极探索（张兵，2016）。③设立立足基层实践的小微金融研究院，着力破解持续创新支撑力不足问题。积极探索小微金融可持续发展道路，依托台州小微金融改革先行先试的优势，加强对小微金融运行规律、发展趋势等方面理论研究和实践指导。2015年1月，以社科院金融研究所和地方政府、地方院校三方共建的模式，设立了浙江（台州）小微金融研究院。研究院立足浙江、面向长三角、辐射全国。通过两年多的运行，已取得了一些研究成果，提高了理论对实践的指导，更好地服务于小微金融改革创新的实践活动。④研究发布"小微金融指数"，着力破解小微企业发展趋势判断难问题。为客观记录和反映台州小微企业金融服务的变化趋势，揭示小微企业成长运行规律，监测和防范小微企业运行风险，浙江（台州）小微金融研究院与浙江工商大学合作，创立全国首个小微金融指数（台州样本）（张兵，2016）。该指数包括总指数和成长指数、服务指数、信用指数三个二级指数，运用大数据，采用全样本分析，按月采集、按季发布。⑤创立突出专业特色的两岸小微金融论坛，着力破解经验交流合作不深入问题。凭借"台台"地缘相近、文缘相承、商缘相连、法缘相循等独特优势，推进台州与台湾地区小微金融服务的交流，学习台湾地区小微金融服务方面的经验，着力破解经验交流合作不深入问题。已成功举办多届海峡两岸小微金融发展论坛。以论坛为桥梁，搭建两岸小微金融深度合作平台，台州信保基金和小微金融研究院均聘有台湾地区专家，路桥农合行、临海农商行、小微金融研究院等多家机构与台湾地区方面在微贷技术、人才交流、产品创新、学术交流等多个领域达成实质性合作（台州市委政研室，2016）。⑥强化小微金融改革创新成果高效运用，着力破解小微企业金融服务覆盖面低问题。积极争取政策先行先试，探索专利质押融资试点，盘活小微企业的有效资产，多渠道化解企业有效抵押物不足问题，台州成为除国家工商总局之外全国唯一的商标专用权质押登记受理点。推动银行与互联网企业跨界合作，引进落户365云贷平台，创新运用大数据拓宽征信渠道，破解电商小微企业的融资难题。加快小微金融服务专营机构建设，鼓励国有、股份制商业银行结合本行特色，积极设立小微金融服务专营机构（徐虔，2016）。同时，积极引导城商行拓宽资金来源渠道，加快完善资本补充机制，通过监管部门的大力支持，鼓励发行小微企业专项金融债、二级资本债，开展信贷资产证券化、同业存单、大额存单和支农支小再贷款试点。积极推动小微服务模式向全国复制，支持城商行"走出去"，已累计在全国设立异地分支机构200多家，遍布北京、上海、重庆、江苏、江西、深圳、广东、四川等20多个省、市，成功实现小微金融模式的复制。（张兵，2016）

三　浙江农业产业链融资模式创新

2013年，浙江各试点农村金融机构以产业链为视角，学习先进金融服务理念，探索构建新型产品服务，为农村金融服务注入一股新的力量。农业产业链融资是在借鉴供应链融资的基础上提出的，通过供应链与农业产业链来实现上下游客户的有机结合（程永娟，2013）。以金融机构与农业产业链为基础，以整条农业产业链的信用为链条上各主体的信用，为农业产业链上的不同主体提供金融服务①。与传统融资相比，这种融资不注重借款人的资产状况和信用等级，而更注重该项融资活动的自偿性及融资产品的结构化设计模式，非常适合于三农等缺乏抵押担保物的客户群体。农业产业链融资的具体模式如下。①结点带动。主要做法为：银行引导核心企业或专业合作社为上下游提供担保（如缴存保证金、提供抵押物），从而批量发放贷款。该模式操作相对简单，目前被普遍采用，一定程度上缓解了"抵押难、担保难"问题，也提升了当地产业链的紧密度，但明显存在较多缺陷，如核心企业负担重，合作意愿低，形成新的"担保链"风险等，不应作为主流发展方向。②基于现金流分析。通过与交易市场、流通企业合作，对其掌握的大量经营交易记录进行分析，判断借款人还款能力并发放信用贷款或弱担保贷款，如浙江丽水松阳联社依托当地茶叶交易市场的交易记录对上游分散茶农实施批量授信，必要时引入茶园、茶叶机具等弱抵（质）押工具。该模式基本符合产业链金融本质特征。松阳联社依托当地茶叶交易市场交易数据，对参与交易的大量个体实施盈力能力评价。③基于信用记录分析。通过与信用村、专业合作社、家庭农场、

---

① 浙江银监局等部门资料。

信用户评定相结合，基于单户信用档案分析开展产业链批量授信。如浙江湖州长兴农村合作银行的"合力贷"等。长兴合行依托农民专业合作社建立资金归集账户，对上下游企业的资金往来进行分析监测。④产业扶持与信贷业务相结合。银行成为"产业专家"，通过与专业第三方合作，输出先进生产经验、提供咨询服务，深度介入和引导产业发展，并配套相应信贷支持。如浙江舟山嵊泗联社建立了贻贝产业的技术引导和输出机制，并以此扶优限劣，发放产业专项贷款。嵊泗联社主动为贷款客户与技术公司搭桥，向客户输出贻贝养殖的先进技术，运用金融资源配置能力深度介入和引导产业发展。⑤地域集群模式。浙江台州地区多家非试点农合机构积极试水农业产业链金融服务，为探索同地市跨县域产业金融服务合作平台提供良好基础。

四　农村电商与农业互联网融资模式创新

为了更好地践行"服务三农"经营理念，在丰收购、丰收家上线的同时，浙江农信根据实际需要开发出了除丰收卡支付外新的便捷支付手段，如丰收 E 支付、二维码支付等，实现线上线下渠道互动融合发展，为村民提供超值服务。但目前这些支付手段适用范围仅限于浙江农信自身的电商平台①。

案例10.1　浙江东阳农商银行互联网金融业务创新探索②

浙江东阳农商银行的电商平台为省农信联社开发的丰收购、丰收家，运行已有一年的时间，截至 2016 年 5 月末，丰收购入驻商户 367 家，上架商品 2657 件，总交易量为 6961 笔；丰收家入驻商户 328 家，上架商品 922 件，总交易量为 1830 笔。东阳农商银行互联网金融业务创新探索主要集中在手机银行功能模块化使用以及电商平台与金融业务的结合两个方面。

（1）主打手机银行，完善功能模块。东阳农商银行可通过产品和服务创新，将手机银行升级为一个集营销、服务、创新为一体的综合性平台。①构建完整金融生态圈。东阳农商银行应扬长补短，努力构建本土化的生活、消费、贸易与金融平台，实现社会服务资源与金融服务资源的互联，形成线上销售与线下本地化服务的联动模式，构建与众不同的社会服

---

① 资料来源于浙江银监局、浙江省农信联社、东阳农村商业银行等部门。

② 资料来源于东阳农村商业银行。

务平台与竞争优势（张益锋，2015）。将微信、手机银行 2.0、丰收购、丰收家作为互联网金融业务的发展重心，开发搭建综合化互联网金融社区平台。②开发适合农户的模块。东阳农商银行以农村小额贷款为重点的金融产品大都贴近农户，为农户量身定制，一次授信三年使用。在农村互联网金融快速发展的态势下，应鼓励新一代农民参与农村互联网金融创新创业，逐步开放手机银行、网上银行、自助终端等渠道进行随借随贷，并通过记录网上真实交易、真实结算、真实贸易、真实物流等，建立农户大数据，利用数据进行精准营销和风控监测，为农民提供新的征信方式，有效促进"三农"发展。③善用大数据处理技术。利用数据后台，自动识别客户存款信息，为那些具有中长期闲余资金的客户自动推送即时理财信息。后期通过数据的处理，分析客户投资偏好，直接在手机银行首页精准显示客户偏好的理财产品。利用电子银行交易数据，构建统一的客户积分管理体系，满足东阳农商银行客户的积分形成、积分消费、积分互换等需求。④增强便捷的服务功能。例如，改善手机的定位功能，方便消费者找到附近的银行网点、酒店、餐厅等场所。特别是东阳农商银行的特惠商户，在地图定位中用特殊符号标记，从而达到线上渠道的多方位宣传效果；在查找到附近网点链接中增设查询排队人数情况和预约排队功能，减少客户办理柜面业务的等待时间。另外，还应完善手机支付功能，做到手机银行和手机钱包相结合，实现两个系统之间的账务对接，满足客户与相关单位的结算需求。⑤开发个性化模块。增加好友平台、红包卡券系统、在线客服等模块。客户可以在线与工作人员交流、提建议、投诉、咨询问题、获取金融知识等，也可以与平台好友聊天、发红包、收付款、推荐存款理财产品（张益锋，2015）。针对众多的上班族，还可加载通用的个性化模块，所在单位只需为员工发放密钥，员工即可利用手机银行输入密钥自行加载，如此带有移动支付功能的手机便可作为单位内部的身份认证；同时，利用个性化模块还可以为手机银行交易做数据签名，极大地释放了如全流程网上办贷时合同签约等业务的可能性，提高了手机银行的安全性。

（2）多线发展电商平台，释放潜在价值。①电商平台+丰收驿站一条龙服务。针对东阳所有乡镇的优质商户和热销商品进行调查，重点营销具有电商经验和产品特色的商户。结合乡镇地域特色，整合辖内农家乐、农副产品等资源，以村（居）为单位主打一个拳头产品，如农家休闲、农业采摘、家庭农产品等，以"丰收家"平台为依托，由政府推动农家乐、农副产品的上线，通过线上线下相融合，创新推出试点"一村一品"模式，开辟出一条助农增收新路径。推出"基础金融+电商"服务模式，寻求"丰收购+丰收家+丰收驿站+第三方平台"的电商与金融融合发展之路，减少资源浪费，推进合作共赢。力求使百姓在"家门口"就能享受便捷金融、网络购物等"一站式"服务。②扩大支付手段适用范围。嫁接丰收 E 支付与其他电商平台之间的桥梁，借助银行信誉和安全体系的优势抢占支付市场。积极与以特惠商户为首的各类活跃商户开展合作，引入丰收 E 支付的优惠买单和快捷的"扫一扫"二维码支付。③与各类业务融合发展。开通电商平台理财销售、信用卡消费分期、贷款咨询等业务功能，拓宽金融产品交易渠道；以特殊商户的模式引入房屋出租、家政服务、物业管理等公司，实现全流程线上社区服务交易。④平台数据集成应用（张惠，2014）。东阳市农商银行除了开立银行账户、交易记录、签订协议外，还拓展了信息渠道，利用现有的电子商务平台收集非金融信息，如网上购买消费品、商家经营者等。对物流配送和信用评估，规范结构性数据和非结构性数据的处理，进行结构性数据和非结构性数据的标准化处理，建立数据仓储库。根据客户的消费习惯和金融需求，建立了覆盖客户条件和产品条件的综合信息查询系统，并以此作为数据模型的参考系统，提高目标客户属性与产品之间的匹配程度。这些特征，为东阳市农商银行业务的准确营销提供了数据保证。

五　农村中小金融机构推进"三位一体"农民合作体系建设

"三位一体"农民合作体系最早于 2006 年由时任浙江省委书记习近平在全省农村工作会议上提出，"积极探索建立农民专业合作、供销合作、信用合作'三位一体'的农民新型合作体系"。2013 年 10 月，汪洋副总理在浙江绍兴考察了"三位一体"建设，要求进一步深化改革，借鉴日韩农协模式，积极推动农协试点。2014 年 8 月，在多年实践基础上，浙江省委省政府以供销联社改革为契机，做出了构建"三位一体"农民合作经济组织体系的重要决定，围绕创新"三农"治理体系，以新型农业经营主体为基础，联合涉农服务组织和企事业单位，建立以生产、供销、信用"三位一体"服务功能为基础的农民合作经济组织联合会，形成一个在农业生产、流通、金融等领域的综合性为农服务组织，同时将慈溪等 7 个县（市）确立为试点县（市）。①

---

① 资料来源于浙江银监局、浙江省农信联社、慈溪农村商业银行等部门。

案例10.2　浙江慈溪农村商业银行推进"三位一体"农民合作体系建设经验

在政策引导、市场驱动以及三方共同推动下，新型农业经营主体、供销联社、农村商业银行逐步走向联合。目前，慈溪市19家农民专业合作社与慈溪市供销社联合成立了慈溪市供销农产品专业合作社联合社，88家农民专业合作社及慈溪农村商业银行加入了慈溪市农业局牵头成立的慈溪市农民专业合作社联合会，还合并成立了专业合作社联合社2家（葡萄类和畜禽类）。2014年8月，慈溪市供销联社还以组织、参股等形式，新建了当地崇寿镇等5家"三位一体"新型基层社，并建立了理事会、监事会和经营班子。2014年末，慈溪农村商业银行以副理事长单位参与市镇两级农合联组织；2015年4月，市农合联与慈溪农村商业银行签订了《合作框架协议》，就组建农民资金互助会、互助会会员募集资金托管、"互助贷"等做了相关约定，初步形成了信用合作构架。2015年新筹建成立的8家资金互助会在慈溪农村商业银行开立了账户。2014年10月，慈溪市委市政府成立了由市委书记任组长、市委办公室等15个单位（部门）负责人为成员的构建"三位一体"农民合作经济组织体系试点工作领导小组，全面负责试点工作。作为慈溪当地土生土长的农村金融机构，慈溪农商行作为试点建设中唯一一家全程参与的银行业金融机构，在坚定"三农"服务方向的基础上，一方面积极拓宽支农资金来源、完善支农服务渠道，同时通过建立长效联系机制、提供非金融服务等，主动协助解决"三位一体"农民合作体系建设过程当中的困难。慈溪农村商业银行推进"三位一体"农民合作体系的实践经验如下：

（1）搭建合作服务平台，建立银政农长效联系机制。一是积极协助传达、反馈信息及强化彼此联系，参加各类农业产业协会、农民专业合作社联合会、农促会等农业组织，加强与慈溪市农办、市农业局、市供销联社等单位的协作，派员加入相关农业组织，共同商讨农业发展规划，合力促进新型农业经营主体健康持续发展；同时不定期向市农办和市农业局等涉农部门交流汇报工作，详细反馈新型农业经营主体所面临的困难，了解相关支农政策及规划，并借助遍布各村社区的服务网络向新型农业经营主体做好宣传解释工作。二是积极参与政府部门各项支农工作，联合发文推进普惠金融工程和"三位一体"建设，并认真贯彻落实文件精神和要求。2014年在慈溪市委市政府

《关于全面深化农村改革努力打造城乡发展一体化示范区的若干意见》中重点提到"全面启动农村商业银行普惠金融工程",要求扎实推进信用镇、信用村、信用户为基础的农村信用体系建设,开展农民专业合作社、家庭农场等市场经营主体的信用体系建设,做好农户和新型农业市场经营主体的预授信工作。在慈溪市农办、市农业局和该行联合下发《关于全面推进农村普惠金融工程的实施办法》,提到各镇(街道)要积极与辖区内慈溪农村商业银行分支机构共同制订农村普惠金融工程推进工作计划,明确目标任务、提出工作举施。三是积极参与市镇两级农合联组织,加强与农合联、涉农组织的沟通与联系,2015年4月,与市农合联签订了《合作框架协议》,就组建农民资金互助会、互助会会员募集资金托管、信贷支持等事宜做了相关合作约定,初步形成了信用合作构架。四是积极配合农民资金互助会筹建工作,2015年6月,该行通过参加市农合联执委会组织的农民资金互助会组建工作培训会议,进行业务宣讲,并落实对接、介入审查、审核信用、反馈意见。同时提供开户验资便利,上门办理开户。目前,已开立基本账户6家,验资户2家,其中4家互助会筹集了50万元会员募集资金,该行已为这4家互助会的募集资金进行托管,募集资金采用3年期定期存款的形式,利率高于该行的挂牌利率,且利息采用按年支付,优于普通的定期存款。

(2)用好支农信贷指标,实现新型农业经营主体资金支持最大化。为将有限的信贷资金尽量多地培育、支持新型农业经营主体发展,慈溪农村商业银行一方面积极拓宽资金来源,深化全员营销机制,并通过发行同业存单积极开展全国银行业间融资,着力扩大资金来源;另一方面,坚定"做小做散"的经营方针,在全部资金用于本地经济发展的前提下,控制3000万元以上大额贷款、环境整治行业贷款,积极推广30万元以下小额贷款,竭力为更多的新型农业经营主体提供资金支持。截至2015年10月底,该行累计支持农民专业合作社、家庭农场等各类新型农业经营主体795家,覆盖面达56%,累计金额5.46亿元。

(3)完善农村金融服务渠道,提高"三位一体"资金结算便捷度。为提高"三位一体"农民合作体系运作过程中办理金融服务的效率,慈溪农村商业银行优化网点布局、加大自助设备布放力度,创新推广微银行,积极构建"基础金融不出村、综合金融不出镇"的金融服务体系。一是不断调整网点合理布局,提高金融服务的便民化。在物理网点选址上坚持以方便农户、农业大户、农民专业合作社获得金融服务为首选条件，通过新设、迁址、升格等措施，提高网点布局的合理性与金融服务的便捷性。二是加强电子设备规划管理，提高金融服务的自助化。近几年，该行加大了对电子自助设备的资金投入，扩大布设区域，加快电子自助设备在农村地区的布放进度，目前已在全市城乡安装 ATM、CRS 共 390 台。三是拓宽惠民助农服务站点，提高金融服务的多样化。通过在村（社区）便民服务中心、农资超市、农垦场、农民专业合作社等便民服务点布放 319 台"惠民通"，基本实现全市各村（社区）"惠民通"服务点全覆盖，为当地农户提供小额取现、小额代理存款、转账结算、代为受理贷款申请等"微银行"功能，打通了农村金融服务的最后"一公里"。

（4）推广支农特色贷款产品，提高新型农业经营主体服务精准度。为提高金融服务产品与新型农业经营主体实际需求的契合度，慈溪农村商业银行有针对性地设计、推广了一系列支农特色贷款产品。一是针对农业季节性资金需求特点，主推自助循环贷款。该行积极推广具有循环贷款功能的丰收小额贷款卡、丰收创业卡等便捷支农贷款产品，在有效简化农业贷款手续的同时，减少了农户、新型农业经营主体在非用款期间的财务费用。二是针对农业担保资源稀缺的现状，推广小额信用贷款。该行在扎实调研的基础上，加大了对 30 万元以内的小额信用贷款发放力度，有效解决信用好、经营佳的农户，新型农业经营主体的贷款难、担保难等问题。2015 年 10 月底，该行 30 万元以下小额信用贷款9587 户，余额 7.98 亿元。三是挖掘各类担保资源，开发特色支农贷款。根据农户、新型农业经营主体所拥有的存量资源，该行成功开发农户联保贷款、"和美"信用联合体贷款、农村住房抵押贷款、农业标准大棚设施抵押贷款、和美"互助贷"专项贷款等特色贷款产品。同时，与政府相关部门合作推出农户小额信用担保公司担保贷款；在农民专业合作社专项贷款的基础上，创新推出家庭农场专项贷款；针对农民资金互助会及其成员开发了和美"互助贷"专项贷款，该专项贷款在贷款利率上给予较大的优惠，最大限度地降低农民资金互助会及其成员、农民专业合作社及其社员的融资成本，此专项贷款可采用纯信用无担保的贷款方式，解决会员担保难问题，单户贷款金额最高可达 80 万元。截至 2015 年 10 月末，该行已对 3 家资金互助会的 11 位会员试点发放了"互助贷"，贷款总金额 364 万元。

（5）开展农村信用体系建设，引导新型农业经营主体经营规范化。该行近年来在持续开展信用户、信用村、信用镇三信评定工作的基础上，将评定范围拓展至农民专业合作社、家庭农场等新型农业经营主体，并不断提高评定层级。目前，慈溪辖内共有省级信用镇（街道）3 个、省级信用村（社区）11 个、宁波市级信用镇（街道）6 个、宁波市级信用村（社区）16 个，省 A 级以上农民专业合作社 64 家。在此基础上，积极促进信用价值化，对信用等级高的新型农业经营主体提供贷款授信、利率优惠、便捷服务等一系列特惠服务，在满足新型农业经营主体金融服务需求的同时，引导其规范自身经营、财务管理，着力提高信用等级。一是提供贷款授信，对信用等级高的新型农业经营主体直接予以授信支持，如在 2013 年全省农民专业合作社信用体系建设通报会上，该行现场对两家慈溪 AAA 级农民专业合作社授信共 700 万元。二是优先发放信用贷款，该行结合对农户、农民专业合作社、家庭农场等开展的"预授信"、信用等级等工作，对信用等级高的优先考虑发放信用贷款。三是实施利率优惠，对 AAA 级信用户的贷款月利率，最高可在该行同类同期同档次贷款执行利率减 0.25‰执行。

（6）不定期组织农技培训，弥补新型农业经营主体农业技术短板。针对慈溪农业科技人员力量薄弱的问题，慈溪农村商业银行每年不定期邀请省农科院等农技专家，为农户、农民专业合作社社员等提供技术指导与专业知识的培训，提高农业种养殖科学管理能力与水平。以近三年为例，该行共组织该类培训 14 场，1300 多名农户从中受益，涉及杨梅、草莓、葡萄、枇杷种植等多个当地特色农产品。

（7）搭建农产品电商平台，增加新型农业经营主体的农产品销售渠道。2015 年 6 月，浙江农信电子商务平台（丰收购电商平台）慈溪特色馆成立，立足慈溪本地，主打农副产品、农资及特色商品，以高品质商品、快速度物流、优服务水平助推慈溪农副产品销售至全国各地。依托慈溪农商行 131 家营业网点，开展线下农副产品展示、二维码扫描、代购、代销、代保管等服务，为线上平台提供线下的有力补充，充分拓宽慈溪当地农产品的销售渠道。慈溪特色馆已入驻农户 50 家，推出农副产品 363 种。

第四节　浙江农村中小金融机构创新的典型案例

本章主要对浙江的农村信用社、农村合作银行、农村商业银行、村镇银行以及小额贷款公司这些农村中小金融机构相关的典型信贷产品或模式创新进行总结，介绍其主要创新点以及实施效果。

一 农村银行（农村合作银行、农村商业银行）与农信社

案例 10.3 浙江路桥农村合作银行——普惠信用贷①

普惠信用贷是为了破解小微群体贷款担保难题，该行于 2013 年 3 月份首次创造性提出"家信用"概念，以家庭信用为基础，以家庭创业为着力点，只要家庭成员签订保函，即可享受最高 30 万元的信用贷款。

（1）主要创新点。①以"家庭信用"代替"个人信用"，准入门槛大幅降低。对 30 万元以下的小额贷款，即只要借款人符合基本的信贷准入条件且其成年家庭成员出具保函，承诺以家庭共有资产对借款人的借款行为承担连带偿还责任，则无论该客户是否是该行的优质客户，一律鼓励客户经理以信用贷款的方式发放，也能够享受普惠金融。同时减少了找保证人产生的额外成本，客户不用担心因为找人担保而必须日后为人担保的"人情债"了。信用贷款的主要受众从原来"金字塔"的顶层一下子普及到了底层，这也解决了"担保难"问题，从而真正体现了普惠金融普及大众的内涵和本质。②以"家庭保函"代替"个人担保"，贷款用途的真实合法性更有保障。该行要求借款人的成年家庭成员出具保函是在对多年来的信贷实践进行总结的基础上的创新。一方面，这一做法保障了家庭成员合法的知情权。作为家庭财产的共有人在法律上对于家庭负债有天然的知情权，他们有权知道自己共有的资产面临依法处置的可能，避免以后对簿公堂时的异议。另一方面也为银行的风险防控增加了一道天然的防火墙，可以有效防范虚构用途贷款，比如把实际用于赌博、嫖娼、吸毒等违法违规等资金需求包装成家庭消费、创办实业等合法用途，不仅保障了信贷资金的安全，对防止社会矛盾的内移和保障信贷人员的人身安全也起到了非常明显的作用。③以"尽职免责"代替"一刀切问责"，支农支小内生动力更足。为使信用贷款在短时间内能尽可能多地覆盖到大多数的弱势群体，解决客户经理向弱势群体发放信用贷款的"惜贷"和"惧贷"问题，自 2013 年 3 月起，该行对 5 万元（含）以下的小额信用贷款实行"尽职免责"制度，即只要客户经理按规定履行贷款三查制度，即便出现不良，在考核贷款管理责任制时无论金额多少一律予以全额剔除。到 2013 年末，该行信用贷款并无一户出现不良。经过一年多的实践后，

---

① 资料来源于浙江银行业协会以及路桥农村合作银行。

2014 年 5 月该行又将"尽职免责"的金额扩大到 10 万元（含），同时对于 10 万元以上 30 万元以下的信用贷款，发生不良后责任减半，不断提高客户经理发放普惠信用贷的积极性。

（2）实施效果。①截至 2016 年 8 月末，该行"普惠信用贷"达到 24464 户，金额 19.68 亿元，分别比 2013 年 3 月末增加 22046 户和 18.37 亿元。②解决辖区个人小额资金融资担保难问题。③缩短担保链条，近年来各地小微企业及个体工商户因担保链影响造成破产案件时有发生，该行推行的"普惠信用贷"以"家信用"为担保，降低一人倒闭多人受影响的局面。④打造良好的社会信用环境，"普惠信用贷"以"家信用"为担保的贷款融资产品，让每一家庭成员形成珍惜自身信用理念，进而打造"人人守信、人人爱信"社会信用环境。

案例 10.4　浙江松阳联社总结"源头法"控制农业产业链金融风险[①]

农业产业链金融服务的核心思想，一是必须与产业密切结合，如提供农业技术、农产品销售信息，依托行业协会、电子商务交易平台，雇用农业技术人员参与金融服务等。二是必须利用非金融网络来了解和评估借款人。如熟人关系网络、权威人物等。一般在成熟的产业链金融服务框架下，核心风险控制机制在于掌控借款主体的"现金流"，也就是收集和分析借款主体的财务报表与银行流水，并通过结算渠道（如回款账户、银行承兑汇票）锁定预期现金流作为第一还款来源。但在农业领域有其自身特点，比如现金交易习惯仍广泛存在，企业的生产组织发育程度远不健全，还有财务及交易数据相对匮乏，因此，如何评估农业生产主体的"现金流"成为一道难关。松阳联社在推进茶产业链金融服务的过程中也同样面临着类似的问题。经过反复摸索，一套用于还原客户现金收益的"源头法"成为其破题法宝。

（1）全面摸底产业规律，建立"现金流"测算模型。丽水松阳联社在启动农业产业链金融服务后，对当地茶叶产业链进行了深入的市场调研，发现各环节的交易活动都具有"卖方市场"的特征。由于购买者众多，茶叶"种植、加工、销售"的趋势和年交易价格相对稳定。由此，以茶叶产业生产周期为横轴，以净现金流入为纵轴，分别建立了茶农、茶叶加工作坊以及茶叶交易商的"现金流"计算模型。其中，净现金流入的计算是通过"三确定"来实现的。第一是确定生产和销售，总结出

[①]　资料来源于浙江农信联社以及松阳联社等。

"种植看面积、加工看机械、流通看走货"的方法。对于茶农来说，土地面积信息是通过地方政府颁发的《茶园证书》准确获得的，产量和销售量参照每亩平均产值来估计。对茶叶加工作坊，通过加工设备的种类和数量来估计加工能力和生产能力。对于中间批发商，流量大小是根据前一年的每月外部出货数据来确定的。第二是确定价格。丽水松阳作为全国绿茶交易价格综合指数的发布地，建立了较为完善的价格监测体系，为计算收入提供了直接的依据。第三是通过行业调查确定成本并形成覆盖所有环节的平均成本数据库。一般来说，丽水松阳联社通过生产"源头"来估计收入状况，实现现金流活动的重构还原。①

（2）明确信贷操作流程，推动"源头法"落地。经过经验提炼和理论加工后总结出的"源头法"能否成功地运用于实践，接受实践检验呢？关键在于建立了一套相配套的运作机制，确保"现金流"不仅能被发现，而且可以被锁定。丽水松阳联社通过构建"贷前""贷中"及"贷后"三道防火墙有力推动"源头法"的落地。首先是贷前的"交叉验证"。目前，丽水松阳联社已经将"源头法"相关测算工具打包下发给所有客户经理。在现场调查中，客户经理需要将计算出的"现金流量"与实际资产和客户的生产和生活条件进行比较，并识别出那些逻辑上不一致的现象的风险。其次是贷中"眼见为实"。通过定期开展生产情况实地验证，对那些贷款客户可能出现的经营不善、挪用资金等问题，进行监控，比如茶叶种植规模是否达到应有水平以及生长状况情况。另外，可依托"村银合作"及时获取借款主体生活习惯、民间借贷等信息，并逐步培养客户的用卡习惯，提高"回款账户"普及面；最后是贷后"数据积累"。手工测算和统计千家万户分散茶农的"现金流"只是权宜之计。未来的管理必须接近"大数据"，依靠计算机工具来完成批量计算和跟踪，这就要求信息的积累必须在早期就位。目前，丽水松阳联社已经收集了超过 4000 户的茶产业经营户的基本经营信息。

案例10.5 浙江长兴农村合作银行——"合力贷"农业产业链贷款②

"合力贷"农业产业链贷款是长兴农村合作银行为加大对现代农业支持力度，加快现代农业产业转型升级，提高金融支持服务现代农业水平，而推出的农业产业链贷款产品。该产品以农民专业合作社、农业龙头企业

---

① 深耕茶链惠茶乡，http://www.xzbu.com/。
② 资料来源于浙江农信联社以及浙江长兴农村合作银行等。

等现代农业经营主体为切入点，依托农业产业链生产、加工、销售等各个环节所形成的关联关系，由核心企业为其上下游成员提供融资担保，成员自愿缴纳一定比例履约保证金，该行按保证金的 8—10 倍作为总授信额度，满足产业链中弱势成员融资需求的贷款产品，主要为辖内各类农业产业链提供金融服务。

（1）主要创新点。①解决传统农业贷款"担保难、金额小"问题。该产品以充分考量了整个产业链的价值创造能力，借助核心企业担保、成员共同出资担保等方式，单个成员融资金额大大超过传统农贷金额，最高可达 300 万元。同时，免去了传统农贷需要借款人自己供抵押物、担保的麻烦。②放款"速度快、利率优"。由于产品是基于合作社、农业龙头企业的"批量"式贷款，客户通过核心企业批量推荐，并参照核心企业提供的借款人种植面积、资金流、信息流信息，一般 1—2 天即可完成调查和贷款发放工作，操作模式简单。产品以整个产业链的资金流、物流和价值创造作为偿还和担保依据，原则上将产业链资金活动纳入封闭运作，可以提高银行客户拓展能力、综合收益、降低贷款风险，从而给予产业链客户更多优惠，一般贷款利率比其他贷款优惠 30% 左右，可节省农业贷款利息支出。③激活农村"沉睡"的资产。核心企业为产业链节点担保后，可以要求借款人（被担保者）以其承包经营土地、大棚、地上作物、农房、林权等作为反担保，既增强了担保意愿，又解决核心企业后顾之忧；对银行而言，可以避免当前农村"三权"抵押"评估难、处置难"问题，从而实现"三权"等农村资产在产业链内部的价值，唤醒农村"沉睡"的资产。

（2）风险防控。①封闭运作。依托农业产业链生产、加工、销售等各个环节所形成的关联关系，以产业链价值创造为基础，搭建相对封闭的融资平台，产业链中弱势节点的融资需求，原则上将融资对象全部资金活动统一纳入封闭运作及管理体系，从而最大限度地降低交易风险，实现综合收益。②严格准入。在产业链及准入上，优先挑选具有紧密型结构特征的产业链；在核心企业准入上，优先挑选与上下游节点长期合作、通过合同机制协调交易活动，并已经形成供、产、销售服务体系的核心企业。③价值创造。对融资对象未来现金流收入进行精确评估，将其作为评价还款能力及实行信贷准入的最主要标准；以整个产业链的价值创造为基础，降低对担保的依赖。④信息验证。产业链节点间具有相互了解、信息互通特点，通过建立核心企业的担保，能帮助全面深入的掌握产业链活动规律及各借款人的经营状况，并对主体提交的资金需求交叉验证，能降低信不对称引发的风险。

（3）实施效果。①"合力贷"农业产业链贷款转变了过去过分依赖抵押、担保的习惯做法，缓解了贷款担保难问题，能有效提高新型农业融资需求满足度，产品架构简单，复制速度快，且不受产业限制。产品具有共同出资担保、责任有限、有效监督、合规安全、快速风险处置等特点和功能。对借款人而言，能有效地解决农业产业链弱势节点资金需求量大、缺乏有效抵押物的问题；对核心企业而言，可以增加对成员的黏性，促使其快速实现扩大规模化、集约化生产需求，帮助迅速做大做强产业链，且风险分散，能有效防范农业风险，增强整个产业链的竞争力；对银行而言，由核心企业提供担保和资金池能有效降低贷款风险，贷款主体的生产和财务信息由核心企业提供，能有效解决信息不对称问题，节省调查时间，同时能带来批量客户和综合收益。②产品符合加大对现代农业的金融支持力度的要求，有利于发挥农业产业链协同优势，提高产出效率，提升了整个农业供应链的竞争力和价值创造能力，对提高金融服务水平，加快农业产业转型升级，促进农业持续增效、农民稳定增收具有重要意义。"合力贷"产品推出后，引起了社会广泛关注。《浙江日报》、CCTV 2、CCTV 13 等对"合力贷"农业产业链融资进行过报道。截至 2014 年末贷款余额 6175 万元，解决了 530 个社员和农户的资金问题；帮助扩大各类种养殖生产规模约 4830 多亩，增加产值约 3560 多万元，贷款风险得到有效控制，未产生过 1 笔不良贷款，取得良好的经济和社会效益。③该产品符合加大对现代农业的金融支持力度的要求，从农业产业链金融需求出发，依托农业产业链生产、加工、销售等各个环节所形成的关联关系，以产业链价值创造为信贷基础，搭建相对封闭的融资平台，为核心企业及产业链创建内部信贷激励机制，能有效解决产业链发展中个体节点资金需求额度大、担保难、贷款难问题，且产品架构清晰，便于迅速推广运用，促进农业产业规模化、产业化。

案例10.6 浙江温州瓯海农村商业银行——农民资产授托代管融资模式①

"农民资产授托代管融资模式"是指农民以自己的动产、不动产等经济权益为抵押，以书面承诺向贷款金融机构申请贷款的模式。抵（质）押担保物的范围很广，其中包括产权、股权和经营权。例如，农村住房、

---

① 资料来源于浙江农信联社以及温州瓯海农商银行等。《我区率全国之先实施农村普惠金融工程》，瓯海新闻网，http：//ohnews.zjol.cn。

农村商业经营房、股份制经济合作社股权、农村土地（林地）承包经营权、林权等；也包括固定资产、存货及无形资产等，比如：农业装备、农畜产品、大宗订单（仓储）、农房拆迁协议安置房和小微厂房、汽车、贵重物品等农民认为有经济价值，还有包括农业商标、品牌认证（书）等无形资产。这些资产具有可控制的风险，银行认为它们是可以托管的。农民是授托方，银行是受托人。委托托管后，银行将委托的动产和不动产作为抵押贷款。委托代管期间，财产的处分权和处分收益归银行所有。如果未经代管银行书面同意不得擅自处置代管财产。若贷款违约银行可以依据签订的协议或合同约定处置代管财产。①

（1）主要创新点。①创新担保模式，盘活农村"沉睡"资产。温州瓯海农商行积极寻求政策帮扶，抓住温州金融综合改革试验区和农村改革试验区的契机，以建设农村信用体系为基础，主动对接瓯海区委区政府的农村产权制度改革工作，创新性地将农户自有的动产、不动产及其他经济权益纳入本行有效担保物范围，以书面承诺方式便可向本行申请贷款。②实行三方联动，建立平台合作新模式。为深化此项改革落地开花，瓯海农商行推行"银行+村经济合作社+'三位一体'实体公司"的三方联动机制。村股份经济合作社（经济合作社）作为农户申请贷款预约接单单位，直接对接农户生产融资需求，并向银行、公司提供动产和不动产真实性调查情况，对估值提出合理的意见。"三位一体"实体公司作为银行协作单位，受理除属地管理不动产以外的一切实物收管及财产评估。银行作为金融服务主体，切实简化办贷手续，缩短办贷时间，有效形成了社员（农户）申请贷款，而村经济合作社、公司与银行三方联合议贷，由银行依法依规办理农村农民贷款的运行新机制。③深化普惠金融，丰富支农服务"人员网"。为让该模式惠及更多农村百姓，瓯海农商行深化银农联动，在原先"一队五员"服务团队（一队：营销团队，五员：金融服务员、协储员、便农终端管理员、计生员、支农联络员）的基础上，在每个村专门聘请1—2名威信高、能力强的村民作为协贷员，充分发挥其亲缘、血缘、地缘优势，全面了解当地村农民生产生活中的实际困难，第一时间对接农民信贷需求并协助开展贷款调查。④政府重视支持，合力推进改革落地。由于该模式对现有农村产权制度有较大突破，涉及面广，为此，瓯海农商行积极争取地方政府及有关部门支持，合力推进改革落地。瓯海区委区政府专门制定出台《加快推进农村普惠金融工作试行"农民

---

① 《我区率全国之先实施农村普惠金融工程》，瓯海新闻网，http://ohnews.zjol.cn。

资产授托代管融资"暂行办法》，同时区公安、法院、房产、土地、农林、工商等部门予以合力推进，打通流程设置上的关键节点，从制度上保障该模式运行的可行性。⑤强化风险防控，筑牢安全"篱笆"。该模式是各方在遵循信用体系基础上建立起来的一种借贷关系，瓯海农商行在切实普惠农户的前提下，联动多方力量，强化风险防控，化解信用风险。一方面，各经办人员在接受农户申请后，在协贷员的协助下，将贷前检查做实，切实了解授托资产具体情况。协贷员积极督促村民按时还贷，并配合开展不良贷款清收等工作。另一方面，区相关部门通力支持，通过有效的行政、司法手段切实维护银行权益。特别是各部门联手打击恶意逃废债，着力净化信用环境，为银行试点保驾护航。

（2）实践成效。①瓯海农商行作为目前农民授托代管融资模式的唯一试点金融机构，自2015年10月推广至今整整一周年。截至2016年10月末，"农民资产授托代管融资"已覆盖全区127个村，受理资产3183宗，受惠农户3026户，累计激活农村资产8.14亿余元。其中历史上从来没有贷过款的农民有1177户，金额共达2.99亿元，有效缓解了农民融资难题，且社会意义远超贷款本身。②盘活农民资产。截至2016年10月末，共受理农民资产授托代管贷款申请3183宗、累计发放贷款8.14亿元，所受托的资产全部无法到其他银行办理抵（质）押贷款。其中，由于产权两证不齐及房管登记过严，均无法到房管部门正式办理抵押登记的农房类授托融资1452宗、金额3.85亿元，其数量与融资规模在受托资产中占比最高，均超过45%。为农户用安置房指标、拆迁协议办理的授托融资968宗、占比30.4%，金额3.66亿元、占比44.96%。土地流转权类授托融资24宗、金额975万元，农村股权类授托融资41宗、金额503万元，社保权益类202宗、金额1444万元。其他融资授权496宗，金额3378万元。③促进农民增收。该模式的推行最终为了促进农民增收，达到普惠金融的目的。截至2016年10月末，根据农村受益群体用途分析，信贷支持农民改善生活居住的共294户、占比9.72%，金额4766万元、占比5.86%；支持农民创业创收共2732户、占比90.28%，金额76634万元、占比94.14%。对支持农民创业创收进行再分析，其中：制造业579户，金额20865万元；服务业77户，金额2086万元；农林牧业38户，金额1841万元；文体教育12户，金额187万元；建筑业86户，金额2569万元；批发零售394户，金额10746万元；支持其他类1546户，金额38340万元。在一定程度上满足了不同层次的资金需求，为助农增收打下了坚实的基础。④激活农村市场。新模式试点一年以来，农民授托代管的受益农户已达 3026 户、8.14 亿元，近 5 个月增加 2137 户、5.74 亿元。其中新增客户由 5 月的 420 户上升至 10 月的 1177 户，增幅达 180.24%，新增贷款户数占总贷款增户 38.8%。存量放量客户占授托贷款总户数比例由 5 月的 12.7%飚升至 10 月的 25.9%。

案例10.7　浙江台州玉环农村商业银行——"蓝领通"贷款①

浙江玉环农村商业银行的"蓝领通"贷款是为切实做好广大职工积极投身"大众创业、万众创新"金融支持工作，进一步发挥职工服务卡普惠职工平台作用，拓展职工服务卡金融服务功能，满足广大职工创业创新及生产生活资金需求而推出的产品，支持对象原则上为玉环籍持有"工会联名卡"的工会会员，主要解决工会会员日常生活资金需求及在创业创新过程中生产资金不足或初创期资金困难需要。

（1）主要创新点。①创新"一卡"。联合县总工会在全市推出了首张针对工会会员的工会服务卡，该卡集合了工会卡、银行卡以及市民卡的功能，持卡人凭卡可享有总工会为工会会员提供的各类保障服务和各项帮扶服务，加载了丰收借记卡的存取款、转账等金融功能，且可享受全球零费用的增值服务，还具备"玉环·市民卡"所拥有的公交刷卡、公共自行车租借等公共服务功能及可在特约商户消费。同时，玉环农商银行还针对每位持卡人免费提供连续三年、最高赔付金额为 2 万元的非工伤意外保险增值服务。②创新"一贷"。以丰收工会联名卡为载体，推出针对工会会员的"蓝领通"贷款。根据借款人合理资金需求、贷款用途、还款能力的不同，贷款最高额度可达 100 万元，其中，信用贷款一般不超过 10 万元；保函贷款、联保贷款最高 30 万元，而且利率实行较同期普通贷款优惠 20%的政策。对于开立基本存款结算账户或者开办代收代付、国际结算等中间业务的工会企业，工会会员可再享受 5%优惠。

（2）业务流程。①会员小额信用贷款：由工会会员向所在单位工会组织提出申请；经会员所在单位工会组织审核同意后，向农商银行送达申请表、提出借款申请，农商银行放贷。②会员企业保函贷款：工会会员向所在单位工会组织提出申请；经会员所在单位工会组织审核同意，会员企业承诺出具保证函，并签署意见后，向农商银行送达申请表、提出借款申请，农商银行放贷。③会员联保贷款：由 3—5 名工会会员组成联保小组，向所在单位工会组织提出申请；经会员所在单位工会组织审核同意后，向

① 资料来源于浙江银行业协会以及玉环农村商业银行等。

农商银行送达申请表、提出借款申请，农商银行放贷。④会员其他贷款：工会会员依据上述贷款方式经所在单位工会签署意见后再行放贷，操作按农商银行相关规定执行。

（3）风险防控。①借助各级工会组织完成贷款前期资格审核等工作，较好地嫁接了该行的服务网点以及工会的网络组织，并实现了资金需求信息的对称，有效地降低了信贷风险。②与县总工会进行数据共享，双方按月及时传递相关数据信息，确保第一时间获取每位工会会员信息。③掌握贷款业主的信息情况，以便发现问题后，通过联席会议及时进行解决。

（4）实施效果。①丰收工会联名卡自2014年12月面世以来，已发放7696张。截至2016年8月末，累计发放"蓝领通"贷款394笔涉及贷款资金5652万元，平均贷款额度14.35万元，其中信用贷款236笔2437万元、保证贷款154笔3017万元、抵押贷款3笔200万元，无发生1笔不良贷款。其中，为广大"蓝领阶层"提供了消费资金2386万元、占"蓝领贷"贷款余额的42.22%，生产经营资金3266万元、占"蓝领贷"贷款余额57.78%，助推了创业创新事业，对普通蓝领阶层的帮扶助力作用正逐步显现。②满足了工会会员创业创新资金需求。切实解决工会会员创业创新或生产生活中的融资难、担保难问题，进一步激发了广大工会会员的攻坚克难、诚实劳动、创新创造的工作热情，同时也帮助有立志创业的工会会员实现自己的创业梦想，从而更好地服务我县实体经济发展。③为地方经济社会发展注入了新活力。工会拥有最广泛的组织基础，此举进一步拓展和打通了工会服务职工群众的区域和通道，增强了工会的凝聚力和社会影响力，不断普惠职工群众，激发了散布在社会各个角落的工会会员的创业创新热情，带动全社会大众创业、万众创新的热潮，从而进一步提升经济社会发展的活力。

案例10.8　浙江上虞农商银行——云信贷①

为进一步解决中小微企业融资难、担保难等问题，降低资金链、担保链风险，上虞农商银行积极探索中小微企业信用贷款增扩面工作。在银政合作的基础上，以上虞区企业信用信息云服务平台上的企业信息作为信用评估依据，该行推出服务辖区内中小微企业的信用贷款产品"成就您·云信贷"。向符合贷款条件的中小微企业发放生产性流动资金贷款。贷款用于

---

①　资料来源于浙江省银行业协会及上虞农商银行等。

原材料采购、短期流动资金周转等。信用贷款额度最高 1000 万元（含）。

（1）主要创新点。①该产品运用大数据定位市场需求，推进服务创新。通过上虞区企业信用信息云服务平台获取大数据作为信用评估依据、信用补充及增信，平台不仅汇集了本区 30 多个部门及区内十几家金融机构等单位获取的企业信用信息，而且平台能实时更新区内新注册的企业及相应的经营及信用记录，该行可以对符合条件的新老企业进行有针对性的营销。同时通过大数据分析，对信用记录良好的企业开辟"绿色通道"，缩短信贷审批及办理流程，提高办贷效率。与其他信贷产品相比，本产品办贷周期更短、效率更高，并能够实时关注预警提示，把控信贷风险。②经办客户经理除对中小微借款企业的主体资格、资信状况、贷款用途、偿还能力、生产经营状况、发展前景等方面进行调查核实外，通过对接上虞区信用信息云服务平台，对该借款企业信用评分、行业评分、涉及的风险预警情况，关系网络图及担保圈等情况进行分析，识别担保圈结构，对股东关联、集团关联、高管关联、家庭关联等数据进行分析，防范过度授信。同时对有警示级、关注级和提示级的企业进行重点关注、及时核实。贷款发放后，经办客户经理建立台账并密切关注借款人的经营情况，按期进行贷后检查，通过登录云服务平台，主要查看包括水电气使用情况是否出现异常波动，是否经常性欠税，是否有法院诉讼等相关信息及其他风险预警信息。凡发现借款人有异常情况的，银行有权停止发放贷款或提前收回贷款本息，并可采取相关保全措施。

（2）实施效果。①发放信用贷款拓宽了中小微企业的融资渠道，降低了融资难度与成本，规避了担保链风险。同时发放信用贷款实现了诚信资源的变现，有利于提升地区信用体系的建设。②该产品在 2016 年 6 月 24 日推出后，通过柜面、客户经理走访、本行微信公众号等渠道进行了宣传，截至 2016 年 8 月底，累计发放"成就您·云信贷"贷款 46 笔，贷款余额 3045 万元，受到市场认可，并接受了上虞电视台、浙江之声、《浙江日报》的采访报道。

二　村镇银行

案例 10.9　浙江萧山湖商村镇银行小贷通贷款①

浙江萧山湖商村镇银行是一家于 2013 年 8 月新成立的新型农村金融机

---

① 资料来源于浙江省银行业协会及萧山湖商村镇银行等。

构。自开业以来，始终坚守"支持三农服务小微"的基本市场定位，深耕农村金融市场，将"三农"和小微企业市场作为战略转型、优化结构、实现可持续发展的最重要战略要地。为更好地服务"三农"和小微企业，支持萧山当地经济发展，萧山湖商村镇银行根据自身的管理能力和小法人优势，结合地区经济发展状况和授信业务的风险状况，简化信贷审批流程，提高贷款办理速度，针对"三农"和小微企业贷款资金需求讲究"短、频、快、急"的特征，于2014年9月新推出了湖商小贷通贷款新产品。

（1）主要创新点。湖商小贷通贷款新产品有以下一些特点：①湖商小贷通贷款产品"信用、保证"担保方式的涵盖，能有效解决贷款抵押物不足的问题，信用贷款本身无须提供家属以外的担保，小贷通保证贷款只需一对夫妻提供保证，较宽松、易操作的担保方式较好解决了农户、小微企业贷款担保难问题。②湖商小贷通贷款以湖商借记卡为载体，首次申请湖商小贷通贷款授信，除需办理湖商借记卡外还需提供借款人及其配偶身份证、户口簿、家庭财产及所经营项目等证明材料，如需提供担保的，则需担保人提供相关证明。客户资金宽裕，可随时到柜台申请还款，将二次放款贷前调查及贷后检查融入平时的客户走访之中，在授信有效期内客户需求贷款资金，可凭湖商借记卡、有效证件及预留指纹，到柜面自主申请放款，无须再走贷前调查、审核、审批流程。③湖商小贷通贷款采用客户"指纹核对"的约定，能确保贷款本人申请使用，有效防范贷款冒名使用风险。

（2）实施效果。①湖商小贷通贷款"一次授信、随用随借、随时归还、循环使用"的特点，大大简化了小额贷款办理手续，"一次授信、随用随借"确保了贷款资金到账时间，为客户安排生产、资金调度吃下了"定心丸"，"随时归还、循环使用"能有效降低客户贷款利息支出，缩减客户成本。②湖商小贷通贷款产品的推出深得客户好评，推出至2016年8月，已累计发放小贷通贷款金额24274万元，实现了小微企业贷款增速、增量和户数"三个不低于"目标，覆盖萧山大部分乡镇，给小微企业贷款提供了方便，为小微企业带来了福音。③2015年5月4日，该行获得中国银监会浙江监管局授予的2014年度浙江银行业金融机构小微企业金融服务先进荣誉。

案例10.10　浙江定海德商村镇银行①

浙江定海德商村镇银行的"普惠金融银农连心"信用社区（村）公

---

① 资料来源于浙江银行业协会及定海德商村镇银行等。

议授信项目是指授信公议小组以"信用"为核心，按照统一的授信标准，对服务辖区内的农户展开程序测评，根据其借款需求进行综合授信，对授信额度进行公布，核发"丰盈授信卡"，持卡人可随时去银行办理相关贷款手续并取得贷款，贷款担保方式为信用。

　　（1）主要创新点。该行主要在服务内容上有以下创新。①建立班子成员联系人制度。每个班子成员分管一个社区的普惠金融开展工作，形成定期走访、联系制度。其中行长分管河东社区，两位副行长分别分管新建社区和小礁村，监事长分管叉河社区。②全面推进"德行周四下午在社区"社区坐班制。每周固定周四下午确定一位分管社区的客户经理在社区上班，坐班客户经理需着装统一，体现文明形象。③建立社区联络员队伍，搭建信任桥梁。推进社区服务牌上墙，聘请社区内热心大叔大妈、小店店主等扩充到该行的社区联络员队伍，调查掌握居民创业意愿和金融需求，延伸拓展金融服务。④现场授信，便捷民众贷款手续。为简化贷款流程，打造小额贷款快速办理的品牌，推出小额贷款现场授信业务。在了解到农户小额贷款需求后，客户经理立刻上门调查客户，收集资料，在确认该笔贷款可发放后即现场客户签字，完成授信工作。⑤扩大影响，回馈社会。为社区内老人理发、量血压，配合社区工作人员上门提供老年人和残疾人衣物清洗、房屋打扫公益活动，在各大节日与社区开展多形式的联谊活动。同时，现场设立咨询台，解答群众提出的问题，为广大乡镇百姓了解金融储蓄业务、个人贷款业务提供方便。

　　（2）实施效果。①"普惠金融银农连心"信用社区（村）公议授信项目是以提前授信、持卡即贷、手续简便、随借随还、纯信用担保，有效解决了农户担保难、贷款审批流程长等诸多问题。②网格化管理，开辟惠农新渠道。2016年以来，该行推出了网格化管理，按照社区、经济合作社名单挨家挨户走访，绘制网络微地图与经济分布图，了解社区组织架构、人口分布、农民收入、经济产业、生产周期等，打造精细化品牌。③该行紧紧围绕"支农支小、扶贫扶弱、普惠金融、惠及民生"的活动主题，强化"三农"市场定位，践行"惠农利民、丰盈万家"的企业使命，健全服务网络，提升服务水平，构建完善"基础金融不出村、综合金融不出镇"的服务体系，实现城乡居民创业融资更容易、享受服务更便捷、获得实惠更广泛。④截至2016年6月底，该行共有白泉、干览、盐仓、城东四个物理网点开展"普惠金融"工程，服务范围覆盖定海39个社区，对21个社区完成公益授信工作，发放丰盈授信卡10043张，授信金额55220万元，累计对487户、发放贷款3308万元。目前贷款客户为 415 户，贷款余额 2935 万元。

案例10.11　浙江玉环永兴村镇银行——"农社乐"农业产业链贷款①

"农社乐"农业产业链贷款产品是借助玉环县政府农民专业合作社联合社创新试点的东风，以"支农支小"为理念的一次金融创新，也是玉环县人民政府指定玉环农业产业链贷款项目。"农社乐"贷款是以农民专业合作社联合社为主导，以农民专业合作社为核心团体，通过创新项目引导，推动农民专业合作社产业化、规模化、规范化发展。"农社乐"贷款以农民专业合作社为点，向合作社上下游辐射，对农业生产资料、农业生产、加工、仓储、物流、销售等各环节形成从产前到产后链条式、地图化的管理与服务，实现服务从源头到终端的全面覆盖。

（1）主要创新点。①政策扶持、财政资金引领。玉环县政府安排财政资金 1400 万元为创新试点扶持基金，以活期基准利率存放该行，以该行为创新主体，通过杠杆作用，放大合作社融资额度，促进农业产业链发展。②支农再贷款助力支农服务。以争取人民银行 3000 万元的支农再贷款加大对农业产业链群体的信贷投放，增强支农服务。③让利优惠，为农减负。对农业产业链客户群体实行让利优惠，贷款利率保持在 4.7‰—6‰。④随用随贷，用款灵活。考虑农业生产的季节性，采用一次授信、随用随贷、余额控制、周转使用。使客户灵活运用资金，降低财务支出。⑤信用发放，解决融资担保难。对一批资信情况良好、生产经营良好、发展有前景的客户采取信用发放，解决融资担保难问题。

（2）实施效果。①截至 2016 年 8 月末，"农社乐"农业产业链贷款户数及余额为 231 户 9827 万元。②得到了政府和监管部门的肯定与支持；农户享受到了利率优惠政策，从中受益。③通过农业产业链信贷模式降低了农产品销售价格，真正做到了受惠于民。④得到了当地苔山村、樟岙村等农业村的高度赞赏，并建立了长期的银农合作关系，切实帮助农民增收创富。

三　小额贷款公司

案例10.12　海宁宏达小额贷款股份有限公司②

海宁宏达小额贷款股份有限公司（简称宏达小贷，股票代码：

---

① 资料来源于浙江银行业协会以及玉环永兴村镇银行等。
② 资料来源于浙江金融办以及海宁宏达小额贷款股份有限公司等。

834670）成立于 2008 年 9 月 28 日，经浙江省人民政府金融办公室、浙江省工商局、浙江省银监局、中国人民银行杭州中心支行批准设立；是浙江省第一家获得营业执照并正式开业的小额贷款公司，浙江省小额贷款协会会长单位。公司成立 8 年多来，秉承"为三农经济和中小微企业服务"的经营宗旨，实行"人才为本，客户至上"的经营理念，规范运作，稳健经营，实现了持续、稳定、健康发展。2009—2014 年，宏达小贷连续被浙江省金融办考核评定为优秀小额贷款公司；2011 年度、2014 年两次受浙江省人民政府表彰，授予"金融机构支持浙江中小企业发展优秀奖""金融机构支农支小优秀单位"荣誉；2011 年、2013 年先后被授予"海宁市文明单位""嘉兴市文明单位"称号。海宁宏达小额贷款股份有限公司获评为"2016 年度金融机构改革创新优秀单位"。

（1）主要创新点。①产品创新。一是宏达商票。宏达商票是出票人签发，委托付款人在指定日期无条件支付确定的金额给收款人或持票人的，由宏达小额贷款承兑的商业承兑汇票。二是自助贷。主要针对符合条件的自然人客户，公司给予一定的授信额度，授信期限一年。借助"工行商友卡""中行小贷掌上通"平台，通过借款人绑定手机发送短信就可实现自助提款、还款，在授信额度内可随借随还，按照实际用款的金额和天数计息。三是支农贷。根据农村市场的现状和需求设立支农贷，运用创新模式，致力于服务三农，主要解决农业合作社、种养殖场、大户和农业龙头企业资金需要，助力广大城乡客户的发展成长。②打造供应链在线金融。海宁宏达小额贷款股份有限公司为厨壹堂定制的在线金融"厨 e 贷"产品，该产品系集在线申请、在线审查、在线放款为一体的手机金融服务，旨在为经销商客户提供金融支持服务。

（2）实施效果。①宏达小贷一直致力于市场、资本、资源及人才的发展，坚持以模式创新、技术创新和理念创新来服务广大中小微企业，凭借一支经验丰富的资深顾问团队，为客户提供一站式金融服务。目前已设立海宁总部，许村、袁花两个服务中心，方便客户进行业务往来。②截至 2016 年末，公司贷款余额 9 亿多，余额笔数 2200 多笔，户均余额 40 万元，支农支小贷款比例达 75%，得到了广大客户的认同，往后公司将进一步扩大和优化业务结构，坚持"支农支小，做好做优"的信念不动摇，创新贷款产品和经营理念，为海宁的经济发展做贡献。③2016 年 7 月，在中贷协组织开展的"全国优秀小额贷款公司推介活动"和"全国优秀商业模式"中，海宁宏达小贷以较好地实现商业可持续发展，贷款投向和客户定位较为清晰，客户覆盖的深度和广度相对较高，能够与传统金融机构形成错位竞争，商业模式相对成熟，监管认可度较高等优势，从全国8000多家小额贷款公司脱颖而出，荣获"全国优秀小额贷款公司"和"全国优秀商业模式"双称号，得到了领导及行业同人的认可与好评。

案例10.13 德清佐力科创小额贷款股份有限公司①

德清佐力科创小额贷款股份有限公司是浙江最大的持牌小额贷款公司，市场份额占浙江省湖州市德清县的60%以上。公司透过快速全面的贷款评估及批准程序提供具有灵活期限的融资方案，致力于为浙江省湖州市、杭州市的客户、全国网上零售商以及网络小额贷款客户提供贷款服务。为互联网平台上的电商提供短期流动资金贷款，单一客户授信额度为50万元以内（含50万元），月利率12.5‰，期限半年。德清佐力科创小额贷款股份有限公司获评为"2016年度金融机构支农支小优秀单位"。

（1）主要创新点。①创新贷款产品。一是快贷通。让客户可于该信贷的授权期限内（一般6个月内）以快捷的方式提取、偿还及再提取已预先批核予的授权信贷额。二是掌上通。借款人将能于信贷年期内透过由中国银行提供及维持的网上银行及手机银行平台快捷地提取及偿还由小额贷款公司授出的贷款或作出查询。②互联网金融。为互联网平台上的电商提供短期流动资金贷款，单一客户授信额度为50万元以内（含50万元），月利率12.5‰，期限半年。

（2）实施效果。①佐力小贷自创立之初便以助推普惠金融为己任，坚持稳健运营与创新发展，一步一脚印踏实地践行，为用户提供高效、便捷、专业的金融服务。"湖州市2015年度优秀地方金融组织"，是对佐力小贷践行普惠金融之路的肯定与激励。②2016年2月，该公司被湖州市人民政府授予"2015年度湖州市外商投资'亩产效益'示范企业"称号。外商投资"亩产效益"示范企业是按当年度外商投资企业营业收入、净利润、税收三类指标，结合企业用地指标，按量化计分方法计算，排出"亩产效益"示范企业前十名为年度市外商投资"亩产效益"示范企业。

案例10.14 临安市兆丰小额贷款股份有限公司②

临安市兆丰小额贷款股份有限公司成立于2008年12月16日，是经浙江省金融办批准成立的股份有限公司，由浙江华兴集团主发起，联合临

---

① 资料来源于浙江金融办以及德清佐力科创小额贷款股份有限公司等。

② 资料来源于浙江金融办以及临安市兆丰小额贷款股份有限公司等。

安 8 家骨干企业和 6 个自然人组建，注册资金 2 亿元，2012 年增资扩股至 3 亿元，其主营业务为本辖区范围内依法从事办理各项小额贷款业务，另外也提供小企业发展、管理、财务咨询以及代理意外伤害及财产保险等业务。临安市兆丰小额贷款股份有限公司获评为"2016 年度金融机构支农支小优秀单位"。公司成立以来，在各级政府及主管部门的领导和关怀下，依照国家法律和金融政策的规定，坚持着清晰、坚定的发展目标：以"服务三农"为经营主线，以"规范管理"为发展的保障线，以"风险可控"为发展的生命线，以"规范、审慎、稳健、创新"为长远发展的目标。公司一直以来坚持"小额、分散、流动"的经营原则，竭诚为"三农"、中小微企业及个体工商户提供专业、便捷、产品丰富的各类金融服务。

（1）主要创新点。①网商贷。面向国内主流电商平台（如天猫、京东等）、跨境电商平台上的商户，提供专业便捷的融资服务。借款人条件：在某一电商平台连续经营 2 年（含）以上；年销售额不低于 100 万元人民币（以电商平台数据或物流数据为准）；店铺无售假或严重违规扣分。②信誉贷。面向具有稳定收入的个人，提供专业便捷的融资服务。借款人条件：公务员、教师、医生、银行职员和中央、省、市直属企业管理人员等；具有当地户口或长期居住证明，有固定的住所；在单位工作满 1 年的正式员工；信誉良好，在人民银行个人征信系统无不良信用记录。

（2）实施效果。①临安市兆丰小额贷款股份有限公司在"严谨、高效、合规"的经营理念指导下，在大力支持农业生产、各种形式的合作经济、社员家庭经济等农村综合发展的同时，也取得了自身经济效益和社会效益的双丰收，曾荣获中国小额信贷最具社会责任奖，并连续多年被省金融办评为优秀小额贷款公司。②2015 年 8 月 11 日，该公司在全国中小企业股份转让系统（俗称"新三板"）正式挂牌，"兆丰小贷"的成功挂牌，将进一步促进公司完善内部管理制度、规范信贷流程，提高经营管理水平，推动公司积极探索特色发展、创新发展之路。2016 年年底，临安兆丰小贷又与蚂蚁金服开展了合作，并对信息系统服务平台进行了升级。临安兆丰小贷的用户只需要打开支付宝进行扫码登录，即可迅速完成贷款申请。根据兆丰小贷负责人的介绍，升级后的信息系统服务平台，把公司每单放贷成本从原先的 500—600 元降低到了现在的 100 元以内，最多降低成本可达 83.3%。

第四篇

金融创新与可持续
发展政策建议

第十一章　农村中小金融机构金融创新的方向与相关政策建议

党的十九大提出实施"乡村振兴战略"，既是实现我国农业农村现代化的战略要求，是决胜全面建成小康社会、全面建设社会主义现代化国家的重大历史任务，也是新时期"三农"工作的总抓手。[①] 实施乡村振兴战略，金融应当从多角度寻求创新发展，在乡村振兴过程中发挥更为重要的作用。长期以来，农村金融供给不足一直是制约我国农业现代化建设的一个瓶颈，其主要表现是农村金融服务不足和新型农业经营主体信贷可获得性较差。为改变这一局面，首先需要厘清乡村振兴背景下农村金融创新的方向，进而设计出农村中小金融机构创新路径。

改变目前我国农村金融供给不足的局面，加大金融支持乡村振兴力度，不能仅简单地加大农村金融供给，需要从构建与健全多层次新型农村金融市场体系，培育有利于创新发展与支持乡村产业发展的有效机制与政策环境，加强风险管控达到可持续发展等方向进行创新探索。首先，建立完善的农村金融市场体系是农村金融创新发展的先决条件。既要发挥正规金融的主力军作用，也要发挥非正规金融机构的补充作用，同时要建立完善农业担保、信托、基金、保险、资产管理等机构。其次，探索形成金融支持乡村产业发展的有效机制是农村金融创新发展的主要方向。要顺应农业农村经济的深刻变化，改善和优化金融供给整合业务渠道，根据现代农业发展需求，创新服务模式、服务方式和金融产品，提高农村金融服务质量效益，从而更好支持农村新产业、新业态培育和发展。最后，构建有效的金融风险管控体系是农村金融创新发展的根本保障。既要坚守农村金融定位，又要加强风险防控，充分发挥监管约束和引导作用，完善管控体系，使农村金融真正发挥助推乡村振兴的作用。

农村中小金融机构在乡村振兴战略实施过程中应该充分发挥支农惠农

---

① 《中共中央、国务院关于实施乡村振兴战略的意见》，2018年1月2日。

的重要作用。结合乡村振兴战略要求的农村金融创新发展方向，根据本书理论与实证研究得出的结论，在如何构建与完善农村金融体系、建设有利于农村金融发展的有效机制与政策环境、加强农村中小金融机构风险管理以及促进农村中小金融机构的创新与可持续发展等方面，现提出以下一些政策建议。①

第一节　构建多层次、竞争性的新型农村金融市场体系

要以促进农村中小金融机构多元化、多样化发展为中心，实现农村中小金融机构体系创新，提升农村基础金融服务，使金融机构和网点更接近需求或以新技术移动互联手段接近需求，增加金融机构服务覆盖水平。

首先，因地制宜构建多层次农村金融市场体系。农村各地区根据其经济发展水平和金融发展差异而规划制定相应的区域性农村金融市场开放政策，构建政策性、商业性及合作性金融并存的适合农业农村特点的农村金融体系，明确农村中小金融机构的定位和发展。推动农村信用社省联社改革，打破目前农村金融市场上农信社（农村合作银行、农村商业银行）的垄断地位，对村镇银行、小额贷款公司等新型农村中小金融机构进行制度与体制创新，鼓励和引导民间资本参与新型农村中小金融机构，满足多元化的农村金融需求，充分解决农户与小微企业信贷可得性问题。

其次，加速形成多元化农村金融体系竞争格局。政府应该对农村中小金融机构的竞争提供更加市场化的政策环境，应该采取利率市场化的诱导政策，适度放开利率管制，吸引一些金融机构和资金回流到农村金融市场。支持法人金融机构发行"三农"、绿色、小微、双创专项金融债，积极推动法人金融机构开展涉农、小微企业信贷资产证券化，盘活信贷资产支持乡村振兴。除传统的农村金融体系的金融机构外，鼓励供销社办金融、农村电商以及互联网金融向农村市场的渗透与扩张，鼓励新型农业产业链融资、互联网金融等新的业态和模式的发展。

最后，推进农业产业链融资"互联网+"。一是现有农业产业链融资业务产品如"订单融资"等逐步实现线上化；二是结合电商平台、信息资讯平台等商业模式的演变，创新相应供应链融资业务和产品，丰富"互联网+"发展。重点把握与核心客户、物流企业、电商平台等参与主

---

① 本部分参考了笔者博士学位论文部分内容。

体共享客户基础信息资料和交易数据，确保交易真实性，协同提高农业产业链效率。促成多方共赢的局面，使得业务可持续发展。

第二节　培育有利于农村中小金融机构发展的有效机制与政策环境

农村中小金融机构创新与可持续发展要求良好的经济社会发展环境与有效的机制。要强化社会信用建设，为农村中小金融机构发展创造良好的金融生态环境，同时也要不断提高农村中小金融机构自身的经营管理水平与创新模式。

第一，创造有利环境推动普惠金融。政府相关部门要为县域农村金融市场创造有利的适度竞争环境，对县域农村中小金融机构实施政策保护来抑制县域农村金融发展的不平衡性问题，借助定向降准政策，对在普惠金融领域贷款达到一定条件的农村金融机构，核定更低的存款准备金率，发挥货币政策正向激励作用，引导农村中小金融机构与贷款客户建立长期的合作关系，优化支农信贷资金投向，把更多资源投入到普惠金融领域，提高其为"三农"服务的积极性。

第二，推动不同类型农村中小金融机构改革与发展。政府应推动农村信用社省联社改革，保持农村信用社县域法人地位和数量总体稳定。应加大对村镇银行各种资金扶持、财税补贴及税收优惠等政策支持。推动出台非存款类放贷组织条例，相关政策部门在风险可控的前提下清除不必要的行政性进入壁垒，放松对小额贷款公司准入条件的限制，促进小额信贷机构股权结构多元化，鼓励小额贷款公司经营规模的扩大，形成规模效应，促进其支农支小的贷款增加（潘巧方、刘西川、傅昌銮，2018）。

第三，搭好政银企合作平台，促成银企融资有效对接。首先，农村中小金融机构应充分发挥业务覆盖各行业的信息采集和研究分析优势，对产业链上交易进行深入分析，并对未来发展趋势和空间作出准确的预判。其次，构建专业的在线产业链融资平台及其他配套设施，在线实时管理产业链金融业务的各个环节，与客户企业数据互通，提升客户体验及业务效率，并不断利用大数据挖掘技术进行科技和业务的创新，扩宽业务发展的空间，提升市场竞争力。另外，也要建立小额信贷的服务网络，比如设置专门的小额信贷服务机构，该服务网络可以与政府进行小额信贷方面正常的沟通和探讨。

第四，借助大数据技术缓解信息不对称难题，提升农村电子支付服务水平。以"电子支付应用示范村"创建、"智慧支付工程"实施为抓手，大力推进网上支付、手机支付，促进农村电子支付普及应用。农村金融机构要通过科技创新改变传统的金融服务方式，必须借助大数据、人工智能等现代信息技术，创新和整合经营渠道，满足新型农业经营主体多元化的需求，从而降低服务、交易和运营成本，提高金融服务的技术和数据应用能力。优化业务审批流程，缩短农业信贷链，提高农村金融供给的配置效率和服务水平（任楠薇，2018）。

第五，创新抵押贷款模式与授信模式。鼓励农户与经营主体签订土地长期租赁合同，推广中长期农地经营权抵押贷款，满足现代农业长期大额的资金需求，有效拓宽新型农业经营主体融资渠道。创新抵押贷款模式，深化农村"两权"抵押贷款试点，围绕农房抵押贷款试点与宅基地"三权分置"改革，创新农房抵押贷款产品和模式，加快补齐农民财产性收入短板。探索开展大型农机具抵押、农业生产设施抵押、存货抵押、大额订单质押等创新产品，满足各类新型农业经营主体多元化融资需求，努力增加农民财产性收入。

第三节　完善农村金融信用体系以及中小金融机构风险管控体系

健全的风险管控体系是农村中小金融机构可持续发展的关键。由于资金规模、人力成本等条件限制，农村中小金融机构在风险管理方面存在不少问题，风险管理组织架构不完善、风险管理技术落后等情况较为普遍，其风险管理体系亟须改革创新。

第一，建设和培育良好的信用环境。针对农村地区经济发展与信用体系建设相对落后的情况，政府相关部门要明确定位，建设和培育良好的信用环境，要深入开展"信用户、信用村（社区）、信用乡（镇、街道）、信用县"创建，完善农户信用信息采集与更新机制。建立完善农户信用档案和信用创建成果转化机制，促进信用信息和信用创建成果在农村金融机构发掘优质客户、创新金融产品以及管理信用风险等方面的应用。

第二，建立农村金融风险准备金及农业风险补偿制度。要建立农村金融风险准备金制度来应对农村中小金融机构支农支小贷款所存在的市场波动性问题，通过设立农村信贷成本和风险补贴基金鼓励成本与风险过高而盈利较小的农村中小金融机构的发展。关于农业风险问题，稳步推行农业保险制度建设，扩大政策性保费补贴范围，由财政出资建立农业风险补偿基金，对金融支持农村振兴形成的不良贷款按一定比率进行风险补偿。另外，采取财政补贴、减免相关税收等方式引导、鼓励商业性保险机构开展农业保险业务；引入农户、经济组织、财政、担保机构等多方参与的联保模式建立风险共担及补偿机制，运用综合措施，熨平金融支持乡村振兴的风险。

第三，完善农村中小金融机构的各级监管体系与考核机制。金融监管部门必须定期对农村中小金融机构的财务状况进行检查，提高监管的针对性和有效性；政府相关部门要科学设立考评指标，应当将规模控制、风险控制、法人治理结构及其有效运行、基础管理、盈余分配等纳入考核范围，规范农村中小金融机构经营管理，构建完善的农村中小金融机构考核机制与监督体系，保证农村中小金融机构的健康发展。

第四，积极利用计算机、互联网和大数据等新技术进行风险管控。加强风险管理与控制的技术创新，提高信息传递的准确性和效率，降低获取客户信息的成本，提高信用和风险管理的效率（刘西川，2018）。特别是对于农业或与农业相关的二三产业，传统的风控技术已经难以跟上现代农业发展的步伐。与住房抵押贷款和住房抵押贷款替代品相比，金融产品和服务的创新应着眼于融资项目未来的现金流量，强化还款能力，创造性地将城市商业银行已普遍使用的面向小微企业的进程间通信（IPC）技术和信贷工厂技术引入农业或涉农领域。

参考文献

Adams, D. W. Filling the Deposit Gap in Microfinance. InNotes for the WOCCU conference, Best Practices in Savings Mobilization, 2002.

Adams, D. W., Graham, D. H., & Von Pischke, J. D. Undermining Rural Development with Cheap Credit.In: Adams, D.W., D.H.Graham, J.D. Von Pischke (Eds.), *Undermining Rural Development with Cheap Credit*.Westview Press, Boulder, CO.1984, 1-7.

Aigner, D., Lovell, C.A.L.& Schmidt, P.Formulation and Estimation of Stochastic Frontier Production Function Models.*Journal of Econometrics*, 1977, 6 (1): 21-37.

Akhavein, J.D, Berger, A.N., & Humphrey, D.B.The Effects of Megamergers on Efficiency and Prices: Evidence from a Bank Profit Function.*Review of Industrial Organization*, 1997, 12 (1): 95-139.

Akhigbe, A, & McNulty, J.E.The Profit Efficiency of Small US Commercial Banks.*Journal of Banking & Finance*, 2003, 27 (2): 307-325.

Allen, Franklin, and D. Gale. *Comparing Financial Systems*. Cambridge, Mass.: MIT Press, 2001.

Aly, H.Y., Grabowski, R., Pasurka, C., & Rangan, N. Technical, Scale, and Allocative Efficiencies in U.S.Banking: An Empirical Investigation. *The Review of Economics and Statistics*, 1990, 72 (2): 211-218.

Annim, S. K. Targeting the Poor versus Financial Sustainability and External Funding: Evidence of Microfinance Institutions in Ghana.Working Paper, Brooks World Poverty Institute, 2009.

Armendáriz B.&Szafarz A.On Mission Drift in Microfinance Institutions.*The Handbook of Microfinance*, 2011: 341-366.

Bailey, E.E., & Friedlaender, A.F.Market Structure and Multiproduct Industries.*Journal of Economic Literature*, 1982, 20 (3): 1024-1048.

Bain, J. S. Relation of Profit Rate to Industry Concentration: American Manufacturing, 1936 – 1940. *The Quarterly Journal of Economics*, 1951, 65 (3): 293–342.

Banerjee, A. V., & Newman, A. F. Occupational Choice and the Process of Development. *Journal of Political Economy*, 1993, 101 (2): 274–298.

Banker, R. D., Charnes, A., & Cooper, W. W. Some Models for Estimating Technical and Scale Inefficiencies in Data Envelopment Analysis. *Management Science*, 1984, 30 (9): 1078–1092.

Banker, R. D, Charnes, A., Cooper, W. W., Swerts, J., & Thomas, D. A. An Introduction to Data Envelopment Analysis with Some of Its Models and Their Uses. *In Research in Governmental and Nonprofit Accounting*, Ed. J. L. Chan and J. M. Patton, Vol.5, JAI Press, Greenwich, CT, 1989: 125–163.

Barth, J. R., Caprio Jr, G., & Levine, R. Bank Regulation and Supervision: What Works Best? *Journal of Financial Intermediation*, 2004, 13 (2): 205–248.

Bauer, P. W. Recent Developments in the Econometric Estimation of Frontiers. *Journal of Econometrics*, 1990, 46 (1): 39–56.

Beck, T., Demirgüç-Kunt, A. S. L. I., & Maksimovic, V. Financial and Legal Constraints to Growth: Does Firm Size Matter? *The Journal of Finance*, 2005, 60 (1): 137–177.

Beck, T., & Levine, R. Stock Markets, Banks and Growth: Panel Evidence. *Journal of Banking & Finance*, 2004, 28 (3): 423–442.

Beck, Thorsten, and Ross Levine. Industry Growth and Capital Allocation: Does Having a Market-or Bank-based System Matter? *Journal of Financial Economics*, 2002, 64 (2): 147–180.

Beck Thorsten, and Ross Levine. Stock Markets, Banks, and Growth: Panel Evidence. *Journal of Banking and Finance*, 2004, 28 (3): 423–442.

Beck, T., Levine, R., & Loayza, N. Finance and the Sources of Growth. *Journal of Financial Economics*, 2000, 58 (2): 261–300.

Bencivenga, V. R., & Smith, B. D. Financial Intermediation and Endogenous Growth. *The Review of Economic Studies*, 1991, 58 (2): 195–209.

Benston, G. J., Hanweck, G. A., & Humphrey, D. B. Scale Economies in Banking: A Restructuring and Reassessment. *Journal of Money, Credit, and Banking*. 1982, 14 (4): 435–456.

Benston, G.J.Branch Banking and Economies of Scale.*Journal of Finance*, 1965, 20 (2): 312-331.

Benston, G. J. Economies of Scale of Financial Institutions. *Journal of Money, Credit, and Banking*, 1972, 4 (2): 312-341.

Berg, S.A., Førsund, F.R., & Jansen, E.S.Malmquist Indices of Productivity Growth during the Deregulation of Norwegian Banking, 1980-1989. *The Scandinavian Journal of Economics*, 1992, 94, S211-S228.

Berger, A.N., & Humphrey, D.B.Efficiency of Financial Institutions: International Survey and Directions for Future Research.*European Journal of Operational Research*, 1997, 98 (2): 175-212.

Berger, A.N., & Humphrey, D.B.*Measurement and Efficiency Issues in Commercial Banking.*In Measurement Issues in the Service Sectors, Ed.Z.Griliches, National Bureau of Economic Research, University of Chicago Press Chicago, IL, 1992: 245-279.

Berger, A.N., & Udell, G.F.Relationship Lending and Lines of Credit in Small Firm Finance.*The Journal of Business*, 1995, 68 (3): 351-381.

Berger, A.N., & Udell, G.F.Small Business Credit Availability and Relationship Lending: The Importance of Bank Organisational Structure.*The Economic Journal*, 2002, 112 (477): F32-F53.

Berger, A.N., & Mester, L.J.Inside the Black Box: What Determines Differences in the Efficiency of Financial Institutions.*Journal of Banking & Finance*, 1997, 21 (7): 895-947.

Berger, A.N., & DeYoung, R.Problem Loans and Cost Efficiency in Commercial Banks.*Journal of Banking & Finance*, 1997, 21 (6): 849-870.

Berger, A.N., & Hannan, T.H.The Price-Concentration Relationship in Banking.*The Review of Economics and Statistics*, 1989, 71 (2): 291-299.

Berger, A.N., & Hannan, T.H.The Efficiency Cost of Market Power in the Banking Industry: A Test of the "Quiet Life" and Related Hypotheses.*The Review of Economics and Statistics*, 1998, 80 (3): 454-465.

Berger, A.N., & Hannan, T.H.Using Efficiency Measures to Distinguish Among Alternative Explanations of the Structure-Performance Relationship in Banking.*Managerial Finance*, 1997, 23 (1): 6-31.

Berger, A.N., & Humphrey, D.B.The Dominance of Inefficiencies over Scale and Product Mix Economies in Banking.*Journal of Monetary Economics*,

1992, 28 (1): 117-148.

Berger, Allen N., and Gregory F.Udell.Relationship Lending and Lines of Credit in Small Firm Finance. *The Journal of Business*, 1995, 68 (3): 351-381.

Berger, A.N., Hanweck, G.A.& Humphrey, D.B.Competitive Viability in Banking: Scale, Scope, and Product Mix Economies.*Journal of Monetary Economics*, 1987, 20 (3): 501-520.

Berger, A.N., Leusner, J.H., & Mingo, J.J.The Efficiency of Bank Branches.*Journal of Monetary Economics*, 1997, 40 (1): 141-162.

Berger, A. N., Miller, N. H., Petersen, M. A., Rajan, R. G., & Stein, J. C. DoesFunction Follow Organizational Form? Evidence from the Lending Practices of Large and Small Banks.*Journal of Financial Economics*, 2005, 76 (2): 237-269.

Berger, A.N., Demsetz, R.S., & Strahan, P.E.The Consolidation of the Financial Services Industry: Causes, Consequences, and Implications for the Future. *Journal of Banking & Finance*, 1999, 23 (2): 135-194.

Berger, A.N., Rosen, R.J., & Udell, G.F.Does Market Size Structure Affect Competition? The Case of Small Business Lending.*Journal of Banking & Finance*, 2007, 31 (1): 11-33.

Berger, A. N., Hunter, W. C., & Timme, S. G. The Efficiency of Financial Institutions: A Review and Preview of Research Past, Present and Future.*Journal of Banking & Finance*, 1993, 17 (2): 221-249.

Berger, A.N.Distribution-free Estimates of Efficiency in the U.S.Banking System and Tests of the Standard Distributional Assumptions.*Journal of Productivity Analysis*, 1993, 4 (3): 261-292.

Berger, A. N. The Profit - Structure Relationship in Banking—Tests of Market-Power and Efficient- Structure Hypotheses.*Journal of Money, Credit and Banking*, 1995, 27 (2): 404-431.

Besley T.Savings, Credit, and Insurance.In Handbook of Development Economics Volume 3A, Eds. J. Behrman and T. N. Srinivasan, Amsterdam: North-Holland, 1995: 2123-2207.

Bharath, S., & Dahiya, S.Anthony Saunders and Anand Srinivasan.So What do I Get? The Bank's View of Lending Relationships.*Journal of Financial Economics*, 2007, 85 (2): 368-419.

Bhattacharyya, A., Lovell, C.A.K., & Sahay, P.The Impact of Liberalization on the Productive Efficiency of Indian Commercial Banks.*European Journal of Operational Research*, 1997, 98 (2): 332-345.

Bikker, J.A., & Haaf, K.Competition, Concentration and Their Relationship: An Empirical Analysis of the Banking Industry. *Journal of Banking & Finance*, 2002, 26 (11): 2191-2214.

Boot, A.W.A.Relationship Banking: What Do We Know? *Journal of Financial Intermediation*, 2000, 9 (1): 7-25.

Boyd, J. H., & Runkle, D. E. Size and the Performance of Banking Firms: Testing the Predictions of Theory. *Journal of Monetary Economics*, 1993, 31 (1): 47-67.

Boyd, J.H., & Nicolóand, G. D. The Theory of Bank Risk Taking and Competition Revisited.*The Journal of Finance*, 2005, 60 (3): 1329-1343.

Calem, P.S., & Carlino, G. A. The Concentration/Conduct Relationship in Banking Deposit Markets.*The Review of Economics and Statistics*, 1991, 73 (2): 268-276.

Cavallo, L., & Rossi, S.P.S.Do Environmental Variables Affect the Performance and Technical Efficiency of the European Banking Systems? A Parametricanalysis Using the Stochastic Frontier Approach.*The European Journal of Finance*, 2002, 8 (1): 123-146.

Cebenoyan, A. S., Cooperman, E. S., & Charles, A., Register, and Sylvia C.Hudgins.The Relative Efficiency of Stock versus Mutual S&Ls: A Stochastic Cost Frontier Approach. *Journal of Financial Services Research*, 1993, 7 (2): 151-170.

Cebenoyan, A. S. Scope Economies in Banking: The Hybrid Box - Cox Function.*Financial Review*, 1990, 25 (1): 115-125.

Cetorelli, Nicola, and Philip E. Strahan. Finance as a Barrier to Entry: Bank Competition and Industry Structure in Local U.S.Markets.*The Journal of Finance*, 2006, 61 (1): 437-461.

Chang, C. E., Hasan, I. & Hunter, W. C. Efficiency of Multinational Banks: An Empirical Investigation. *Applied Financial Economics*, 1998, 8 (6): 689-696.

Charnes, A., Cooper, W.W., & Rhodes, E.Measuring the Efficiency of Decision Making Units. *European Journal of Operational Research*, 1978, 2

(6): 429-444.

Civelek, M.A., & Al-Alami, M.W. An Empirical Investigation of the Concentration - Profitability Relationship in the Jordanian Banking System. *Savings and Development*, 1991, 15 (3): 247-260.

Claessens, S., & Laeven, L.What Drives Bank Competition? Some International Evidence. *Journal of Money, Credit and Banking*, 2004, 36 (3): 563-583.

Clark, J.A.Economies of Scale and Scope at Depository Financial Institutions: A Review of the Literature.*Economic Review*, 1988, 73 (8): 17-33.

Clarke, G.R.G., Xu, L.C., & Zou, H.Finance and Income Inequality: What do the Data Tell Us? *Southern Economic Journal*, 2006: 578-596.

Coccorese, P. Banking Competition and Macroeconomic Conditions: A Disaggregate Analysis. *Journal of International Financial Markets, Institutions and Money*, 2004, 14 (3): 203-219.

Cole, R.A.The Importance of Relationships to the Availability of Credit. *Journal of Banking & Finance*, 1998, 22 (8): 959-977.

Conning, J., & Udry, C. Rural Financial Markets in Developing Countries.*Handbook of Agricultural Economics*, Vol.3, 2007: 2857-2908.

Conning J.Outreach, Sustainability and Leverage in Monitored and Peer-monitored Lending.*Journal of Development Economics*, 1999, 60 (1): 51-77.

Copestake, J., Mission Drift, Understand It, Avoid It.*Journal of Microfinance/ESR Review*, 2007, 9 (2): 20-25.

Crouzille, C., Lepetit, L., & Tarazi, A. Bank Stock Volatility, News and Asymmetric Information in Banking: An Empirical Investigation.*Journal of Multinational Financial Management*, 2004, 14 (4): 443-461.

Cull R., DemirgÁ-Kunt A.& Morduch J.Financial Performance and Outreach: a Global Analysis of Leading Microbanks.*The Economic Journal*, 2007, 117 (517): F107-F133.

Davis, J.R., & Hare, P.G.Reforming the Systems of Rural Finance Provision in Romania: Some Options for Privatization and Change. Discussion Paper, Centre for Economic Reform and Transformation, Department of Economics, Heriot-Watt University, 1997.

Davies S., Dumping at less than Marginal Cost.*Journal of International Economics*, 1987 (12): 169-182.

Demigüç-Kunt, Asli, and Ross Levine.Bank-Based and Market-Based Financial Systems: Cross-Country Comparisons. *World Bank Policy Working Paper*, No.2143, 1999.

Demigüç-Kunt, Asli, and Vojislav Maksimovic.Funding Growth in Bank-Based and Market-Based Financial Systems: Evidence from Firm-Level Data. *Journal of Financial Economics*, 2002, 65 (3): 337-363.

Demsetz, H. Industry Structure, Market Rivalry, and Public Policy. *Journal of Law and Economics*, 1973, 16 (1): 1-9.

Dewatripont, E., & Maskin, E.Credit and Efficiency in Centralized and Decentralized Economies. *The Review of Economic Studies*, 1995, 62 (4): 541-555.

DeYoung, R., & Nolle, D. E. Foreign-Owned Banks in the United States: Earning Market Share or Buying It? *Journal of Money, Credit and Banking*, 1996, 28 (4): 622-636.

DeYoung, R.A Diagnostic Test for the Distribution-Free Efficiency Estimator: An Example Using U.S.Commercial Bank Data.*European Journal of Operational Research*, 1997, 98 (2): 243-249.

Diamond, D.W., & Dybvig, P.H.Bank Runs, Deposit Insurance, and Liquidity.*The Journal of Political Economy*, 1983, 91 (3): 401-419.

Diamond, D.W.Financial Innovation and Delegated Monitoring.*The Review of Economic Studies*, 1984, 51 (3): 393-414.

Dickson, V. A. Conjectural Variation Elasticities and Concentration. *Economics Letters*, 1981, 7 (3): 281-285.

Dinç, I.S.Bank Reputation, Bank Commitment, and the Effects of Competition in Credit Markets. *The Review of Financial Studies*, 2000, 13 (3): 781-812.

Elyasiani, E., & Mehdian, S.The Comparative Efficiency Performance of Small and Large US Commercial Banks in the Pre- and Post-Deregulation Eras. *Applied Economics*, 1995, 27 (11): 1069-1079.

Evanoff, D.D., & Fortier, D.L.Reevaluation of the Structure-Conduct-Performance Paradigm in Banking. *Journal of Financial Services Research*, 1988, 1 (3): 277-294.

Frame, W.S., & Kamerschen, D.R.The Profit-Structure Relationship in Legally Protected Banking Markets Using Efficiency Measures. *Review of*

Industrial Organization, 1997, 12 (1): 9-22.

Frei, F. K., Harker, P. T., & Hunter, L. W. *Inside the Black - Box: What Makes A Bank Efficient? In Performance of Financial Institutions: Efficiency, Innovation, Regulation.*Ed.Patrick T.Harker, and Stavros A.Zenios, New York: Cambridge University Press, 2000: 259-311.

Fried, H., & Lovell, C. A. K.Enhancing The Performance of Credit Unions: The Evolution of a Methodology.*Louvain Economic Review*, 1994, 60 (4): 431-447.

Fried, H., Lovell, C.A.K., & Vanden Eeckaut, P.Evaluating the Performance of US Credit Unions.*Journal of Banking & Finance*, 1993, 17 (2): 251-265.

Fries, S., & Taci, A.Cost Efficiency of Banks in Transition: Evidence from 289 Banks in 15 Post - Communist Countries. *Journal of Banking & Finance*, 2005, 29 (1): 55-81.

Fukuyama, H.Measuring Efficiency and Productivity Growth in Japanese-Banking: A Nonparametrie Frontier Approach. *Applied Financial Economics*, 1995, 5 (2): 95-107.

Galor, O., & Zeira, J. Income Distribution and Macroeconomics. *The Review of Economic Studies*, 1993, 60 (1): 35-52.

Gilbert, A.R., & Kochin, L.A.Local Economic Effects of Bank Failures. *Journal of Financial Service Research*, 1989, 3 (4): 333-346.

Gilligan, T., Smirlock, M., & Marshall, W.Scale and Scope Economies in the Multi-product Banking Firm.*Journal of Monetary Economics*, 1984, 13 (3): 393-405.

Goldberg, L.G., & Rai, A.The Structure-Performance Relationship for European Banking.*Journal of Banking & Finance*, 1996, 20 (4): 745-771.

Goldsmith, Raymond William. *Financial Structure and Development*. New Haven, CT: Yale University Press, 1969.

González, F.Determinants of Bank-Market Structure: Efficiency and Political Economy Variables. *Journal of Money, Credit and Banking*, 2009, 41 (4): 735-754.

Greene, W.H.A Gamma-Distributed Stochastic Frontier Model.*Journal of Econometrics*, 1990, 46 (2): 141-163.

Greenwood, J., & Jovanovic, B. Financial Development, Growth, and the Distribution of Income. Journal of Political Economy, 1990, 98 (5): 1076-1107.

Grifell-Tatjé, E., & Lovell, C. A. K. Deregulation and Productivity Decline: The Case of Spanish Savings Banks.*European Economic Review*, 1996, 40 (6): 1281-1303.

Guzman, M. G. Bank Structure, Capital Accumulation and Growth: A Simple Macroeconomic Model.*Economic Theory*, 2000, 16 (2): 421-455.

Hannan, T. H. Bank Commercial Loan Markets and the Role of Market Structure: Evidence from Surveys of Commercial Lending.*Journal of Banking & Finance*, 1991, 15 (1): 133-149.

Hannan, T. H. Foundations of the Structure - Conduct - Performance Paradigm in Banking. *Journal of Money, Credit, and Banking*, 1991, 23 (1): 68-84.

Hassan M.K., Sanchez B., Yu J.S. Financial development and economic growth: New evidence from panel data.*The Quarterly Review of Economics and Finance*, 2011, 51 (1): 88-104.

Hermes N., Lensink R.& Meesters A. Outreach and Efficiency of Microfinance Institutions.*World Development*, 2011, 39 (6): 938-948.

Hicks, J.R. Annual Survey of Economic Theory: The Theory of Monopoly. *Econometrica*, 1935, 3 (1): 1-20.

Hicks J.R. Institutional Mechanism Governing University-Industry Research Co-operation in Japan.Stanford University, 1994.

Humphrey, D.B. Cost and Technical Change: Effects from Bank Deregulation.*Journal of Productivity Analysis*, 1993, 4 (1): 9-34.

Humphrey, D. B., & Pulley, L. B. Banks' Responses to Deregulation: Profits, Technology, and Efficiency.*Journal of Money, Credit and Banking*, 1997, 29 (1): 73-93.

Huybens, E., & Smith, B.D. Inflation, Financial Markets, and Long-Run Real Activity.*Journal of Monetary Economics*, 1999, 43 (2): 283-315.

Jayaratne, J., & Wolken, J. How Important are Small Banks to Small Business Lending? New Evidence from a Survey of Small Firms.*Journal of Banking & Finance*, 1999, 23 (2): 427-458.

Jondrow, J., Lovell, C.A.K., Materov, I.S.& Schmidt, P.On the Estimation of Technical Inefficiency in the Stochastic Frontier Production Function

Model.*Journal of econometrics*, 1982, 19 (2): 233-238.

King, R.G., & Levine, R. Finance and Growth: Schumpeter Might Be Right.*The Quarterly Journal of Economics*, 1993a, 108 (3): 717-738.

King, R. G., & Levine, R. Finance, Entrepreneurship and Growth: Theory and Evidence. *Journal of Monetary Economics*, 1993b, 32 (3): 513-542.

King, Robert G., and Ross Levine. Finance and Growth: Schumpeter Might be Right. *The Quarterly Journal of Economics*, 1993, 108 (3): 717-737.

Kovsted, J., R., and, J., Tarp, F., Nguyen, D.T. Nguyen, V.H.& Thao, T. M. Financial Sector Reforms in Vietnam: Selected Issues and Problems.Working Paper, Munich Personal RePEc Archive, 2003.

Kurtz, R.D., & Rhoades, S.A.A Note on the Market Share- Profitability Relationship.*Review of Industrial Organization*, 1992, 7 (1): 39-50.

Kwoka Jr, J.E.Herfindahl Index in Theory and Practice.*Antitrust Bulletin*, 1985, 30: 915-947.

Lapenu C.& Zeller M.Distribution, Growth, and Performance of the Microfinance Institutions in Africa, Asia and Latin America: A Recent Inventory. *Savings and Development*, 2002, 26 (1): 87-111.

La Porta, R., Lopez-de-Silanes, F., & Shleifer, A.Government Ownership of Banks.*The Journal of Finance*, 2002, 57 (1): 265-301.

Lang, G., & Welzel, P.Efficiency and Technical Progress in Banking Empirical Results for A Panel of German Cooperative Banks.*Journal of Banking & Finance*, 1996, 20 (6): 1003-1023.

Leibenstein, H.Allocative Efficiency vs. "X-Efficiency".*The American Economic Review*, 1966, 56 (3): 392-415.

Levine, R., & Zervos, S.Stock Markets, Banks, and Economic Growth. *The American Economic Review*, 1998, 88 (3): 537-558.

Levine, R., Loayza, N., & Beck, T. Financial Intermediation and Growth: Causality and Causes. *Journal of Monetary Economics*, 2000, 46 (1): 31-77.

Levine, R.Financial Development and Economic Growth: Views and Agenda.*Journal of Economic Literature*, 1997, 35 (2): 688-726.

Ljungqvist, A., Marston, F., & Wilhelm, Jr, W.J.Do Bank Relationships Affect the Firm's Underwriter Choice in the Corporate-Bond Underwriting Market? *The Journal of Finance*, 2005, 60 (3): 1259-1292.

Lloyd-Williams, D.M., Molyneux, P., & Thornton, J. Market Structure and Performance in Spanish Banking. *Journal of Banking & Finance*, 1994, 18 (3): 433-443.

Lozano-Vivas, A. Efficiency and Technical Change for Spanish Banks. *Applied Financial Economics*, 1998, 8 (3): 289-300.

Mahajan, A., Rangan, N., & Zardkoohi, A. Cost Structures in Multinational and Domestic Banking. *Journal of Banking & Finance*, 1996, 20 (2): 283-306.

Maksimovic, Vojislav, Thorsten Beck, Asli Demiguc-Kunt, and Ross Levine. Financial Structure and Economic Development: Firms, Industry, and Country Evidence. *World Bank Policy Working Paper*, No.2423, 2000.

Marfels, C. Absolute and Relative Measures of Concentration Reconsidered. *Kyklos*, 1971, 24 (4): 753-766.

Mason, E.S. Price and Production Policies of Large-Scale Enterprise. *The American Economic Review*, 1939, 29 (1): 61-74.

Maudos, J., & de Guevara, J.F. Factors Explaining the Interest Margin in the Banking Sectors of the European Union. *Journal of Banking & Finance*, 2004, 28 (9): 2259-2281.

Maudos, J. Market Structure and Performance in Spanish Banking Using a Direct Measure of Efficiency. *Applied Financial Economics*, 1998, 8 (2): 191-200.

Mester, L.J., Nakamura, L.I. & Renault, M. Checking Accounts and Bank Monitoring. The Wharton Financial Institutions Center, Working Paper, 2002.

Mester, L.J. Efficiency in the Savings and Loan Industry. *Journal of Banking & Finance*, 1993, 17 (2): 267-286.

Meyer, R.L. Performance of Rural Financial Markets: Comparative Observations from Asia, Latin American and the US. Invited Paper Presented at the Annual Meeting of the Brazilian Agricultural Economics Association (SOBER): Passo Fundo, Brazil, 2002, July.

Mitchell, K., & Onvural, N.M. Economies of Scale and Scope at Large Commercial Banks: Evidence from the Fourier Flexible Functional Form.

Journal of Money, Credit and Banking, 1996, 28 (2): 178-199.

Molyneux, P., & Forbes, W.Market Structure and Performance in European Banking.*Applied Economics*, 1995, 27 (2): 155-159.

Molyneux, P., Thornton, J., & Llyod-Williams, D.M.Competition and Market Contestability in Japanese Commercial Banking.*Journal of Economics and Business*, 1996, 48 (1): 33-45.

Nagarajan, G., & Meyer, R. Rural Financial Markets in Asia: Paradigms, Policies, and Performance. Working Paper, Asian Development Bank, Manila, 2000.

Nakamura, L.I.Recent Research in Commercial Banking: Information and Lending.Working Paper, 1993.

Nakamura, L.I.Small Borrowers and the Survival of the Small Bank: Is Mouse Bank Mighty or Mickey.Federal Reserve Bank of Philadelphia, *Business Review*, 1994, December, 3-15.

Nathan, A., & Neave, E.H.Competition and Contestability in Canada's Financial System: Empirical Results. *The Canadian Journal of Economics*, 1989, 22 (3): 576-594.

North D.C., Wallis J.J., & B.R.Weingast, Violence and the Rise of Open-Access Order. *Journal of Democracy*, 2009, 20 (1): 55-68.

Noulas, A.G., Ray, S.C., & Miller, S.M.Returns to Scale and Input Substitution for Large U.S.Banks. *Journal of Money, Credit, and Banking*, 1990, 22 (1): 94-108.

Panzar, J.C., & Rosse, J.N.Testing for "Monopoly" Equilibrium. *The Journal of Industrial Economics*, 1987, 35 (4): 443-456.

Pastor, J.M., & Serrano, L. Efficiency, Endogenous and Exogenous Credit Risk in the Banking Systems of the Euro Area.*Applied Financial Economics*, 2005, 15 (9): 631-649.

Peltzman, S.The Gains and Losses from Industrial Concentration.*Journal of Law and Economics*, 1977, 20 (2): 229-263.

Peristiani, S.Do Mergers Improve the X-Efficiency and Scale Efficiency of U.S.Banks? Evidence from the 1980s. *Journal of Money, Credit and Banking*, 1997, 29 (3): 326-337.

Petersen, M.A., & Rajan, R.G.The Effect of Credit Market Competition on Lending Relationships. *The Quarterly Journal of Economics*, 1995, 110

(2): 407-443.

Petersen, M.A., & Rajan, R.G.The Benefits of Lending Relationships: Evidence from Small Business Data.*The Journal of Finance*, 1994, 49 (1): 3-37.

Petersen, Mitchell A., and Raghuram G. Rajan. The Effect of Credit Market Competition on Lending Relationships.*The Quarterly Journal of Economics*, 1995, 110 (2): 407-443.

Posner, R.A.The Social Costs of Monopoly and Regulation.*Journal of Political Economy*, 1975, 83 (4): 807-828.

Punt, L.W., & van Rooij, M.C.J.The Profit-Structure Relationship, Efficiency and Mergers in the European Banking Industry: An Empirical Assessment, Working Paper, 1999.

Rajan, Raghuram, and Luigi Zingales.Financial Dependence and Growth. *The American Economic Review*, 1998, 88 (3): 559-586.

Rajan, Raghuram. Insiders and Outsiders: The Choice between Informed and Arm's-Length Debt. *Journal of Finance*, 1992, 47 (4): 1367-1400.

Rhoades, S.A., & Rutz, R.D.Market Power and Firm Risk: A Test of the "Quiet Life" Hypothesis.*Journal of Monetary Economics*, 1982, 9 (1): 73-85.

Rhoades, S. A. Efficiency Effects of Horizontal (In - Market) Bank Mergers.*Journal of Banking & Finance*, 1993, 17 (2): 411-422.

Rhoades, S.A.Market Share as a Source of Market Power: Implications and Some Evidence. *Journal of Economics and Business*, 1985, 37 (4): 343-363.

Roodman D.& Morduch J.The Impact of Microcredit on the Poor in Bangladesh: Revisiting the Evidence. *Journal of Development Studies*, 2014, 50 (4): 1-22.

Rosenberg R. Does Microcredit Really Help Poor People. *Focus Note*, 2010, 59: 1-8.

Rosse, J. N., & Panzar, J. C. Chamberlain versus Robinson: An Empirical Test for Monopoly Rents. Studies in Industry Economics, Research Paper No.77, Stanford University, 1977.

Sapienza, P. The Effects of Government Ownership on Bank Lending. *Journal of Financial Economics*, 2004, 72 (2): 357-384.

Schure, P., Wagenvoort, R., & O' Brien, D. The Efficiency and the Conduct of European Banks: Developments after 1992. *Review of Financial Economics*, 2004, 13 (4): 371-396.

Schweiger, I., & Mcgee, J. S. Chicago Banking. *Journal of Business*, 1961, 34 (3): 203-366.

Seibel, H.D.Does History Matter? The Old and the New World of Microfinance in Europe and Asia. Working Paper, University of Cologne, Development Research Center, 2005.

Shahbaz M, Islam F.Financial development and income inequality in Pakistan: An application of ARDL approach. *Journal of Economic Development*, 2011, 36 (1): 35-38.

Shepherd, W.G. Tobin's q and the Structure-Performance Relationship: Comment. *The American Economic Review*, 1986, 76 (5): 1205-1210.

Smirlock, M., Gilligan, T.& Marshall, W. Tobin's q and the Structure-Performance Relationship. *The American Economic Review*, 1984, 74 (5): 1051-1060.

Smirlock, M.Evidence on the (Non) Relationship between Concentration and Profitability in Banking. *Journal of Money, Credit, and Banking*, 1985, 17 (1): 69-83.

Stein, J.C. Information Production and Capital Allocation: Decentralized versus Hierarchical Firms. *The Journal of Finance*, 2002, 57 (5): 1891-1921.

Stiglitz, J.E., & Weiss, A.Credit Rationing in Markets with Imperfect Information. *The American Economic Review*, 1981, 71 (3): 393-410.

Stiglitz, J.E. Markets, Market Failures, and Development. *The American Economic Review*, 1989, 79 (2): 197-203.

Strahan, P.E., & Weston, J.P.Small Business Lending and the Changing Structure of the Banking Industry. *Journal of Banking & Finance*, 1998, 22 (6): 821-845.

Tsai, K.S.Imperfect Substitutes: the Local Political Economy of Informal Finance and Microfinance in Rural China and India. *World Development*, 2004, 32 (9): 1487-1507.

Tulkens, H.On FDH Efficiency Analysis: Some Methodological Issues and Applications to Retail Banking, Courts, and Urban Transit. *Journal of Produc-*

tivity Analysis, 1993, 4 (2): 183-210.

Tullock, G. The Welfare Costs of Tariffs, Monopolies, and Theft. *Economic Inquiry*, 1967, 5 (3): 224-232.

Vennet, R.V., Cost and Profit Efficiency of Financial Conglomerates and Universal Banks in Europe. *Journal of Money, Credit and Banking*, 2002, 34 (1): 254-282.

Vesala, J.Testing for competition in banking: Behavioral evidence from Finland.Working Paper, 1995.

Williams, B. Domestic and International Determinants of Bank Profits: Foreign Banks in Australia. *Journal of Banking & Finance*, 2003, 27 (6): 1185-1210.

Williamson, O. E. Corporate Finance and Corporate Governance. *The Journal of Finance*, 1988, 43 (3): 567-591.

Yaron, J., Benjamin, M.P., & Piprek, G.L. Rural Finance: Issues, Design, and Best Practices.Vol.14.Washington, DC: World Bank, 1997.

Yasuda, A.Competing for Securities Underwriting Mandates: Banking Relationships and Analyst Recommendations. *The Journal of Finance*, 2006, 61 (1): 301-340.

Yu, P., & Neus, W.Market Structure, Scale Efficiency, and Risk as Determinants of German Banking Profitability.Working Paper, 2005.

Yuengert, A. M. The Measurement of Efficiency in Life Insurance: Estimates of a Mixed Normal-Gamma Error Model. *Journal of Banking & Finance*, 1993, 17 (3): 483-496.

Zaim, O.TheEffect of Financial Liberalization on the Efficiency of Turkish Commercial Banks.*Applied Financial Economics*, 1995, 5 (4): 257-264.

蔡熙华:《基于新型农业发展视角的农村金融创新探讨》,《河北金融》2014 年第 10 期。

蔡跃洲、郭梅军:《我国上市商业银行全要素生产率的实证分析》,《经济研究》2009 年第 9 期。

曹协和:《农业经济增长与农村金融发展关系分析》,《农业经济问题》2008 年第 11 期。

陈东、付雨鑫:《农业产业集群内农户融资的理性选择》,《兰州大学学报》(社会科学版) 2018 年第 2 期。

陈红玲:《中国农业产业链融资模式与金融服务创新——基于日本模

式的经验与启示》，《世界农业》2016 年第 12 期。

陈敬学：《中国银行业市场结构与市场绩效的实证分析》，《统计研究》2004 年第 5 期。

陈荣文：《农村合作金融的法制创新》，知识产权出版社 2011 年版。

陈晓红、陈建中：《中小企业供应链融资》，经济科学出版社 2008 年版。

陈颖、王胜邦：《小额信贷机构监管的国际经验和中国实践》，《新金融》2006 年第 7 期。

成思危：《成思危论金融改革》，中国人民大学出版社 2006 年版。

程恩江、褚保金、刘大耕：《我国农村信用社经营状况、补贴及其政策含义：以江苏为例》，《金融研究》2003 年第 3 期。

程恩江、刘西川：《小额信贷缓解农户正规信贷配给了吗？——来自三个非政府小额信贷项目区的经验证据》，《金融研究》2010 年第 12 期。

程恩江、Abdullahi D.Ahmed：《信贷需求：小额信贷覆盖率的决定因素之一——来自中国北方四县调查的证据》，《经济学（季刊）》2008 年第 3 期。

程永娟、孟枫平：《农业产业链融资研究评述》，《长春理工大学学报》（社会科学版）2013 年第 3 期。

迟福林：《"互联网+"时代的农村金融创新与变革》，《中国经济时报》2015 年 6 月 9 日。

褚保金、程恩江、卞月波：《江苏省农村信用社改革实践研究》，《中国农村经济》2004 年第 8 期。

褚保金、张兰、王娟：《中国农村信用社运行效率及其影响因素分析——以苏北地区为例》，《中国农村观察》2007 年第 1 期。

诸宁瑜：《论小额贷款公司的可持续发展——以浙江小额贷款公司为例》，硕士学位论文，浙江大学，2012 年。

崔红：《我国农村金融市场结构的集中度分析》，《当代经济》2008 年第 4 期。

邓莉、冉光和：《重庆农村金融发展与农村经济增长的灰色关联分析》，《中国农村经济》2005 年第 8 期。

邓胜梁、林华、肖德：《中国银行业的市场结构与规模经济分析》，《世界经济》2005 年第 7 期。

丁俊峰：《基于共享金融视角的互联网金融发展及理论分析——以 P2P 行业为例》，《农村金融研究》2016 年第 5 期。

董晓林、傅进：《赞比亚农村金融改革的经验及其启示》，《上海金融》2007 年第 12 期。

董晓林、高瑾：《小额贷款公司的运营效率及其影响因素——基于江苏 227 家农村小额贷款公司的实证分析》，《审计与经济研究》2014 年第 1 期。

董晓林、杨小丽：《农村金融市场结构与中小企业信贷可获性——基于江苏县域的经济数据》，《中国农村经济》2011 年第 5 期。

杜婕、万宜辰：《构建我国多层次农村金融体系的路径选择》，《东北师范大学学报》（哲学社会科学版）2016 年第 3 期。

杜莉、王锋：《中国商业银行范围经济状态实证研究》，《金融研究》2002 年第 10 期。

杜晓山、聂强、张军：《江苏小额贷款公司发展中的经验与问题》，《农村金融研究》2010 年第 5 期。

方广露：《一条龙服务引领养殖新常态》，《新农业》2018 年第 4 期。

方夏萍：《农村信用社信贷风险控制研究》，硕士学位论文，湖南大学，2017 年。

冯长：《村镇银行发展的外部制约因素研究》，《人民论坛》2011 年第 14 期。

冯庆水、孙丽娟：《农村信用社双重改革目标冲突性分析——以安徽省为例》，《农业经济问题》2010 年第 3 期。

傅昌銮：《农村中小金融机构绩效研究——基于浙江的实证》，博士学位论文，浙江大学，2013 年。

傅昌銮：《P2P 网络借贷运营模式与风险管理研究》，《湖南财政经济学院学报》2016 年第 10 期。

傅昌銮：《小额贷款公司双重目标的权衡——以浙江省为例的实证分析》，《农业经济问题》2016 年第 6 期。

傅昌銮：《农村中小金融机构 X-效率影响因素研究——基于浙江省的数据》，《经济理论与经济管理》2015 年第 7 期。

傅昌銮：《不同类型农村中小金融机构绩效的决定——基于浙江省的研究》，《农业经济问题》2015 年第 5 期。

傅昌銮：《拉美国家小额信贷的公共政策及对中国的借鉴》，《云南社会主义学院学报》2013 年第 4 期。

傅昌銮：《农村中小企业融资行为研究框架探讨》，《北方经济》2012 年第 11 期。

傅昌銮：《县域农村金融结构与经济增长——以浙江省为例》，《农业技术经济》2014 年第 7 期。

傅昌銮：《金融生态理论研究述评及展望》，《现代商业》2013 年第2 期。

傅昌銮：《我国小额贷款公司可持续发展的战略思考》，《企业研究》2013 年第 2 期。

傅昌銮：《农村中小金融机构市场结构与绩效研究的分析框架探讨》，《经营管理者》2014 年第 12 期。

高晓燕、孙晓靓：《我国村镇银行可持续发展研究》，《财经问题研究》2011 年第 6 期。

高晓燕、任丽华、赵颖：《我国小额贷款公司可持续运营再探讨》，《现代财经》2011 年第 3 期。

龚祎昕、郑雅静：《风险视角下的海水养殖户借贷状况研究——以福建莆田海带养殖业为例》，《闽西职业技术学院学报》2018 年第 2 期。

郭俊：《村镇银行市场定位：独特性与阶段性》，《武汉金融》2008年第 4 期。

郭旭红：《基于供给视角的农村金融体制优化研究》，《河南师范大学学报》（哲学社会科学版）2013 年第 2 期。

何广文、李莉莉：《正规金融机构小额信贷运行机制及其绩效评价》，中国财政经济出版社 2005 年版。

何广文：《合作金融组织的制度性绩效探析》，《中国农村经济》1999年第 2 期。

何广文：《农户小额信用贷款的制度绩效、问题及对策》，《中国农村信用合作》2002 年第 11 期。

何广文：《农信社制度变异及其动因》，《银行家》2006 年第 2 期。

何广文、王立恒：《打造"互联网+农业产业链"融资模式》，《中国农村金融》2016 年第 11 期。

何广文：《中国农村金融发展与制度变迁》，中国财政出版社 2005年版。

何广文：《中国农村金融组织体系创新路径探讨》，《金融与经济》2007 年第 8 期。

贺春临：《我国银行业的市场结构与绩效研究》，《经济评论》2004年第 6 期。

贺琨：《中国农村金融发展水平对农民收入差距的影响研究》，硕士学位论文，中国海洋大学，2015年。

何剑伟：《小额信贷商业化中的目标偏移——一个理论模型及西部小额贷款公司的经验研究》，《当代经济科学》2012年第4期。

洪正：《新型农村金融机构改革可行吗？——基于监督效率视角的分析》，《经济研究》2011年第2期。

侯晓辉、张国平：《所有权、战略引资与中国商业银行的效率》，《世界经济》2008年第5期。

华东：《美国、日本、法国农村金融体系的构成与启示》，《湖北农业科学》2014年第6期。

华东、何巍：《美国农村金融体系的特点与启示》，《南方金融》2012年第5期。

胡璐、丁雅雯：《农村金融服务渐分"车道"》，《金融世界》2016年第10期。

胡玥：《中国农村经济发展中的融资问题研究》，博士学位论文，山西财经大学，2013年。

黄惠春、褚保金，张龙耀：《农村金融市场结构和农村信用社绩效关系研究——基于江苏省农村区域经济差异的视角》，《农业经济问题》2010年第2期。

黄惠春、褚保金：《我国县域农村金融市场竞争度研究——基于降低市场准入条件下江苏37个县域的经验数据》，《金融研究》2011年第8期。

黄惠春、褚保金：《县域农村金融市场结构与绩效研究》，科学出版社2012年版。

黄惠春、杨军：《县域农村金融市场结构与农村信用社绩效关系检验——基于GMM动态面板模型》，《中国农村经济》2011年第8期。

黄隽、汤珂：《商业银行竞争、效率及其关系研究——以韩国、中国台湾和中国大陆为例》，《中国社会科学》2008年第1期。

黄强：《农村信用社改革前后经营效率影响因素实证分析》，《西南金融》2012年第9期。

黄祖辉、俞宁：《新型农业经营主体：现状、约束与发展思路：以浙江省为例的分析》，《中国农村经济》2010年第10期。

姜长云：《农村金融制度对农业结构调整的不适应性及其制度根源》，《产业经济研究》2003年第5期。

贾泰峰：《产业集群与小额贷款公司配套发展路径问题研究》，《金融发展研究》2012 年第 6 期。

金瓯：《从产权缔约看农房抵押贷款的发展——以温州市为例》，《农业经济问题》2012 年第 3 期。

金运、韩喜平：《中国农村金融改革特征及趋势审视》，《求是学刊》2014 年第 6 期。

阙超、王付彪、沈谦等：《我国商业银行规模经济实证研究（1992—2003）》，《金融研究》2004 年第 11 期。

孔祖根：《农村"三权"抵押贷款的实践与思考——以浙江丽水农村金融改革试点为例》，《浙江金融》2014 年第 12 期。

孔祖根、叶银龙：《构建适度竞争的农村金融组织体系：目标与路径》，《浙江金融》2013 年第 6 期。

匡家在：《1978 年以来的农村金融体制改革：政策演变与路径分析》，《中国经济史研究》2007 年第 1 期。

李峰、谢丽芳：《推进村土地承包经营权抵押贷款的实践与思考——基于乐清市农房抵押贷款的成功经验视角》，《征信》2015 年第 8 期。

李国栋、陈辉发：《我国银行业市场竞争度估计不一致检验与实证——基于 Panzar-Rosse 模型的一个讨论》，《数量经济技术经济研究》2012 年第 6 期。

李洁：《农村合作金融组织法律问题研究》，法律出版社 2013 年版。

李明贤：《重构我国农村金融体系研究》，博士学位论文，华中农业大学，2003 年。

李维安、曹廷求：《股权结构、治理机制与城市银行绩效——来自山东、河南两省的调查证据》，《经济研究》2004 年第 12 期。

李伟、韩立岩：《外资银行进入对我国银行业市场竞争度的影响：基于 Panzar-Rosse 模型的实证研究》，《金融研究》2008 年第 5 期。

李晓峰、王维、严佳佳：《外资银行进入对我国银行效率影响的实证分析》，《财经科学》2006 年第 8 期。

李志赟：《银行结构与中小企业融资》，《经济研究》2002 年第 6 期。

梁巧慧：《主发起人性质与小额贷款公司多重目标实现：以山东省为例》，《山东大学学报》2017 年第 4 期。

廖丁瑶：《关于完善农房抵押贷款的一些探索》，《时代金融》2017 年第 3 期。

廖媛红：《农村资金互助社的社会资本作用机理研究》，《农村金融研究》2012 年第 5 期。

林毅夫、姜烨：《经济结构、银行业结构与经济发展》，《金融研究》2006 年第 1 期。

林毅夫、李永军：《中小金融机构发展与中小企业融资》，《经济研究》2001 年第 1 期。

林毅夫、孙希芳：《银行业结构与经济增长》，《经济研究》2008 年第 8 期。

林毅夫、孙希芳，姜烨：《经济发展中的最优金融结构理论初探》，《经济研究》2009 年第 8 期。

林毅夫：《发展战略、自生能力和经济收敛》，《经济学（季刊）》2002 年第 2 期。

林毅夫：《中国的农业信贷和农场绩效》，载《再论制度、技术与中国农业发展》，北京大学出版社 2000 年版。

凌峰：《中国村镇银行可持续发展研究》，博士学位论文，复旦大学，2011 年。

刘峰、许永辉、何田：《农户联保贷款的制度缺陷与行为扭曲：黑龙江个案》，《金融研究》2006 年第 9 期。

刘会荪、李汉铃、冯兴元：《我国农村中小企业融资问题与对策》，《中国软科学》2005 年第 1 期。

刘洁：《金融发展、农村金融发展与农村经济增长——基于 1980—2007 年的实证分析》，《农业经济问题》2008 年增刊。

刘沫茹、罗猛：《我国小额贷款公司可持续发展的路径选择》，《学术交流》2012 年第 10 期。

刘伟、黄桂田：《中国银行业改革的侧重点：产权结构还是市场结构》，《经济研究》2002 年第 8 期。

刘圻、应畅、王春芳：《供应链融资模式在农业企业中的应用研究》，《农业经济问题》2011 年第 4 期。

刘西川、程恩江：《中国农业产业链融资模式：典型案例与理论含义》，《财贸经济》2013 年第 8 期。

刘西川、黄祖辉、程恩江：《小额信贷的目标上移：现象描述与理论解释》，《中国农村经济》2007 年第 8 期。

刘西川：《乡村振兴战略与农业金融创新的"新思维"》，《中国农民合作社》2018 年第 9 期。

刘西川：《农村金融市场体系的功能、内容及性质》，《中国农民合作社》2018 年第 5 期。

刘西德：《农民专业合作社融资问题研究——以安徽省太湖县为例》，《长江大学学报》（社会科学版）2015 年第 2 期。

刘威岩：《实施乡村振兴战略 呼唤金融改革创新》，《金融时报》2017 年第 11 期。

刘宗华、邹新月：《中国银行业的规模经济和范围经济——基于广义超越对数成本函数的检验》，《数量经济与技术经济研究》2004 年第 10 期。

娄永跃：《农村金融创新的基本依据：新野案例》，《金融发展研究》2009 年第 9 期。

卢亚娟、孟德锋：《民间资本进入农村金融服务业的目标权衡——基于小额贷款公司的实证研究》，《金融研究》2012 年第 3 期。

卢亚娟、孟德锋：《微型金融机构的技术效率及其影响因素：基于江苏省 56 家小额贷款公司的实证研究》，《江海学刊》2014 年第 5 期。

罗家龙：《农村信用社产权制度改革的博弈分析》，硕士学位论文，云南师范大学，2013 年。

罗剑朝、曹燕子、曹璨：《加大农村金融市场开放力度 推进农村金融创新与发展——"农村金融创新与发展"国际学术会议综述》，《西北农林科技大学学报》（社会科学版）2015 年第 1 期。

马九杰、吴本健：《利率浮动政策、差别定价策略与金融机构对农户的信贷配给》，《金融研究》2012 年第 4 期。

马九杰、周向阳：《农村资金互助社的所有权结构、治理机制与金融服务》，《江汉论坛》2013 年第 5 期。

马文赫：《农村金融发展与经济增长关系的实证研究》，硕士学位论文，天津财经大学，2011 年。

毛炳盛、张康松、程昆：《我国村镇银行内生式发展及运行效率测度》，《财会月刊》2018 年第 4 期。

孟杨：《发达国家农村金融体系建设的经验》，《东方城乡报》2016 年 1 月 14 日。

孟杨：《发达国家农村金融体系建设实践及经验启示》，《世界农业》2015 年第 9 期。

牟健宇：《美国农村金融体系的现状以及带给我国的启示》，《大江周刊·论坛》2011 年第 9 期。

聂勇：《多目标决策的农户小额信贷绩效评价模型研究》，《华中农业大学学报》（社会科学版）2009 年第 1 期。

牛强、胡艺：《互联网金融：创新、风险及其监管政策研究》，《云南社会科学》2015年第6期。

潘广恩：《小额贷款公司可持续发展机制的研究》，《浙江金融》2009年第4期。

潘广恩：《小额贷款公司可持续发展制度设计》，《中国金融》2010年第9期。

潘军昌、曹超、滕佳悦：《农民资金互助社资产规模与经营绩效关系研究》，《金融发展研究》2017年第12期。

潘巧方、刘西川、傅昌銮：《制度演变改善了小额贷款公司的全要素生产率吗？——基于股权结构视角的分析》，《浙江理工大学学报》（社会科学版）2018年第10期。

潘文卿、张伟：《中国资本配置效率与金融发展相关性研究》，《管理世界》2003年第8期。

彭涵琪：《互联网金融模式创新研究》，《湖南社会科学》2014年第1期。

蒲勇健、宋军：《农村信贷市场：特征、效率与组织重构》，《南方金融》2003年第9期。

钱水土：《中国农村金融体制三十年改革的回顾与评价》，《浙江工商大学学报》2009年第2期。

秦秀红：《世界主要发达国家农村金融的发展经验探讨》，《安徽农业科学》2008年第16期。

秦宛顺、欧阳俊：《中国商业银行业市场结构、效率和绩效》，《经济科学》2001年第4期。

邱兆祥、张爱武：《基于FDH方法的中国商业银行X-效率研究》，《金融研究》2009年第11期。

阙方平：《"互联网+"时代的农村金融发展之路》，《银行家》2015年第12期。

冉光和、张金鑫：《农村金融发展与农村经济增长的实证研究——以山东为例》，《农业经济问题》2008年第6期。

任常青：《新型农村金融机构——村镇银行、贷款公司和农村资金互助社》，经济科学出版社2012年版。

任楠薇：《乡村振兴战略背景下大学生农村创业资源开发研究》，《乡村科技》2018年第3期。

邵传林：《农村非正规金融转型中的制度创新——以富平小额贷款公

司为例》，《中南财经政法大学学报》2011 年第 5 期。

沈杰、马九杰：《农村金融新政对增加农村金融信贷供给的作用——基于对新型农村金融机构的调查分析》，《现代经济探讨》2010 年第 7 期。

师容蓉、徐璋勇：《农村信用社成本效率及其影响因素研究——来自陕西省 81 个区县的统计数据》，《农业技术经济》2012 年第 3 期。

宋汉光：《从三类机构的运营效果比较看小额贷款公司的可持续发展》，《浙江金融》2010 年第 12 期。

宋鹏程、吴志国、赵京：《我国 P2P 借贷行业监管模式研究》，《南方金融》2014 年第 1 期。

宋玮、李植、王冬丽：《中国银行业市场结构与绩效的实证分析》，《经济理论与经济管理》2009 年第 6 期。

苏玉环：《基于市场竞争视角的农村金融创新研究》，硕士学位论文，山东大学，2009 年。

孙疏：《统筹城乡发展视域下的农村普惠金融创新》，《阜阳职业技术学院学报》2017 年第 4 期。

台州市委政研室：《台州：积极推进小微企业金融服务改革创新》，《政策瞭望》2016 年第 3 期。

唐柳洁：《微型金融机构使命偏移研究》，《华东经济管理》2012 年第 6 期。

万俊毅、欧晓明：《还贷能力信任与农村中小企业融资难题》，《农业经济问题》2005 年第 9 期。

汪炜、郑扬扬：《互联网金融发展的经济学理论基础》，《经济问题探索》2015 年第 6 期。

王昌林：《创新农房抵押贷款的实践与思考》，《江苏经济报》2015 年 12 月 5 日。

王昌林：《开展农户房屋抵押的实践与思考》，《金融时报》2014 年 7 月 7 日。

王聪、谭政勋：《我国商业银行效率结构研究》，《经济研究》2007 年第 7 期。

王聪、邹朋飞：《中国商业银行规模经济与范围经济的实证分析》，《中国工业经济》2003 年第 10 期。

王刚贞、江光辉：《"农业价值链+互联网金融"的创新模式研究——以农富贷和京农贷为例》，《农村经济》2017 年第 4 期。

王建平：《商业银行规模经济与集约经营关系的实证研究》，《财经研究》2005 年第 4 期。

王鹏程、万春梅：《小额贷款公司在安徽的发展与完善——以助推皖北发展为视角》，《安徽警官职业学院学报》2011 年第 2 期。

王去非：《区域金融改革的目标设定与路径选择：基于浙江案例的研究》，《南方金融》2017 年第 4 期。

王晓龙：《小额贷款公司运营模式创新及风险控制研究》，硕士学位论文，安徽大学，2015 年。

王信：《我国新型农村金融机构的发展特征及政策效果研究》，博士学位论文，西南财经大学，2014 年。

王雅卉、谢元态，谢奇超：《试论我国农民专业合作社与农村信用合作社共生机理构建》，《农村金融研究》2012 年第 11 期。

王杨：《农村资金互助社法律制度研究》，博士学位论文，安徽大学，2014 年。

魏成龙、刘建莉：《我国商业银行的多元化经营分析》，《中国工业经济》2007 年第 12 期。

魏泓飞：《浅析中国农村信用合作社改革的制度变迁及改革思路》，《商》2013 年第 6 期。

魏煜、王丽：《中国商业银行效率研究——一种非参数的分析》，《金融研究》2000 年第 3 期。

温涛、冉光和、熊德平：《中国金融发展与农民收入增长》，《经济研究》2005 年第 9 期。

温涛、刘达、王小华：《"双重底线"视角下微型金融机构经营效率的国际比较研究》，《中国软科学》2017 年第 4 期。

闻达：《将推动温州银行增资扩股上市融资》，《证券日报》2012 年11 月 23 日。

吴红卫、刘小宁：《浙江农村金融问题调查解析——基于百户种植大户和百户养殖大户问卷调查》，《调研世界》2012 年第 12 期。

吴珊：《互联网+农业的行业发展研究——基于"大北农"案例分析》，《西部皮革》2016 年第 5 期。

吴少新、李建华、许传华：《基于 DEA 超效率模型的村镇银行经营效率研究》，《财贸经济》2009 年第 12 期。

吴盛光：《农村金融产品创新：品类特点困境与可持续之策》，《南方农村》2010 年第 4 期。

夏雪：《金融创新支持新型农业经营主体发展研究》，硕士学位论文，安徽大学，2015 年。

肖兰华、杨刚强：《不对称信息下农村中小企业信贷融资配给问题及对策研究》，《财贸经济》2008 年第 7 期。

谢朝华、陈学彬：《论银行效率的结构性基础》，《金融研究》2005 年第 3 期。

辛秀：《农村金融发展的国际经验及启示》，《现代经济信息》2012 年第 2 期。

许桂红、肖亮：《农村金融机构改革与创新研究》，中国农业出版社 2009 年版。

谢平、徐忠、沈明高：《农村信用社改革绩效评价》，《金融研究》2006 年第 1 期。

谢平、邹传伟：《互联网金融模式研究》，《金融研究》2012 年第 12 期。

谢庆健：《农村信用社改革探索》，中国金融出版社 2002 年版。

邢早忠：《小额贷款公司可持续发展问题研究》，《上海金融》2009 年第 11 期。

徐传谌、齐树天：《中国商业银行 X－效率实证研究》，《经济研究》2007 年第 3 期。

徐传谌、郑贵廷、齐树天：《我国商业银行规模经济问题与金融改革策略透析》，《经济研究》2002 年第 10 期。

徐虔：《小微金融改革创新的探索与实践——访浙江省台州市市长张兵》，《银行家》2016 年第 1 期。

徐淑芳、彭馨漫：《微型金融机构使命偏移问题研究》，《经济学家》2013 年第 5 期。

徐晓艳：《农房抵押贷款"乐清模式"浅析》，《金融发展研究》2017 年第 12 期。

徐阳：《从"台州模式"看小微金融发展路径与未来》，《武汉金融》2016 年第 7 期。

徐忠、程恩江：《利率政策、农村金融机构行为与农村信贷短缺》，《金融研究》2004 年第 12 期。

徐忠、沈艳、王小康等：《市场结构与我国银行业绩效：假说与检验》，《经济研究》2009 年第 10 期。

薛薇：《农村金融效率研究：一个文献综述》，《金融理论与实践》2016 年第 5 期。

杨虎锋、何广文：《商业性小额贷款公司能惠及三农和微小客户吗?》,《财贸研究》2012 年第 1 期。

杨虎锋、何广文：《小额贷款公司经营有效率吗?——基于 42 家小额贷款公司数据的分析》,《财经科学》2011 年第 12 期。

杨家才：《农户小额信用贷款实证研究》,《金融研究》2003 年第 3 期。

杨奇明、陈立辉、刘西川：《农村资金互助社的绩效、制度优势与治理困境：国内研究述评》,《金融理论与实践》2015 年第 4 期。

杨伟：《农村商业银行发展分析——以江苏新沂农村商业银行为例分析》, 硕士学位论文, 复旦大学, 2012 年。

杨伟坤、王立杰、张秀倩等：《小额信贷的国际成功经验在中国的实践及启示》,《世界农业》2009 年第 12 期。

杨小丽、董晓林：《农村小额贷款公司的贷款结构与经营绩效——以江苏省为例》,《农业技术经济》2012 年第 5 期。

杨子强：《股东选择与权利实现：农村信用社改革的基础性问题》,《金融研究》2005 年第 2 期。

姚曙光、傅昌銮：《农村金融市场发展与小微企业信贷可获得性——基于浙江省的数据》,《浙江社会科学》2015 年第 6 期。

姚树洁、冯根福、姜春霞：《中国银行业效率的实证分析》,《经济研究》2004 年第 8 期。

姚耀军：《中国农村金融发展水平及其金融结构分析》,《中国软科学》2004 年第 11 期。

姚耀军：《中国农村金融发展与经济增长关系的实证分析》,《经济科学》2004 年第 5 期。

耶南：《城乡统筹发展背景下长安区农村金融产品创新研究》, 硕士学位论文, 新疆农业大学, 2013 年。

叶银龙：《经济学视角下农村金融服务站发展的实践与思考——以浙江丽水农村金融改革试点为例》,《金融发展评论》2015 年第 1 期。

叶银龙：《农村信用体系建设、信用成果运用与信贷模式创新——以浙江丽水农村金融改革试点为例》,《西南金融》2016 年第 3 期。

叶志强、陈习定、张顺明：《金融发展能减少城乡收入差距吗?——来自中国的证据》,《金融研究》2011 年第 2 期。

于良春、鞠源：《垄断与竞争：中国银行业的改革和发展》,《经济研究》1999 年第 8 期。

袁晓玲、张宝山：《中国商业银行全要素生产率的影响因素研究：基于 DEA 模型的 Malmquist 指数分析》，《数量经济技术经济研究》2009 年第 4 期。

袁涌波：《从县域经济到都市圈经济：浙江县域经济转型研究》，《中共浙江省委党校学报》2013 年第 1 期。

张兵、曹阳、许国玉：《发达地区农村信用社改革的政策效果评价——以江苏省农村商业银行模式为例》，《农业技术经济》2008 年第 5 期。

张兵、曹阳：《商业可持续、支农力度与农村信用社新一轮制度变迁——基于苏南农村商业银行的实证分析》，《中国农村经济》2010 年第 6 期。

张兵：《推进小微金融改革创新，增强金融服务实体经济能力——基于浙江台州小微金融创新发展的实践与思考》，《清华金融评论》2014 年第 7 期。

张兵：《深化小微企业金融服务改革创新——台州小微企业金融服务改革创新的实践和思考》，《浙江经济》2016 年第 8 期。

张琛：《山西新型农村金融机构发展研究》，硕士学位论文，山西财经大学，2010 年。

张丹：《NGO 小额信贷机构转型是否导致目标偏移？——基于宁夏惠民小额贷款公司的转型实例分析》，《当代经济管理》2013 年第 4 期。

张国富：《新型农村金融机构运营绩效研究综述》，《产业与科技论坛》2014 年第 6 期。

张惠：《互联网金融的侵蚀态势与商业银行应对策略研究》，《金融理论与实践》2014 年第 5 期。

张坚、吴蕾：《印度农村金融改革对我国的现实意义》，《中国市场》2014 年第 4 期。

张健华：《我国商业银行效率研究的 DEA 方法及 1997—2001 年效率的实证分析》，《金融研究》2003 年第 3 期。

张磊：《市场竞争对农村商业银行经营绩效的影响研究》，硕士学位论文，四川农业大学，2017 年。

张婷：《农村资金互助社法律问题研究》，硕士学位论文，西南政法大学，2013 年。

张益锋：《"海门农商行+"的互联网模式》，《中华合作时报》2015 年 6 月 26 日。

张正平、郭永春：《小额信贷机构目标偏离影响因素实证研究——基于固定效应模型的检验与比较》，《财贸经济》2013 年第 7 期。

张正平、何广文、梁毅菲：《微型金融机构社会绩效研究进展述评》，《经济学动态》2012 年第 1 期。

张正平：《微型金融机构双重目标的冲突与治理：研究进展述评》，《经济评论》2011 年第 5 期。

赵冬青、李子奈、刘玲玲：《印度微型金融对我国农村金融发展的启示》，《金融理论与实践》2008 年第 6 期。

赵红岩、何广文：《农户联保贷款有效性问题研究》，《金融研究》2007 年第 7 期。

赵济堃：《农村商业银行要做足"农"字文章》，《前线》2007 年第 3 期。

赵新建：《区域农村金融发展与农民收入增长关系的实证分析》，硕士学位论文，中国海洋大学，2009 年。

赵旭、蒋振声、周军民：《中国银行业市场结构与绩效实证研究》，《金融研究》2001 年第 3 期。

赵雪梅：《我国农村金融市场结构与绩效研究》，《湖南大学学报》（社会科学版）2016 年第 1 期。

赵雪梅：《小额贷款公司运行效率及其影响因素实证分析：以甘肃省为例》，《西北师大学报》2015 年第 6 期。

赵子铱、彭琦、邹康：《我国银行业市场竞争结构分析——基于 Panzar-Rosse 范式的考察》，《统计研究》2005 年第 6 期。

浙江省金融工作办公室课题组：《精准服务小微企业建设浙江普惠金融》，《金融电子化》2017 年第 10 期。

郑录军、曹廷求：《我国商业银行效率及其影响因素的实证分析》，《金融研究》2005 年第 1 期，

中国农村金融学会：《中国农村金融改革发展三十年》，中国金融出版社 2008 年版。

中国人民银行哈尔滨中心支行课题组：《黑龙江省"互联网+农村金融"核心问题及政策探研》，《黑龙江金融》2017 年第 4 期。

中国人民银行合肥中心支行金融研究处和宣传群工部：《农村金融产品创新国际比较及中央银行的作用研究》，《金融发展评论》2014 年第 9 期。

中国人民银行农村金融服务研究小组：《中国农村金融服务创新案

例》，中国金融出版社 2014 年版。

钟根清：《农村金改助力社会管理创新的探索实践》，《丽水日报》
2015 年 12 月 3 日。

钟笑寒、汤荔：《农村金融机构收缩的经济影响：对中国的实证研
究》，《经济评论》2005 年第 1 期。

周才勇：《浙江台州农村金融创新的实践与思考》，《农村工作通讯》
2013 年第 1 期。

周立、周向阳：《中国农村金融体系的形成与发展逻辑》，《经济学
家》2009 年第 8 期。

周婧玥：《基于 P2P 借贷模式的互联网金融风险及其监管分析》，《商
业经济》2016 年第 2 期。

周脉伏：《农村信用社制度变迁与创新》，中国金融出版社 2006
年版。

周晓艳：《村镇银行风险管理研究》，硕士学位论文，湖南农业大学，
2014 年。

周月书、李桂安、杨军：《农村金融机构类型与中小企业信贷可获性
分析》，《农业技术经济》2013 年第 8 期。

周月书：《农村银行业市场结构与小企业信贷可获性——基于江苏县
域面板数据的研究》，《南京农业大学学报》（社会科学版）2012 年第
1 期。

周智、陈斌杰、杜鑫星：《农房抵押物处置相关法律问题研究——以
温州为例》，《浙江金融》2018 年第 1 期。

朱娟、胡定寰：《现代化的农产品供应链对我国小农户贷款行为的影
响》，《农业经济问题》2007 年增刊。

祝宏伟：《我国农村金融组织创新研究》，硕士学位论文，安徽财经
大学，2012 年。

朱萌：《江西省金融机构创新及其对区域经济影响路径研究》，硕士
学位论文，华东交通大学，2018 年。

朱南、卓贤、董屹：《关于我国国有商业银行效率的实证分析与改革
策略》，《管理世界》2004 年第 2 期。

朱喜、李子奈：《我国农村正式金融机构对农户的信贷配给——一个
联立离散选择模型的实证分析》，《数量经济技术经济研究》2006 年第
3 期。

朱晓哲：《新常态下农村金融供给对农业产出效应分析》，《农村经

济》2015 年第 12 期。

朱玉雪：《农村中小金融机构经营绩效研究》，《财会通讯》2016 年第 3 期。

祝晓平：《论省联社行业管理下的农信社法人治理》，《金融研究》2005 年第 10 期。

邹伟进、刘峥：《中国银行业市场结构、效率和绩效实证研究》，《经济评论》2007 年第 3 期。